甲午战争中的北洋舰队

朱小平 著

辽宁人民出版社

© 朱小平　2025

图书在版编目（CIP）数据

甲午战争中的北洋舰队 / 朱小平著. -- 沈阳：辽宁人民出版社，2025.7. -- ISBN 978-7-205-11451-0

Ⅰ．E295.2

中国国家版本馆 CIP 数据核字第 2025B0K519 号

出版发行：辽宁人民出版社
　　　　　地　址：沈阳市和平区十一纬路 25 号　邮编：110003
　　　　　电　话：024-23284191（邮　购）　024-23284300（发行部）
　　　　　http：//www.lnpph.com.cn
印　　刷：河北朗祥印刷有限公司
幅面尺寸：168mm×235mm
印　　张：20.25
字　　数：230 千字
出版时间：2025 年 7 月第 1 版
印刷时间：2025 年 7 月第 1 次印刷
责任编辑：王　增
封面设计：东合社·安宁
版式设计：一诺设计
责任校对：吴艳杰
书　　号：ISBN 978-7-205-11451-0
定　　价：58.00 元

代　序

　　小平写旧体诗，很见功夫。这次读他的历史随笔，感到他另一支笔的力量。

　　我历来主张文无定法，不自我设限，愿意怎样写就怎样写，能够写什么就写什么，小平做到了，我很佩服。大凡为文写字之人，争取写好，努力写得更好，是一个既定目标，他的这部以清代北洋海军为背景的历史随笔，是以这样一种精神，给我们提供那个时代的弘大叙事和精准特写。前者之视觉幅度广阔，令人叹服；后者之细节真实可信，令人折服。读罢这部书，既得教益，又是享受，很感谢小平给我带来的这份阅读的满足。说史，尤其说清史，江山万里，辉煌帝国，兴亡衰替，尘世沧桑，是一个大家都在涉猎的领域，小平能够耕耘出属于自己的一块园地，居然经营得花繁叶茂，芳菲满目，生机盎然，自成气候，在这个很难出新，也很难出彩的领域中，居然看到他的不同一般，别出心裁，这实在太难得了。看来，在这个世界上，一份劳动，一份收获，一份付出，一份回报，他的辛苦，他的努力，他的好学不倦，他孜孜不息的请益、求知、积累、思索，真是着实应该为他喝彩。

当我读罢该书，我就被他笔墨震撼了。同时，我也想起《世说新语·任诞》中"王孝伯问王大：'阮籍何如司马相如？'王大曰：'阮籍，胸中垒块，故须酒浇之。'"阮籍，由魏入晋的那种沉沦，那份郁结，是那个太快活的文人无法体味到的，作为汉武帝文学宠臣的司马相如，他不可能理解什么叫作"垒块"？说白了，"垒块"者，就是横亘在胸臆间那团不吐不快的愤懑之气，敌忾之气。当甲午年再一轮出现，一百二十年过去，凡具有家国情怀的中国人，决不会因时光荏苒而淡忘这尚未湔雪的国耻，博学广知的小平以全球视野下的薪新角度，来回顾这段虽然模糊，然而难忘的耻辱记忆。其实也是当下国民心声的一种反映。"垒块"，使得小平笔下的每一个人物，每一个情节，熔铸进铁和火的国仇家恨，融化着血和肉的满腔怒火，作者的拍案而起，读者的狂潮起伏……他不但告诉我们历史的真实，他还痛斥了一切卖国贼、汉奸之流的污蔑和歪曲。人们常说写作是一种冲动，是一种倾诉，当然，更是一种辨正，一种以正视听。所以能成为这部书的压舱石，就在于作者这份毋忘国耻，昭雪先烈的"垒块"感。

子曰："温故而知新，可以为师矣。"小平这样做学问，值得学习。

在这部历史随笔中，不乏作者考证爬梳的新见解、新观点，读来饶有兴味，推陈出新之感。我们还读到邓世昌、丁汝昌、李鸿章、醇亲王奕譞等这些熟知前清名臣名将，甚至我们不太熟知的刘步蟾、林泰曾、李秉衡等,从不同角度所写出的不同侧面;他们在甲午这场风云变幻中的形形色色;也让我们又回到曾经很强大,实际很衰弱,外观挺堂皇,"内囊却也尽上来了"的大清王朝。长许多见识的同时,也深感到一个国家、一个民族,若是不强大,若是不富足,还真是难逃甲午战争全军覆没的命运。

苟且偷安,还是发奋图强。也许是这部书提供给读者的一个思考题吧?

李国文

2017年改定于北京

目录 Contents

甲午战争中的北洋舰队

001 代序

001 千古一憾：未曾打赢的战争

009 百年叩问

从北洋海军建军谈起 // 010
北洋舰队未曾惨败黄海 // 018
是北洋海军素质差吗 // 022
黄海海战中北洋舰队的阵形和指挥策略 // 034
煤，煤，煤！
　　——甲午大东沟海战失利原因之一 // 044
致命实心弹
　　——甲午大东沟海战失利原因之二 // 056

065 观古鉴今

性命攸关的制海权与被挪用的海军军费 // 066
北洋海军衙门与醇亲王 // 073
张佩纶：北洋海军的幕后智囊 // 085
李鸿章与《马关条约》的背后 // 094

北洋舰队铁锚归国记 // 105
琉球事件始末 // 110
甲午殉国之留美幼童 // 127
甲午海战中牺牲的外籍雇员 // 147

155 人物春秋

邓世昌其人及"致远"号沉舰原因 // 156
丁汝昌的结局 // 173
"既生瑜，何生亮"
　　——刘步蟾与林泰曾 // 211
北洋海军将士殉国录 // 239
"像蜀锦一样绚烂"
　　——北洋海军陆战队 // 253
英雄水兵王国成 // 265
甲午战争中的黎元洪与段祺瑞 // 276
李秉衡其人 // 281

305 这不是梦——代后记

309 主要参考书目

千古一憾：未曾打赢的战争

英阿马岛之战偃旗息鼓已40多年，虽然号称是电子对抗的海空立体化海战，前期的海战规模与中途岛大海战等相比，实在是小巫见大巫，但是却引起了全世界大国海军的重视：一枚造价并不昂贵的"飞鱼"导弹，瞬间击沉耗费巨资、配备当时先进军事前沿科技装备的英国导弹驱逐舰"谢菲尔德"号！这掀起了一场海军作战思维的革命，即大型水面战舰究竟是否应该退出今后的海战作战序列？

这实在是一个耐人寻味的疑问，但从此之后再未曾发生过类似的海战。

神游于艨艟齐发、导弹飞射的马岛之战流光瞬影时，不由想起当年北洋舰队楼船铁锁、灰飞烟灭那一幕幕令人感慨的历史陈迹，常常会把这场战争与百年前的中日甲午之战相提并论。

历史常常会有惊人的相似之处。

尽管英阿马岛之战是一场现代化、立体化的电子对抗战争，但

▶ 英国无敌号航母

它仍极似甲午战争——本是一场应该打赢却打败了的战争（指中国与阿根廷一方）。

中日黄海大战双方优势并非特别悬殊，日本海军优于北洋海军，但北洋海军亦有它的优势。

英国于1982年4月横跨1.3万公里远征马尔维纳斯岛，对手阿根廷拥有南美最强大的军事实力，双方在武器质量上基本力均质等，都没有绝对优势可言。当时，世界舆论认为英国取胜希望在"百分之一以下"，必将重蹈1905年俄国以波罗的海舰队为主体的第二舰队为解救被围旅顺口之陆军，远渡重洋征讨日本、在对马海峡被日本联合舰队所败全军覆灭的旧辙。其实日本发动甲午之战又何尝不是如此，以客犯主，倾巢跋涉去攻击一个严阵以待的大陆国家。如同二战时日本发动的珍珠港之战一样，完全是一种孤注一掷的冒险。即便是甲午黄海海战，日本也并未达到目的，外国评论指出日本并未实现"聚歼北洋舰队于黄海"的作战目标，也未阻止或破坏北洋海军护送清朝陆军登陆朝鲜的既定军事行动；日本联合舰队也受到北洋舰队重创，且首先撤出战场。北洋海军是在刘公岛最终覆灭的。

英阿马岛之战与中日甲午海战一样，初始双方互有攻守，阿根廷"圣菲"号潜艇和"贝尔格拉诺将军"号巡洋舰被击沉后，阿空军动用"飞鱼"导弹相继击沉英国"谢菲尔德"号导弹驱逐舰和"考文垂""大西洋运送者"号驱逐舰。阿根廷没有赢得海、空战的最后胜利，是因为和北洋舰队遭到了同样弹尽的命运——法国禁运使英军心惊胆丧的"飞鱼"导弹，欧洲共同体联合进行武器封锁……当时权威军事评论家预料：如果阿军有足够的"飞鱼"，英军旗舰"无敌"号航空母舰及其他运兵船必将葬身海底。

最后的决战也极似刘公岛之战——海军配合陆军登岛作战，覆灭的命运相同——没有任何支援的孤军全军覆灭，结局也惊人的相似——以投降（阿根廷）和兵变瓦解（刘公岛北洋舰队）而结束了战争。

本来打不赢的战争却打赢了，为什么？

首先，全国总动员，兵精粮足无后顾之忧，甲午之战时的日本是这样，马岛之战时的英国也是这样。

▶被"飞鱼"导弹击中的英国"谢菲尔德"号驱逐舰

日本当时起用了血气方刚、精通海战的青年将校,英国也起用了青年海军将领伍德沃德少将为特遣舰队司令。而当时中国和后来的阿根廷根本不屑起用青年将校,如北洋海军最高统帅李鸿章和实际指挥官丁汝昌根本不习海战,倘若甲午之战起用刘步蟾,结局也许会另当别论了。

当时的中国和后来的阿根廷根本没认真秣马厉兵,而都是寄希望于调停——中国寄希望于列强,阿根廷寄希望于美国,结果都吃了军备不修、惨遭偷袭的大亏。而恰恰是阿根廷依赖的盟国"老大哥"美国将情报提供给英国。

日本和英国都是采用"委托式指挥法"——将在外君命有所不受。中国和阿根廷都是事事请示,贻误战机。

日本明治天皇带头捐款购买军舰,西太后却挪用几百万两海军经费大修御用园林。撒切尔夫人下令全世界上百艘英国客轮商船改装编入舰队参战，阿根廷却一直观望作壁上观，有不止一次宝贵的机会都失掉了。

黄海大战中日军令部长座舰"西京丸"被重创后逃出战场，恰遇赶来参战的北洋舰队鱼雷艇队的"福龙号"，从400米、150米，直至40米连发3枚鱼雷，竟无一命中！斯时"西京丸"已无一门可战之炮，而那时北洋舰队的鱼雷艇却只装载3枚鱼雷！马岛之战中英军在卡洛

▶ 至死都掌控大清国最高权力的慈禧太后

斯港奇袭登陆后，阿根廷空军对登陆英军实施大规模轰炸，英军登陆部队司令穆尔后来说："我不止一次感到快撑不住了。阿根廷空军的英勇几乎将奇袭的效果全部抵消。"但后来阿空军后劲不足，很多炸弹竟都丢进了海里。

当年滑铁卢之役中拿破仑的援军为何没有及时赶到已永远成为历史之谜。刘公岛之役清军本可以仍有作为，但鱼雷艇队不战而溃，或沉或被俘，并谎报军情至烟台而断绝了陆军支援。马岛之战中阿根廷登岛的1.5万名陆军在空军轰击登陆英军时，整整一天也未曾"插上一刀"——向攀崖而上的英军实施反击，登陆英军司令穆尔说，如

千古一憾：未曾打赢的战争　　005

▶ "无敌号"航母返回朴次茅斯港时的照片

果"插上一刀","那便是我们的末日了!"

相似,惊人的相似。所不同的是,马岛阿根廷守军在英军发起总攻23小时后全体投降;而北洋海军的绝大部分军人却是宁死不降:自提督丁汝昌以下总兵、管带刘步蟾、邓世昌、林泰曾、黄建勋、林履中、戴宗骞、张文宣、杨用霖……战死疆场、服毒自尽、饮弹自杀、拒救自沉,演出了一部悲壮的北洋海军将士"葬礼"。且不说北洋海军英勇战死的众多下级军官和士兵,那"高升号"上1200名中国陆军士兵也无一投降,其中871名壮烈殉国。

历史不会忘记:5个小时倾泻了几万发炮弹的黄海大战中,仅"定远号"就中弹一千多发!但"定远号"没有沉没,全体官兵誓死苦战,重创"松岛号"等数艘日舰,直到弹尽仍在追击敌舰。同"致远号"一样,它要用全体官兵的血肉和生命去与敌舰相撞而同归于尽。

武器是重要的因素,但不是决定性的因素。人,尤其是军人,还是要有一点儿精神的。

本该打赢却未曾打赢的战争,千古一憾!

百年叩问

从北洋海军建军谈起

有人认为:"北洋水师早就败了,不是败在1894年,不是败在大东沟、刘公岛,而是败在1840年,败在更早的'寸板不得下海'的《禁海令》,败在民族文化开始僵化不前、妄自尊大、故步自封的更久更远的时候。"这是把失败之由归因于政治了。有人还引申出清廷并不把"国防看得比一座园林更重"的结论。姑且先不论慈禧挪用海军经费,可以先回顾清廷为什么要建北洋海军?

过去有一种观点认为:建北洋海军是为镇压太平天国起义,为防止内患而要"船坚炮利",这是不正确的。

中国有水师之建溯源极早,且不说周秦之前即有船队至"倭国",也不说三国时大规模的水战;早在明代征高丽、下西洋时其规模就已经蔚为壮观了。清朝也有水师,当然是旧式的,难于抵挡"船坚

注:1875年李鸿章就任北洋大臣,开始创建北洋水师。
1881年李鸿章奏准"以丁汝昌统领北洋水师。"
1888年正式成军更名"北洋海军"。

炮利"的外夷舰队。但即使这种木船水师，1840年在林则徐的领导下，奋勇迎战，使得强大的英国舰队不能越雷池一步，只好绕道而去。这岂是"早就败了"呢？当然，林则徐也承认英舰"在海上来去自如"，"所向无不披靡"，因此他开始仿造西洋船炮，并计划筹建强大的近代水上舰队。他的思想很明确："师夷之长技以制夷"，即为保卫国防。当然这一计划因他被发配伊犁而终未实现。

▶ 林则徐

1860年，太平天国运动兴起，曾国藩奏请"购买外洋船炮"，兴建近代舰队，清廷立即照准，不过此时建近代水师之目的在于"以资攻剿"太平军。当时太平军连克宁波、杭州等地，清廷一夕数惊。曾国藩从军事战略角度认为，要攻打苏州、金陵、常州等地，光凭陆军和洋枪队不行，非有近代海军不可。后总理衙门委托英人购买了七艘兵舰，但因后来发现英人要控制舰队，所以清廷下谕令全舰队驶回变卖。

清朝驻日公使黎庶昌，在日第三年，有感于明治维新后的日本与中国拉开差距，经深思熟虑，写《敬陈管见折》，递总理衙门转奏。主"整饬内政""酌用西法"，列七条富国强兵措施，其中之一为强海军，以为现在水师"战舰未备，魄力未雄"，"实难责与西人匹敌"，他规划应练一百号兵船，分南、北二水师，专做攻敌。且每师应有铁甲巨舰四艘。但总理衙门定"情事不合，且有忌讳处"，竟"寝而不奏，将原折退回"。曾纪泽知晓，乃赞"大疏条陈时务，切中机宜"，"弟怀亡已久而未敢发"。这应看作建新式海军的最早建议之一。

太平军失败后，抵御列强又成为第一急务。左宗棠首议建船政局，自己设厂造船，因"泰西各国起轻视之心，动辄寻衅逞强，靡

▶ 北洋海军"定远"购舰合同中附带的禁止商业贿赂条款："定造铁甲船之价，毫无经手之费，中国使馆无论何人，皆不得经手之费。又申明，本厂亦不送贿与所派监工之员，凡送贿或送经手之费即作为犯法。愿照办公时送贿于德国官之律例办罪。"

所不至。此时东南要务，以造轮船为先著"。可见左氏造船建舰队之议，实为"捍卫海疆"。之后又开办船政前学堂和船政后学堂，连同船政局，为北洋海军之建奠定了基础。

1874年日寇入侵台湾，清廷认清日本"为中国永久之大患"。当时为"隐为防御日本之计"，福建巡抚丁日昌草拟《海军水师章程》，议建北洋、东洋、南洋诸水师。清廷原则同意，但因财力所限，先定创北洋水师。1879年，北洋水师在英国订购"镇东"等6艘炮舰。1881年，暂任北洋海防督操的丁汝昌赴英接"超勇"等2艘快船回国。随后，丁汝昌正式擢任北洋水师提督。1885年，从德国订造的"定远""镇远"铁甲舰及"济远"快船共3艘归国。1888年，"致远"等4艘快船又由英、德驶回。至此，北洋水师正式建军，更名为北洋海军，共拥有铁甲巡洋舰2艘、快船7艘、炮舰6艘、鱼雷艇12艘、教练船和运兵船8艘，总计35艘，总吨位约5万吨。与此同时，福建水师和南洋水师亦初步建成，中法战争后还建立了广东水师。可见清廷当时是决心要船坚炮利抵御外侮的。这岂是"僵化不前""故步自封"呢？要说"妄自尊大"，如对日本而言，这是在中国士大夫头脑中一种长期的观念。在朝廷和士大夫的眼里，"弹丸小国"的"蛮夷"从来是遭到蔑视的。先秦古籍《山海经》中"倭"属燕国的记载也许不太可靠，但汉朝册封的"汉倭王印"在今天日本是奉为国宝的。元代忽必烈讨伐日本的十万人远洋舰队遇风沉没，也许是个巧合。到明代，倭寇海盗骚扰我海疆，朝廷震怒。永乐初，日本遣使讨封"日本国王"，向成祖发誓不纵倭骚扰。

永乐二年倭寇扰浙江沿海地区。成祖立遣郑和组建远洋舰队东渡，晓谕日本不得违誓。日王源义即捕倭首，倭乱乃平。只需一纸文书，日本自己就围剿了倭贼。当然，这离不开郑和强大的舰队去威慑做后盾——不战而屈人之兵。明朝曾联合朝鲜与日本丰臣秀吉侵朝舰队进行过海上决战，彻底终结了日本觊觎朝鲜的野心。清代日本明治维新后，对中国开始心怀不轨，把征服中国看成是征服世界的跳板。北洋海军初建确实在实力上超过了日本，因此以醇亲王和李鸿章为代表的"陶醉派"一直在自鸣得意，这就在主观上影响了北洋海军继续加强实力，也促成了主管海军的醇亲王为西太后修颐和园挪用海军经费。实际日本不甘落后，一直锐意扩充海军，决心在舰船数量和作战能力上超过北洋海军，日本当时的年度军费预算竟达国家预算总额40%。在北洋海军建成至甲午战争8年中，日本平均每年度购置两艘新式战舰，并大购速射炮以替换旧式火炮。此时新型战舰的设计已趋于重视火炮数量和射速能力，而北洋舰队在1891年户部严禁外购军火后，整体两年未曾更新。舰队右翼总兵刘步蟾屡次向丁汝昌建言："我国海军战斗力远逊日本，添船换炮不容稍缓。"丁汝昌据此上言李鸿章，但因经费大缺，致使一拖再拖，直到甲午战争爆发。这种现象中国士大夫层只有一少部分人感到忧虑。

李鸿章过去一直被认为是投降派代表，特别是一些影视作品，把这位洋务运动的核心人物塑造成卖国贼的形象，这并不符合历史。李鸿章引进西方先进科技，一手筹建北洋水师，又极力主张整顿海防，抵御日本侵略扩张，其功绩恐怕不能一笔抹杀。

有一种观点认为李鸿章是北洋海军最高统帅，毕竟他身兼北洋大臣，连朝廷对北洋海军的命令，也须经他批准方能生效，却是个不知兵的人，这直接导致了北洋海军最后全军覆灭。这种看法是不准确的。从中国军事史和战争史来看，李鸿章算得上是一代名将。虽然他出身儒生，但却经过战争的磨炼而成为清代有名的军事家。中国自古有儒生领兵的传统，远的不谈，仅明、清便蔚为壮观。如明代王阳明、于谦、袁崇焕、洪承畴等，清朝以来，单是太平军之兴，便造就了曾国藩、左宗棠、林则徐、胡林翼等一大批以儒生而提军旅的军事家。李鸿章就是逢此时应运而生的。

李鸿章1844年应乡试中举，三年后中进士授翰林院庶吉士、编修等职。太平军兴，李氏以团练大臣身份回籍，1856年他参加攻巢县、无为、和州等地之战，赏按察使衔。1865年建淮军，败太平军慕王谭绍光，授

▶李鸿章

江苏巡抚。其后建淮军炮队，此为中国炮兵之发轫。首先在淮军中成建制组建新式洋枪队。次年攻陷苏州、常州，以军功封一等肃毅伯。1866年以后率军剿捻，又以军功赏太子太保湖广总督协办大学士。1870年又援剿陕甘回军，直到筹办海防建北洋水师。由此可见，李鸿章是一直以知兵和军功擢升到北洋大臣高位的。

对于李鸿章来说，他注意引进西方科技，历经战事而知兵。又

百年叩问　015

手握北洋海军的最高权柄，应有所作为，但却以北洋海军的最后覆灭而饮恨终身，实令人百思不得其解。

也许北洋海军八年未添一船一炮，李鸿章难辞其咎。慈禧挪用海军经费是一个原因，但未添一船一炮不是全军覆灭的根本原因。须知，甲午海战时中日双方基本优劣相差不大。

也许北洋海军覆灭的重要原因之一是军备不修、缺乏弹药，李鸿章曾安插外甥张士珩为军械局总办负责军火调拨，却使北洋海军长期弹药奇缺。这一点当然是导致北洋海军黄海海战失利的原因之一。但是，刘公岛之役却并不能再以弹药缺乏为借口。北洋海军最后覆灭于刘公岛，恐怕与李鸿章一贯视北洋海军为自己的"家底"有关。光绪帝曾令北洋海军出战，但李鸿章总顾左右而言他，最终丧失良机，导致刘公岛之役全军覆灭。

北洋水师学堂毕业生之一的严复曾有挽李鸿章联："使先时竟用其谋，知成功之不止此；倘晚节无以自见，则士论又当如何！"李鸿章的"谋"究为何事，史载明见，这恐怕要归于他战略上的失误。再好的战术如在错误战略的指引下，也不可挽回大局。毁誉参半，既有功绩又

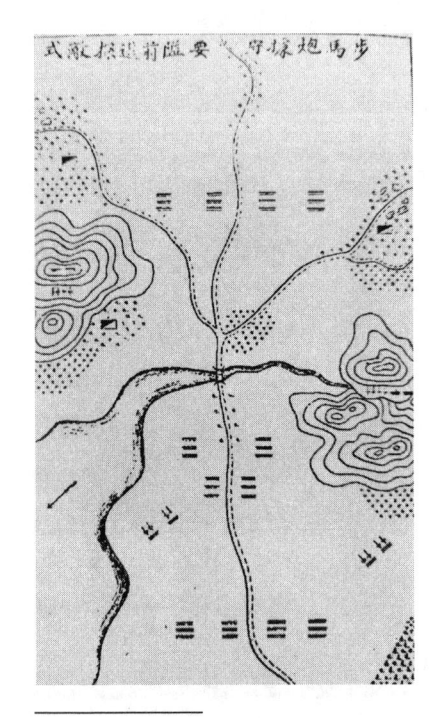

▶1876年，清朝第一次外派军事留学生，淮军差遣卞长胜等7人赴德国学习陆军，学制三年。淮军将领聂士成依照德国练兵制度编成《淮军武毅各军课程》。图为书中《行军阵图》，是清军首次用等高线方法绘制的地形图

有失误，李鸿章就是如此一位矛盾人物和悲剧人物。如他一直警惕洋人要谋取北洋舰队指挥权而加以抵制。在北洋舰队巡视香港期间，洋员琅威理擅自升起总督旗，被刘步蟾予以抵制，李鸿章则坚决站在刘步蟾一边。但他却又迷信洋人，不断聘请洋员顾问。殊不知，刘公岛之役覆灭原因之一就是被洋员鼓噪投降而瓦解军心的。北洋海军最后覆灭非战之败也。最高统帅的战略失误令人遗恨。李鸿章无愧于一个军事家，但他的军事思想体系却趋于陈旧，整顿海防而囿于固守海防，把舰队看成是一个移动的炮台，不敢抢夺制海权，畏于在海上决一雌雄，徒有"利器"无用武之地，这才是导致北洋海军覆灭的关键。

北洋舰队未曾惨败黄海

关于甲午海战，是一个永不休止的话题，也是一个中华民族永远的遗憾。这是一场应该打赢而未曾打赢的战争，而由此也给中华民族带来了巨大的不可挽回的灾难。对甲午战争应有正确的评价，才能真正地以史为鉴。

黄海大海战是日本处心积虑地要与北洋海军决战，进而逐步统治中国，让泱泱中华亡国灭种。史学界有观点认为黄海大海战中日海军主力决战，北洋海军是惨败。笔者窃以为此论非是。此役中北洋舰队损失舰船五艘（这包括自撞而沉的数字），而日本舰队也遭到北洋舰队重创，损失也不亚于北洋舰队。而且，从战略上讲，北洋海军应该是胜利者。此役中北洋舰队以弱胜强，变被动为主动，破灭了日本海军的狂妄作战计划——"聚歼清舰于黄海"，而且，如果不是种种客观原因的限制，如战略指挥朝令夕改、南洋水师坐山观虎斗等等，这次海战北洋舰队完全可以取得更辉煌的战绩。所以，黄海大战中北洋舰队应是战术上的失利（最重要的是弹药补给不足），而不是失败或惨败，真正的失败是在威海刘公岛之役。

从黄海大战中日舰队双方战斗力来比较，北洋海军已由曾经的亚洲第一到当时逊于日本。北洋海军参战军舰为10艘，日本则为12艘。火炮总门数（包括鱼雷发射管、机关炮）中方为180门，日方为272门。其他诸如吨数、马力（包括平均马力）、平均速度、总兵力等方面参战日本海军均高于中国海军。但北洋海军的优势是在质量上，如铁甲舰北洋海军为4艘，日方仅1艘。300毫米、210毫米重炮北洋舰队为24门，日方仅11门。小口径炮、机关炮北洋舰队有114门，日本舰队只有52门，但日本舰队的火力优势在于大口径火炮和速射炮，速射炮为111门，其中新式速射炮70门，北洋舰队仅为27门，日本

▶ 日本画家描绘的黄海海战

主力舰 100 毫米以上口径火炮达 101 门，而北洋舰队上述口径火炮仅 44 门，日本舰队的火炮火力超出北洋舰队数倍之多。

凡此种种，可以看出北洋海军已经远非 8 年前可比。特别是最新式的速射炮及新式战舰，一直未曾添置和更新。而且最关键的是北洋海军的军火供应问题最为严重。偷工减料、以假充真，甚至"有弹无药"。这就造成了海上实战中屡屡失利。在此之前的丰岛海战一役中，济远舰发射 15 厘米榴弹，击中日舰吉野号右舷，穿透钢甲入机器操作间而竟未爆炸，使其幸免于沉没。否则，日后黄海海战中这艘日本最先进的战舰就不会再加入战斗序列了。又如黄海海战中，定远舰发射 30 厘米炮弹，击穿西京丸甲板，又穿入机器间，虽然爆炸，但威力太弱，仅炸坏舵机，未能使其沉没。使乘坐其舰的日本海军军令部部长桦山资纪海军中将侥幸苟其性命。如果不是劣质炮弹，西京丸必被击沉，桦山也将毙命，黄海之役必将大有利于北洋舰队。

实际从黄海大战来看，北洋舰队炮火命中率远远高于日本舰队，日舰多受重创，却一艘未沉，其奥秘就在于北洋舰队的炮弹威力太弱。而且后期几乎处于弹尽之惨况。正如英国人勃兰德在《李鸿章传》中所指出："如果这些大炮（指北洋舰队铁甲舰前主炮——笔者注）有适量的弹药及时供应……很有可能中国方面获胜，因为丁汝昌提督是有斗志的人。而他的水手们也都极有骨气"。倘若不是如此，黄海之役结局必然改观。试看，海战伊始北洋舰队失去指挥，各自为战，且弹药不足、火力不够，没有后援，却仍给予日本联合舰队以重创，最后以日舰首先退出战场为结束。在吨位、马力、速度均低于日方的弱势下，犹能如此，这岂是惨败呢？如果中日双方调换强弱之势，那结局必将是"聚歼"日本联合舰队了。

总之，黄海大战中北洋舰队虽然战术失利，沉舰五艘，但并未伤元气。所以，日本海军于心不甘，后来仍然要与北洋海军决战，威海刘公岛才成了北洋海军最终全军覆没的地方。但倘若威海之役中中国陆军能有中国海军的素质不至于溃败并及时支援，北洋海军仍然也不至于全军覆灭。

不是走进这个房间，就是走进另一个房间。北洋舰队在黄海大战中的战术失利有着很多偶然的因素。完全归结于清廷的腐败，似乎有形而上学之嫌。辩证地、实事求是地分析北洋舰队的失利及覆灭，才能使后人以史为鉴，知其得失。

▶ 和尚岛炮台内部场景

是北洋海军素质差吗

中日甲午黄海大战北洋舰队的失利，是偶然还是必然？以往一些文章的论点大都以"必然"以蔽之。笔者印象颇深的是电视连续剧《北洋水师》最后一个镜头是以李鸿章的泣叹为结尾："究竟败在谁的手里？"这声长叹提出一个发人深省的问题。这句话是否有历史依据，尚不得而知。据说李鸿章临死都未曾合眼，还留下了一首悲愤的《绝命诗》："劳劳车马未离鞍，临事方知一死难。三百年来伤国步，八千里外吊民残。秋风宝剑孤臣泪，落日旌旗大将坛。海外尘氛犹未息，诸君莫作等闲看。"字里行间颇值得后人回味。事实上，北洋舰队与日本舰队的决战失利，实为中日两国关系的拐点。李鸿章没有看到，在他逝后30年，日寇的铁蹄开始踏遍中华半壁河山，几有亡国灭种之虞。

北洋舰队失利之因，有人解答为：败在中国北洋海军的素质上。笔者读过一篇文章，印象极深，其中云："试想：一支背《三字经》

的、抽大烟的、由小脚女人的丈夫组成的军队怎么可能打胜仗呢？"那篇文章的作者大概对历史不太熟悉，只有一种简单的图解——即清廷腐败，它的军队也必然腐败。请不要忘了在甲午战争之前的1884年至1885年中法战争中陆路清朝军队是大胜的，包括冯子材指挥的镇南关大捷、黑旗军刘永福指挥的谅山大捷。马尾海战是法国舰队的偷袭，如果福建水师主动攻击，鹿死谁手也是未可预料的。

▶ 上海《点石斋画报》载吴友如所绘中法马江之战图画

至于北洋海军官兵的素质却并非仅仅是什么"背《三字经》、抽大烟",这完全是对已殉国已过百年、为抗击日寇誓死喋血的北洋海军爱国官兵的一种偏见和误解。其实在甲午战争时期,主战派官员奏疏中即开始指责北洋海军课训懈怠,军纪废弛,不修武备,将佐怯懦,嬉戏淫赌,风气败坏,"腐败、中饱及援结私亲诸症",无不尽染。殉国的名将刘步蟾、林泰曾也曾被指责是"安富尊荣,拥以自卫,其昏庸畏葸更甚于丁汝昌",而北洋海军提督丁汝昌更被指责为"性情浮华,毫无韬略",热衷于在刘公岛经营地产,逼迫下属租住以自肥。北洋海军结帮成党,尤其"闽党"将校最为跋扈,丁汝昌指挥不动,也不敢指责。这些在姚锡光《东方兵事纪略》、蔡尔康《中东战纪本末》、泰莱《甲午中日海战纪闻记》等著述中皆有记载。假如是真,这样的海军何以赴海疆以杀敌?清末主和主战两派互相攻讦,有不惜夸大之嫌。事实即如邓世昌那样的优秀将领,也违反军纪,养狗于船上,但是大节不亏,确是有目共睹。

1866年,左宗棠奏请设马尾船政局、福州船政局并附设船政学堂,这是中国近代第一所海军学校。北洋海军的大多数将领如刘步蟾、邓世昌、林永升、方伯谦等均毕业于此。后来北洋水师学堂总教习、督办严复,民国政府海军首脑萨镇冰等亦受业于此。包括后来成为民国总统的黎元洪、临时执政的段祺瑞、民国两位海军总长萨镇冰和刘冠雄、一位海军司令李鼎新等都出身于北洋船政系统。近代最著名的大教育家张伯苓也曾是当年北洋舰队的水兵。

船政学堂的招生首先打破出身,公开招考,并选拔船政局中有实践经验的青年工人、兵勇入学。所以很多水师军官都家境贫寒却又肯于学习。而且,有不少学生入学前即已粗通英文。另外,学堂极重军事和自然科学。基础课程有外语、几何、代数等。以后又增有算术、解析几何、割锥、平三角、弧三角、代积微等。专业课则有静力、动力、水、重、理镜、机器、天文、测量、仪器用法等。"四书五经"反而是自学课程,这种重西学之现象,实为当时风气之先。学生也获益匪浅。再有,学堂注重学用和实练。在堂期间,学生已经拥有实际驾驶经验,毕业后,必须到练船或机器厂实习1年至2年后,方可到军舰实习,实习不仅在国内,还要去外国远洋等地。

1877年,船政学堂又派刘步蟾、林泰曾、林永升、方伯谦、刘冠雄、萨镇冰等33人到英国格林尼茨皇家海军学校留学军事。并且

▶ 图为福建船政学堂第一届学员与洋教官合影。此届学员于1867年入学,1871年上舰实习,1873年后陆续毕业,大多成为北洋海军的著名将领

都是上船学习，如刘步蟾被派往英国铁甲舰"马那杜"号任驾驶见习，专攻海战战术、枪炮学。林泰曾曾于英国地中海舰队"阿其力"等舰实习。这些留学生均以"颇为优异""未逊欧西诸将之品学"的盛誉并获优等文凭回国。这些品学兼优、又有丰富实践的学生后来均成为北洋舰队的重要将领，如刘步蟾一直擢升到海军右翼总兵的要职，等于实际上在指挥北洋舰队。其中12人回国后任北洋海军兵舰管带，2人任南洋水师舰船管带，3人任北洋海军兵舰大副，5人任北洋水师学堂教习、总教习等，皆为北洋海军这支当时排名亚洲第一、世界第六舰队的军中翘楚。其中回国后任北洋水师学堂教习的王学谦后任过天津北洋大学总监，任总教习的严宗光民国初年还任过北大校长。萨镇冰、刘冠雄民国初年均任过海军总长，李鼎新任过民国初年海军总司令，任过教习的伍光建任清末海军部军枢司司长。林启颖和沈寿堃任过民国初年军港司令和练习舰队司令，贾凝禧和陈恩寿后来还成为有名的海洋法专家，这些留英学生不仅成为北洋海军的中坚，后来也成为民国初期海军的中枢，是清末民初海军不可多得的人才。而且由于丁汝昌原是陆军出身，不习海军，所以实际北洋海军的操练等事务均"悉委步蟾主持"，"一切规划，多出其手"。

至于水兵，均从沿海农民、渔民中招收，因为他们淳朴耐劳，鲜有恶习。《北洋海军章程·招考学生则例》严格规定：入北洋海军者"须身家清白，身无废疾，耳目聪明，口齿清爽，文字清顺"，并必须"觅具保人"。这就保证了北洋海军新建伊始兵员素质有保证，市井无赖、游民等很难混入。北洋海军军纪是当时清军中最严明的。

而艺官（即技术军官）包括绝大多数手握兵权的青年将领亦均是船政学堂及留学毕业，接受过西方近代民主思想熏陶和先进科学技术训练，北洋海军官兵在素质、文化、士气、训练、纪律、装备和战斗力方面，与清朝陆军区别极大，是中国当时最近代化的海军军人。这样的素质不仅为英国等外人所承认，交战对手日本海军也是承认的。正如意大利人1896年出版的《中日战争》一书中评价说："中国海军同陆军相比是非常优越的"，"许多海军的本国官员也都在专业方面受过很好的训练"。一些曾在北洋海军中任职的英国人如北洋海军总教习的琅威理、长期搜集北洋海军情报的英国远东舰队司令斐利曼特，对北洋海军的素质也予以盛赞。

当时对北洋海军熟知的中外人士，皆评价北洋海军官兵训练有素，其驾船、布阵、操练尤枪炮命中率水平甚高，所以当有人指责北洋海军训练"废弛"时，北洋海军总教习英人琅威理予以反驳说："彼诽谤中国海军多所'废弛'者，皆凭空臆说也。"事实胜于谣言，据《英国海军年鉴》载黄海大战中日舰"吉野"共发炮1200多发，而中国舰各炮无一受损，舰体受损亦未伤筋骨。中国舰队火炮速度不抵日舰，却能重创日舰"吉野""比睿""扶桑""赤城""西京丸""松岛"等多舰，战斗素质可见一斑。

另据统计，中日双方黄海海战发炮命中率，"除六磅以下各小炮外，日军之命中率约在百分之十二，而中国军之命中率约在百分之二十以上"，"就炮术而论，以中国兵优于日本兵"。北洋舰队海战中驶船技术也深得外国军事人士称赞。"来远"在战斗中，被火焚最为严酷，受伤也重于它船，"机舱人员，莫不焦头烂额，双目俱盲"，但因官兵平日训练有素，在如此险境下临危不惧，竟能一面救火，同时发炮，奋勇打退日本群舰围攻，安全返回旅顺军港。"各西人群往察验，舱面皆已毁裂，如人之垂死者然，尚能合队驶回，实可见行船之妙"。这样的素质岂是平时训练"废弛"的军舰官兵所能为的呢？

黄海大战中，北洋海军将领的能力得到了最好的发挥。

海战伊始，旗舰"定远"被击中。刘步蟾立即"代为督战"，首先发炮击伤"吉野"。随即令舰队以"人"字形之尖端拦腰切断日本联合舰队阵列，至下午1时，日舰"比睿"号被"定远"击中失去战斗力，挂出"退出战列"信号逃逸。"赤城""西京丸"也被"定远"炮击受创，相继逃离作战海域。下午3时，北洋舰队"致远""经远"等4舰先后受伤起火沉没。"济远""广甲"退出战场。只剩"定远""镇远"在刘步蟾、林泰曾指挥下拼死苦战。"定远"数被炮击起火。但刘步蟾镇定临危，又指挥发炮击中日本旗舰"松岛"号，使之丧失海战能力。至5时，日本残存舰只首先退出战场，此时"定远"已弹尽，但刘步蟾仍率舰奋追，终因速力不及而退回。

震惊中外的甲午海战，刘步蟾等将领发挥的优秀军事指挥才能，及广大海军官兵的海战实力，为中外所共誉。如果不是弹缺药尽、马力速度等技术原因，北洋舰队必将奏凯而还。北洋海军的炮弹之缺、爆炸力之劣是最致命的问题，此役中双方参战舰只各12艘，北洋海军损失舰船5艘（其中1艘是自撞而沉）伤4艘，日本联合舰队亦被重创和击伤 5 艘,但均因炮弹质量低劣未能使其沉没。表面上看,日本联合舰队未被击沉一舰,但日军旗舰、座舰均被击中而丧失指挥和作战能力,最后主动退出战场。而北洋舰队旗舰几次失火仍继续指挥海战。这场海战北洋海军指挥官的素质明显高于日方。

另一方面,用现在的话说,北洋海军的"政治素质"也是极高的。是役参战前,从提督以下大部已抱必死之心。在丰岛海战后,北洋舰队已做好与日本再战的准备,各舰已涂深灰保护色,除避免作战时炮火燃烧,将炮罩、索具、本器、玻璃窗等留岸之外,各舰除仅留一艘无桨小艇,其余救生艇一律卸除,以示全体官兵与舰共存亡之决心。"经远"管带林永升在战前下令撤去所有舰仓木梯——开战后所有官兵不得入舱躲避。据在北洋舰队任职的英国人泰莱回忆:大战之前,北洋舰队官兵皆"渴欲与敌决一快哉,以雪

▶ "镇远号"铁甲舰,北洋水师的主力舰之一,当时被称为"亚洲第一巨舰"

'广乙'、'高升'之耻，士气旺盛，莫可言状"。如丁汝昌嘱家人："吾身已许国"，邓世昌对部下云："设有不测，誓与日舰同沉。"刘步蟾语部将："苟丧舰，誓与日舰同沉"，"镇远"大副杨用霖亦誓曰："战不必捷，然此海即余死所"……临战之前，将士纷纷寄家属遗书，矢志捐躯报国。如"经远"二副陈京莹家书云："大丈夫以殁于战场为幸，但恨尽忠不能尽孝耳！双亲老矣，勿因丧子伤感……则儿九泉瞑目也"，"致远"正管轮郑文恒家书云："此次临敌，决死无疑。老父年迈，兄幸善事焉，勿以弟为念！"……

在大战爆发之际，"定远"发令，舰队各舰"无不竞相起锚，行动较之平昔更为敏捷，即老朽之'超勇'、'扬威'两舰，起锚费时，因之落后，然亦疾驰，竞就配备，官兵均狞厉振奋，毫无恐惧之态"。泰莱的叙述不仅写气势，而且有细节，例如他曾亲见"一兵重伤……彼虽已残废，仍裹创工作如常"。另据在"镇远"舰上参战的美国人马吉芬回忆："12吋巨炮炮手某，正在瞄准之际，忽来敌弹一发，炮手头颅遂为之掠夺爆碎，头骨片片飞扬，波及附近炮员，而（其他）炮手等毫无惊惧，即将炮手尸体移开，另以一人处补照准，赓续射击。"两位参战外籍人士的描述是真实可信的。使人们今天还能感受到北洋海军普通水兵勇猛顽强的战斗意志和强烈的赴死精神。对普通水兵英勇精神的记述是很多的，如"来远"水兵王福清在搬运炮弹中脚跟被日舰弹片削掉，但他竟毫无察觉，仍然肩扛炮弹来回奔跑！"镇远"舰水兵们为防止通气管将甲板上的火焰引入机舱，竟将风斗拆掉，冒着高温继续操作，这样的精神和素质是日本军人所根本不具备的。在这场大海战中，日本海军领略了中国海军战斗意志和炮火的威力，日方在战后的回忆字里行间，描绘着被北洋舰队炮弹击中的惨状，至今读来还感受到日本海军的恐惧心理和情绪。

是日15时30分许，北洋舰队主力"定远"舰305毫米大口径主炮发射一发巨型炮弹，准确命中日本联合舰队旗舰"松岛"右舷下甲板4号炮位①，不仅使该炮位丧失战斗力，同时还引起"松岛"舰上炮弹堆的猛烈爆炸，据日本人记载，当时"如百电千雷崩裂，发出凄惨绝寰之巨响。俄而剧烈震荡，船体倾斜。烈火百道，焰焰烛天，白烟茫茫，笼蔽沧海，死伤达八十四人。死尸纷纷，或飞坠海底，或散乱甲板，骨碎血溢，异臭扑鼻，其惨瞻殆不可言状。"甲午海战后，日本人平田胜马还出版了一册《黄海大海战》，也怀着悲惧的心情描述被北洋舰队"定远"击中后的惨状："……头、手、足、肠等到处散乱着，脸和脊背被砸烂得难以分辨。负伤者或俯或仰或侧卧其间。从他们身上渗出鲜血，黏糊糊地向舰体倾斜方向流去。滴着鲜血而微微颤动的肉片，固着在炮身和门上，尚未冷却，散发着体温的热气……"，骄横狂妄的日寇看来也惊魂未定，他们的描述与当时在"镇远"舰上参战的美国人马吉芬对英勇的北洋舰队水兵的描述有天壤之别！日本舰队表面不可一世，实际上对北洋舰队尤其"定远""镇远"两艘巨舰是心存畏惧之心的，所以在海战中日本联合舰

---

① 美国人马吉芬在《廿七八年海战史》中认定"松岛"是被"镇远"击中。而日本联合舰队航海长高木英次郎少佐则认为"定远""镇远"两舰主炮同时发射，但中日双方高层李鸿章、伊东佑亨分别向清廷和日本大本营的奏折和报告，均认定是"定远"发炮击中"松岛"。

队以多艘军舰重点围攻,弹雨矢林,必欲除之。但北洋舰队官兵的勇猛精神和战斗素质使得日寇也损失惨重!仍举"松岛"号为例,"定远"一炮击中,使日舰指挥塔舵机、电缆、大部火炮均毁坏,指挥官伊东祐亨不得不挂起"不管"旗,令日舰各自行动。

黄海大战中,北洋舰队中战斗力颇弱的"超勇""扬威"不甘示弱,誓不退让。"超勇"中弹起火后,舰体右倾即将下沉,仍拼力向日舰齐发猛烈炮火,直至舰体没入大海。

▶黄海海战中被北洋舰队击中的日舰

"致远"管带邓世昌、"经远"管带林永升壮烈殉国,两舰官佐水兵共500余人亦随邓、林二人或战死牺牲,或同沉大海。"超勇"管带林履中、"扬威"管带黄建勋誓不苟生与舰同沉。实际上,海战中邓世昌、林永升、林履中、黄建勋等将领完全可以获救生还,但他们慷慨赴义,宁死勿生,履践了战前誓言"誓与日舰同沉"。邓世昌拒绝水兵们的相救,与游来救他的爱犬同沉。"超勇"舰沉没后,管带黄建勋落水,士兵抛长绳救援,但他拒绝救援而沉海。"扬威"搁浅后,因无法与日舰战斗,管带林履中愤然蹈海而大义成仁。

让我们中华子孙永远铭记:"致远"号受重伤,随时有沉没之险,但邓世昌决定以死报国,指挥军舰全速撞向吉野,他在指挥台大喝:"我辈从军卫国,早置生死于度外。今日之事,不过就是一死,用不着纷纷乱乱！我辈虽死，而海军声威不致坠落，这是报国呀！"

这样撕心裂肺、振聋发聩的呐喊其实并没有在黄海大战中的蔽日硝烟中消逝，它永远回荡在中华万里海疆，激励着中华民族捍卫领海和收回领土的决心！

黄海海战中北洋舰队的
阵形和指挥策略

  一支军队除了具备不屈不挠、英勇善战、不怕牺牲的精神，具备优良的军事素质和技战术外，更需要指挥官的正确指挥和最大程度减少失误。包括在敌强我弱、敌众我寡等不利因素下灵活善变，甚至置之死地而后生。古今中外战史上以弱胜强、以少胜多、反败为胜的战例不胜枚举，主要克敌制胜的法宝绝大多数都要取决指挥员的知己知彼、随机应变和镇定指挥。

  黄海大战排除日方偷袭伎俩，所谓两军交战后北洋舰队阵形指挥失误之说，至今亦是史学界、军事界研究的一个主要倾向性论点。

  海军是攻击型军种，在以往海战中阵形是非常重要的一种攻击手段，先发制人的阵形是被兵家奉为上策的。黄海大战中北洋舰队是否丁汝昌、刘步蟾指挥失误、错排阵形，而导致给日本联合舰队可乘之机？过去有不少论者认为是阵形的失误导致黄海海战中未能击溃日

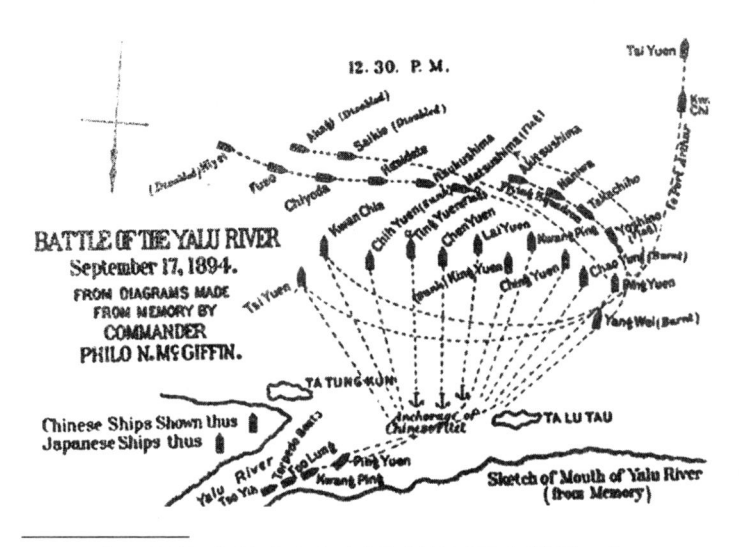

▶ 1895年8月美国《世纪》杂志刊登的《清日黄海交战图》，作者为镇远舰帮带（副舰长）、美籍雇员马吉芬

本联合舰队而处于下风。电影《甲午风云》、电视连续剧《北洋水师》及大多有关北洋舰队的著述都集中反映了这一论点，而给广大的观众、读者以影响，致使谬种流布。

实际情况如何？

光绪二十年（1894年）7月25日清晨，一直寻找北洋舰队决战的日本舰队采取"不宣而战"的卑鄙手段，首先挑衅，在丰岛突袭运兵船及护航舰。8月1日，中日同时宣战。9月17日北洋舰队护送赴朝运兵船至大东沟毕返航旅顺时与日本联合舰队遭遇。当时日舰竟悬挂美国旗帜先发突袭。之前日本舰队为与北洋舰队决战夺取制海权，一直在黄海搜寻北洋舰队。以当时中日双方舰队战斗序列来看，基本势均力敌。

中日双方在黄海海战中的战斗序列，两国有关史料基本上没有太大分歧。诸如《日本海军史》《甲午中日海战》《李鸿章与北洋舰队》

等表述大同小异。唯现代有些著述将北洋舰队"来远""广甲"及鱼雷艇队赶来参战的6艘舰艇划入战斗序列，笔者以为不甚科学。一是舰种除"来远"号外皆为小型舰艇，决定不了大战命运；二是"来远"巡洋舰和"广甲"巡洋舰及"福龙"鱼雷艇队等均为下午2点多后赶到，虽然参战，并非主力，而且有畏敌先撤者；三是战绩乏善可陈，如鱼雷艇"福龙"号从400米直至抵近40米向"西京丸"连发三颗鱼雷，虽然勇气可嘉，但竟无一命中！这对已然弹尽而毫无反击能力的"西京丸"，何止天降福音，简直令人匪夷所思！所以以北洋舰队18艘舰艇参战的计算是不严谨的，反而给后人日本舰队以少胜多的印象。实际上，下午1点开战时日本联合舰队战斗序列比北洋舰队多出2艘战舰。英国人泰莱在《甲午中日海战见闻记》中认定中日参战军舰是10∶12。李鸿章在战后奏报朝廷时也认定是"我以十船当倭十二船"。因而10∶12基本还是为中外所公认的。

北洋舰队参战船只信息

舰名	舰种	排水量（吨）	航速（节）	炮	鱼雷
定远	铁甲舰	7335	14.5	22	3
镇远	铁甲舰	7335	14.5	22	3
来远	铁甲舰	2900	15.5	17	4
经远	铁甲舰	2900	15.5	14	4
致远	巡洋舰	2300	18	23	4
靖远	巡洋舰	2300	18	23	4
济远	巡洋舰	2300	15	18	4
广甲	巡洋舰	1296	15	10	—
超勇	巡洋舰	1350	15	12	—
扬威	巡洋舰	1350	15	12	—

北洋舰队的实力实际连日本方面也有忌惮，在战前日本大本营曾忧心忡忡地认为"预料陆战可操胜券，但对海战的胜败如何尚抱疑虑"。在丰岛海战中日本联合舰队第一游击队偷袭我方得手，利令智昏，野心膨胀，遂开始多次在中国黄海西部寻找北洋舰队决战，甚至一度逼近北洋舰队威海卫基地和旅顺军港。

北洋舰队的优势在于坚船重炮，日方优势则在于快船快炮。北洋舰队炮（门）总计为近200门，日方总计为近300门，且多为速射炮。日舰大炮共28门，22门为速射炮，北洋舰队大炮仅6门，而且无一门速射炮。因而在炮火一项日方已占绝对优势。据后来统计，北洋舰队主力舰"镇远""定远"每发一弹，日舰"吉野"同时可发6弹至8弹。日本战舰配备的速射炮每分钟可发射10发至12发炮弹，北洋舰队因户部禁令而未更新的老式架退炮却只能每分钟发射一发炮弹。所以李鸿章在战后奏报朝廷时感叹，日本舰队"船快炮快，实倍于我"。

日本联合舰队参战船只信息

舰名	舰种	排水量（吨）	航速（节）	炮	鱼雷
松岛	海防舰	4278	16	29	4
严岛	海防舰	4278	16	31	4
桥立	海防舰	4278	16	20	4
扶桑	巡洋舰	3777	13	21	2
千代田	巡洋舰	2439	19	27	3
比睿	巡洋舰	2284	13.2	18	2
赤城	炮舰	622	10.25	10	4
西京丸	代用巡洋舰	4100	15	4	—
吉野	巡洋舰	4216	22.5	34	5
高千穗	巡洋舰	3709	18	24	4

续表

舰名	舰种	排水量（吨）	航速（节）	炮	鱼雷
秋津洲	巡洋舰	3150	19	26	4
浪速	巡洋舰	3709	18	24	4

其次，舰上兵员众寡亦为重要因素。中日双方兵员的受训基本为英式海军训练，素质相差无几，只是北洋舰队水兵无作战经验而已。黄海海战中参战兵员北洋舰队共为2100余人，日方则达3500余人。这与舰炮装备配属紧密相关，炮多自然兵员就多。

其三，从吨位上看，"定远""镇远"各7335吨，而日舰"松岛""严岛""桥立"各重4278吨，但在总吨位上，北洋舰队黄海海战参战的七艘"远"字号舰总吨位为27300余吨，日本除"比睿""赤城""西京丸"三小舰外，9艘舰计33400吨。

其四，在铁甲厚度上，中国"定远""镇远"二舰铁甲厚度超过日舰。其铁甲厚达35.6厘米，炮台厚达30.5厘米，司令塔厚达20.5厘米，而日舰"松岛""严岛""桥立"三舰司令塔铁甲厚度仅为10厘米，抗炮火击打能力逊于北洋舰队主力舰。

其五，日本舰只最高航速为22.5节，最低为13.2节，北洋舰队舰只最高航速为18节，最低为14.5节。"镇远""定远"两大铁甲舰时速仅有14节至15节。

其六，服役年限我方舰只较长，以主力舰为例，北洋舰队八年未更换一舰一炮，"定远""镇远""济远"入水年代均为1880年至1883年；"经远""致远""靖远"均为1886年至1887年，唯"来远"为1889年。日本主力舰"松岛""严岛""桥立"入水年代分别为

1890年、1889年、1891年，与北洋舰队主力舰入水年代相差起码10年。日本联合舰队其他主要舰只入水分别在1878年至1892年之间。

黄海决战中日双方最重要的优劣之分是心态：日本联合舰队求胜心切，集中日本所有新老主力舰，一直在游弋寻找北洋舰队决战，急兵躁进，远离本土，只图速胜速决，这已犯了兵家之大忌，可惜清朝中枢和北洋舰队没有充分利用这一点，把握时机，以逸待劳，击溃"远师"（须知中法战争法国舰队也是劳师远征，但李鸿章一味主和迁延而坐失良机）。

北洋海军最高统帅李鸿章在战后为北洋舰队黄海海战失利向朝廷的报告中强调："以北洋一隅之力，博倭人全国之师"，尽管有掩饰之意，但不无道理。当时国际政界、军界事先对双方胜负多有预测，一部分权威人士如俄国驻华公使希尼说："日本海军有很多缺点，中国无论在船只及管理方面都较日本为强。"英国海军远东舰队司令安利曼特则指出：中日两国海军实力"可相提并论，不必有所偏重"。而北洋海军总顾问琅威理则更对北洋舰队的实力充满信心，他认为日本海军"大非中国之敌"，剔除对北洋海军的感情因素，他的观点确实代表了西洋军界的主流观点。

在黄海海战中，当时日舰采取"鱼贯纵阵"（即单纵列"一字竖阵"）。北洋舰队时正停泊，待发现是日舰时，立即起锚，以十艘舰只排成"犄角鱼贯阵"，即"双纵阵"式的左右鱼贯形阵。在接近日舰时，发现其欲"直攻中坚"（旗舰"定远"位置最前），丁汝昌发令改行进中之"鱼贯小队阵"为"雁行小队阵"，并令加速以7海里时速迎击（原速为5海里）。

北洋舰队原作战阵形分五个斜形梯队：1.定远、镇远；2.致远、靖远；3.来远、经远；4.广甲、济远；5.超勇、扬威。改变后的阵形应为如雁行般的两队横行阵式。但因时间不够，阵形尚未完成即已与敌舰队开战。实际等于排成了"人"字形阵势。

这种阵形是否为被动挨打的阵形？过去流行的观点一直认为是丁汝昌不懂军事，排错阵形，导致被动，从而致使海战失利。这并不是事实。北洋舰队在丰岛海战后一直有与日本舰队决战的心理准备，丁汝昌虽非海军出身，但多年任北洋海军提督，耳闻目睹，已非完全门外汉，况有刘步蟾为副。现有史料证明，北洋舰队在决战前已有阵形预案，绝非仓促迎敌。而且以当时海战角度来看，当时北洋诸舰未能及时更换，速缓炮弱，只重主炮，舷侧炮少，又缺少速射炮。因此这种阵形可以舰首主炮击敌，且各舰前均无障碍，极利进攻。当时黄海海战之后外国海军权威人士评论："定远""镇远"两艘铁甲主力舰并列第一梯队中央是"适得其当"，因为这两舰侧舷炮可保护后续之舰，每舰依次延续的火力保护可防御整体舰队被对方攻击。

从黄海海战实战效果看，这种阵形在海战伊始即将日本联合舰队"鱼贯纵阵"拦腰截为两段，阵形左翼之舰迅速重创"赤城""比睿""西京丸"诸舰。倘若不是日本舰队单独编队的第一游击队及时回援，日本舰队必将更受重创。

日本联合舰队黄海海战舰只、官兵损亡一览

舰名	舰种	损失程度	阵亡官兵（总计）	溺海官兵（总计）	受伤官兵（总计）
松岛	海防舰	几乎沉没退出战场	154人	40人	307人
赤城	炮舰	重伤			
比睿	海防舰	重伤			
西京丸	代用巡洋舰	重伤			

注：其他各舰无不受伤。笔者查另有史料统计为阵亡，伤208人。与上表有出入。

北洋舰队黄海海战舰只、官兵损亡一览

舰名	舰种	损失程度	阵亡官兵（总计）	溺海官兵（总计）	受伤官兵（总计）
致远	铁甲舰	沉没	90余人	600余人	210人
经远	铁甲舰	沉没			
超勇	巡洋舰	沉没			
扬威	巡洋舰	搁浅			
广甲	巡洋舰	搁浅			

注：剩余各舰均受轻重伤不等。笔者查有史料统计数字为阵亡官兵（含随舰沉溺者）628人，略有出入。

海战失利的主要因素在于日舰炮火、速度上的优势，更重要的是日本舰队将4艘快速巡洋舰单独编队，机动突击余地大，与作战梯队互为配合，对北洋舰队形成包围之势。日舰"吉野"航速23海里，而"赤城"仅10节航速，悬殊甚大，故日本司令官伊东佑亨将参战军舰分为两个编队，将快速机动的作用发挥到极致。曾有人分析如果北洋舰队也采取编为两个作战梯队的阵形（五、五或四、六编队），机动突击反包围，转内线为外线作战，重击敌之腹背，则战局将比"人"

字形阵形作战效果应更为可观。

当然，战场上的变化瞬息万变，以不变应万变，处变不惊才是上策。"人"字形阵形也非尽善尽美，不同舰种、不同速度的舰只混杂编队，首先就会影响快速舰的航速，"镇远"等快速巡洋舰的突击作用被大大降低，再有这种阵形布形海域太大，不利迅速改变航向和变换阵形。

可以假设，如果日本舰队不采取卑劣的偷袭伎俩，北洋舰队主动寻找日本舰队决战，掌握海战主动权，发现敌人及时争取时机布阵，便不会仓促应战变换阵形。当然，如果及时更换新舰，速度及时，也不会在这一点上被动输给对方。

总之，黄海海战失利，绝非输在阵形上，阵形本身无可非议，况且北洋舰队在战前已有预案，见日舰单纵迎来，故改变队形，以双横队迎敌。双横迎战单纵，自然优势加强。但可惜由于航速参差不齐，侧翼舰只落后，结果是逼近敌方时，竟形成了单横编队。这绝非丁汝昌本意，但已无法调整。日舰第一游击队绕过北洋舰队主力战斗阵形正面，直奔北洋舰队右翼。丁汝昌在英国军官泰莱提议下，想再次改变阵形，以迎战日舰，但已完全没有时间了。

丁汝昌、刘步蟾的指挥基本上并无失误，这一点应为北洋舰队的指挥官正名。某些影视剧的渲染是大错特错，甚至把刘步蟾说成是贪生怕死的无能之辈，更是写历史剧的大忌，完全违背史实。

如以黄海决战的结果而论，日本联合舰队的作战目的是"聚歼清舰于黄海"，应该说它完全没有达到这一战略效果，反而也受到重创，被迫首先退出战场。实际，日方在下午3时半左右已开始退却，因北洋舰队穷追尾随炮击，不得已又回头迎战。北洋舰队虽然没有全歼日本舰队，但也给予日本舰队痛击，北洋舰队损失略高于日本联合舰队，但未伤元气，主力舰仍在，重整旗鼓应是有所作为。

据史料统计，中日双方在黄海决战中互有胜负，日本方面虽无舰只沉没，但各舰均受伤损，旗舰"松岛"几乎沉没，被迫退出战场更换"桥立"为旗舰。从中日双方作战损亡统计中，可以看出北洋舰队两艘主力舰不在损亡之列。

煤，煤，煤！

——甲午大东沟海战失利原因之一

煤是大自然赐给人类、造福于人类的宝贵财富。煤炭，与钢铁、蒸汽机成为第一次工业革命的象征，也成为当时各国海军军舰的燃料。直到19世纪初，英国近代海军奠基人约翰·费舍尔勋爵认为："石油燃料将使海军战略发生一场根本的革命。"在当时英国海军大臣丘吉尔的极力推动下，英国海军在全世界率先弃煤，将燃油锅炉用于海军主力军舰。

但在此之前，各国海军无不使用煤炭作为军舰的燃料，而优质煤则决定了舰艇速度，甚至决定了海战的胜负。当时，英国威尔士地区出产的无烟煤，燃烧值高、残渣少，是各国海军舰艇动力的首选。其他如法国、德国等国出产的煤炭，不仅储量不如英国且质量不佳。令人感慨的是，英国最后一座深层煤矿于2015年12月20日关闭，而有资料显示法国电力供应80%已然靠核能，而且于1989年就建造了核动力航母"戴高乐"号，1994年下水服役至今。英国2014年下水的"伊丽莎白二世女王号"航母，却仍然采用了常规动力。煤在军舰上已退出历史舞台，不过一百多年，核动力航母、核动力潜艇等早已遨游于海上。

军舰使用劣质煤，影响速度，甚至导致海战失利，战史上不乏先例。

日俄战争时，沙皇从欧洲调回第二太平洋舰队至亚洲，与日本抗衡。暗中支持日本的英国，则全面禁止向沙俄舰队提供威尔士无烟煤，资助本国商人在各大港口收购囤积煤炭，使沙俄舰队无优质煤可买；并迫使葡萄牙拒绝第二太平洋舰队在安哥拉、莫桑比克加煤，使

▶ 开平矿务局唐山矿

第二太平洋舰队无法得到威尔士无烟煤，不得不降低标准，补充了德国劣质煤炭。舰队动力不充足，舰队速度大为迟缓，在对马海战中被日本舰队重创。这成为因使用劣质煤炭严重拖累舰艇速度，而使舰队遭到毁灭的一次著名海战战例。

无独有偶，中日大东沟大海战也是因为北洋舰队使用的是劣质煤炭，直接影响舰队速度，成为海战失利的重要原因之一。北洋舰队使用的劣质煤炭，常常产生滚滚黑烟，在大东沟海战前中日舰队相遇时，日本比北洋舰队提前一小时发现对手，而日本舰队使用的是优质煤，产生的煤烟稀薄，在一望无垠的海疆上，是最好的掩护。

海战专家后来分析大东沟海战中方失利原因，认为北洋舰队的不利因素之一是军舰老旧，原设计航速平均为15节，不及日本舰队的航速。其实，通过两军舰只设计航速的对比，中方与日方相距并非太悬殊。北洋舰队的设计时速为15节左右，日舰设计航速约18节。但在大东沟海战中，北洋舰队军舰实际航速却平均仅有7节，远远低于日本。日本舰队基本达到了设计航速，而北洋舰队实际军舰却远远低于设计航速。以至于在大东沟海战中，因为航速缓慢，作战大受影响，最后日方主动撤退，北洋舰队欲实施追击，因航速缓慢，所以只能徒自兴叹。

另外，最关键的是大东沟海战中，北洋舰队因为速度缓慢而错失战机。大东沟海战伊始，北洋舰队初始阵形是没有错误的，也是因为速度，各舰跟进参差不齐，完全没有达到预期效果，反被日方一字长蛇阵包围其阵形右翼，"超勇""扬威"被重创，形势严峻而大不利于北洋舰队。但日方旗舰"松岛"却错发指挥命令，令"吉野"为首的第一游击队向本舰队后方迂回，作战队形完全改变。北洋舰队获得了天赐的宝贵机会，如果北洋舰队能利用敌方失误，奋起阻断、冲击日本舰队，打乱敌方阵形，就等于仍然恢复了原设想的阵形。日方阵形被切断，必将大乱，而极有可能被重创。但北洋舰队的缓慢航速，使之丢掉了这个千载难逢的战机，日方发现致命的失误后，马上重新指令恢复原队形，而北洋舰队直到日方恢复队形，也没有赶上来发起攻击！

其致命原因仍然是动力——北洋舰队使用的是影响航速的劣质煤，而日本联合舰队使用的是优质煤。

按规定，北洋舰队的燃煤由开平矿务局供给。该矿始建于1877年，第二年正式采煤，初始年产不过数百吨，至1893年年产量已达近百万吨，完全解决了北洋舰队及附属设施用煤，余者可外销。开平煤矿产煤质量是完全不一样的，煤矿分若干个采煤工作面，每个工作面称之为"槽"，如第五工作面的产煤即称之为"五槽煤"。"五槽煤"质量最佳，块状，燃烧值高，整体质量并不亚于威尔士煤。其特点是"烟少火白"，被西方称之为"无上品"。外国人趋之若鹜，极愿购买，也打破了"块大火强"东洋煤的垄断。最差的就是"八槽煤"，煤碎如散沙，而且掺杂石多，燃烧后灰多，煤烟浓黑。与"质碎力微，不能合用"的旅顺煤相差无几。使用这种劣质煤不仅造成舰船航速低缓，而且极易损坏锅炉。

在矿务局初始由唐廷枢任总办时，供给尚无问题。但醇亲王的亲信张翼接任总办后，因供煤优劣产生了矛盾，北洋舰队优质煤的供应渐少。"八槽煤"供应的比例越来越高。

北洋舰队长期使用的就是"八槽煤"。早在清朝出兵朝鲜之后，丁汝昌就多次发出与开平矿务局等处交涉补给煤炭、弹药的电报。即使是丰岛海战后的7月30日，丁汝昌气愤之下，致书开平矿务局总办张翼称：供给舰用煤"煤屑散碎，烟重灰多，难壮汽力，兼碍锅炉……（开平煤矿）专留此种塞责海军乎？"丁汝昌并威胁：此等劣煤再付给北洋舰队，必如数退回，并上报李鸿章裁决。丁汝昌后虽数次交涉，但煤矿不屑一顾，仍然供应"八槽煤"。甚至傲慢地说：想要"五槽"块煤，可从八槽煤中筛检。8月7日，丁汝昌向旅顺船坞工程总办龚照玙交涉补充弹药函中，大发感慨："存煤及军械数本不丰，再冀筹添，立待断难应乎。后顾无据，伊谁知之！事已至此……利钝之机听天默许而已"，这是攸关国运的大战爆发前，一个大国舰队司令官的悲怆叹息！9月12日，丁汝昌用最激烈的语言向开平煤矿"最后通牒"，要求供应"五槽煤"，"迩来续运之煤仍多散碎，实非真正'五槽'……俟后若仍依旧塞责，定以原船装回，次始得分明，届时幸勿责置交谊于不问也"。言辞不可谓不激烈，但也仍然被置之不理，最后竟连劣质煤的数量也得不到保证。丁汝昌无可奈何，北洋舰队最后也只得在大连湾装上劣质煤去迎战。

后世评价丁汝昌，多有认定其为外行。但大战之前，丁汝昌反复交涉煤料供给，证明他是一个合格的海军将领。试举俄国海军名将马卡洛夫之例。1904年，马卡洛夫被尼古拉二世任命为北太平洋分舰队司令，他到停泊地旅顺基地视察，首先到军火库，看到库存有大量威尔士煤和普通煤，足够整个舰队高强度作战一年。这个从普通水手一步步升到海军中将的司令官，才放心开始制订对东乡平八郎联合舰队的作战计划，包括改革舰队建设、撤换不合格军舰指挥官、提升水兵士气、改善中国雇员伙食等等。马卡洛夫有关海战的著述，是对手日本海军军官的必读书，但他不是纸上谈兵，他非常明白，再强大的舰队，燃料不足将是极其致命的，丁汝昌也明白，但他真正是无能为力！北洋舰队编制有50吨级运煤船4艘，说明丁汝昌还是很重视燃料保障的。

北洋舰队为何得不到优质煤？

这是由于当时体制弊端产生的恶果。北洋舰队的燃煤供给，按规定是调拨采购，无论"五槽煤"或"八槽煤"，价格相同，这是不合理之一，故而开平煤矿优先将"五槽煤"以高价卖给商人甚至卖到国外大赚其利。

其次，北洋舰队经费一直得不到保障，不仅采购新船、添换火炮、购置弹药得不到保证，燃料采买同样得不到保证。买煤款常常因经费紧张拖欠，这成为开平煤矿只卖次煤给北洋舰队的原因之一。北洋舰队无权强行征用优质煤，何况拖欠买煤款，开平煤矿当然理直气壮，所以到后来连"八槽煤"供量也在减少。最初开平煤矿为供给北洋舰队用煤便捷，唐廷枢总办曾修建中国最早的铁路——康胥路（后扩展至大沽），可直抵唐山矿厂，解决了运煤困难，后由天津运煤至旅顺、威海卫、烟台等处，皆设立囤煤所，彻底保障北洋舰队用煤。但这一切花费巨大财力、人力所付出的努力，换了张翼当总办之后，则名不副实。

其三，煤矿的体制使其店大欺客，开平矿务局总办官级不大，但总办张翼来头却不小，他是满人，本在醇亲王奕譞神机营里当差，受到醇亲王的宠信，越级提拔当了总办，眼睛朝天，谁也不放在眼里。1898年升任督办兼热河矿务督办，捐了个候补道。莫说堂堂兵部尚书衔的花翎北洋舰队提督丁汝昌，就是李鸿章也要让他三分。何况醇亲王主持海军衙门，"总理节制沿海水师"，北洋舰队的经费划拨都是醇亲王说了算。得罪了张翼，就是得罪了醇亲王。所以，就留着好煤出口赚钱，其奈我何？

其四，公私不分，徇私徇情。李鸿章身为北洋大臣，是北洋海军最高统帅，有实际指挥权，业务上一言九鼎。若出于公心，调拨优质煤不是大问题。但恰恰李鸿章在开平煤矿有股份，优质煤给北洋舰队不赚钱，卖给外国人才赚钱，赚了钱才能分红。其中缘由不言自明。加上李鸿章"保船制敌"的思想，尽量避免开战，北洋舰队用次煤有何不可？李鸿章的节操并非完美，多参股于洋务企业，大捞之外，亦受贿。容闳皆在曾国藩、李鸿章二人手下做过事，认为二人不可同语，对李则鄙之，他在《西学东渐记》一书中说曾"财权在握，以不闻其侵吞涓滴以自肥，或肥其亲族"。李逝世时"有私产四千万以遗子孙"。梁任公在《李鸿章传》中则云"世人竟传李鸿章富甲天下，此其事殆不足信，大约数百万金之产业，意中事也。招商局、电报局、开平煤矿、中国通商银行，其股份皆不少。或言南京、上海各地之当铺银号，多属其管业云"。沙俄维特伯爵则在回忆录中揭露李鸿章在与俄罗斯签《旅大租地条约》时,收俄方贿赂"55万两"。除此之外,逢生辰必大收财礼,《翁同龢日记》载:"相国(指李鸿章)初五寿(70岁生日),将吏云集,致祝之物争奇竞异。"此时的李鸿章身负重责,且国势不振,内外交困,竟如此穷奢极欲,对北洋舰队欠钱购煤的军务,何止是天大的讽刺?李鸿章初五大办生日,初六他15岁的幼子即夭折病死,翁同龢在日记记录此事与其奢寿对比,冷冷地说了一句"倚伏之理可畏哉"。翁、李有矛盾,翁对李所控制的北洋舰队常常掣肘,在经费问题上曾有刁难。但李鸿章如此不检点,仅在开平煤矿有股份一件事上,就不值得敬重。北洋舰队因劣煤影响速度导致战事失利,李鸿章是难辞其咎的。难怪连位卑的梁鼎芬都上奏折"以杀李鸿章为言","文官不爱钱,武官不怕死",自古是大员重臣的理念,李鸿章真是徒有虚名。另外,李鸿章安插外甥张士珩的堂兄张文宣在刘公岛任护军统领,护军原为李鸿章的亲军卫队,先后修建旅顺、威海卫炮台。李安插亲信颇有用意,丁汝昌也要买账的。

其五,张翼总办根本用不着质问李鸿章:好煤都给北洋舰队,拿什么赚钱分红?张翼不仅要孝敬醇亲王,他还要孝敬西太后,据说他与西太后沾亲带故,开平卖"五槽煤"赚的钱,大部分捐给西太后修颐和园,得到了"很会办事"的嘉奖。确实,张翼任总办后,矿务局矿井、轮船码头、厂栈历年都有所增加,业务兴隆,光绪皇帝也欣赏他,所以他愈发官运亨通。到了1902年,已官至工部右侍郎。因为和英国人勾结,使开平矿务局被英人骗占。袁世凯三次严参,光绪仍然予以庇护，仅是"革职"，后又朱批"以道员用，发往北洋差遣委用"。在清末，能同时得到西太后、光绪信任和赏识、眷顾的官员很罕见，所以这样的来头，张翼还会理睬丁汝昌吗？清朝官场与张翼共过事或接触过的人对其皆无好感，如严复、唐绍仪等；包括美国来华考察开平煤矿的人士。八国联军攻占天津时还曾经要"公审"张翼，可见其是中外共愤的祸害。

其六，醇亲王奕譞主持海军衙门，从上到下清一色旗人。成立这个衙门本身就是为了挟制北洋海军，薪饷经费包括购煤，"定远""镇远""济远"等八"远"均由海军衙门直接发给。如"定""镇""济"三舰，每年约三十万两，除薪饷、公费开支、购煤费用等，连洋员待遇都含在内。指挥系统和后勤保障混乱，叠床架屋，却苦了北洋海军。开平煤矿等于直属海军衙门醇亲王主管。个人利益大于国家利益，小集团得失大于国家得失。海军经费都可以挪用，何况区区煤乎？张翼在清朝退位后，与开平签合同，索要了100万两白银，定居天津，重金购藏书画，经营金店，这是坑公肥己的典型。北洋海军无直接调拨权，按《北洋海军章程》等规定，丁汝昌归北洋大臣李鸿章节制，只管舰队"操防"及粮饷、军械、威海海军学堂、行营机器厂。其他诸如水师营务处、海防支应局、各处军械局等后勤保障部门，不仅主官由李鸿章任命，其海军俸饷、收支报销、添换购置、收发存储、枪炮弹药等等，总之一切需花钱的事务，丁汝昌都只能被掣肘和扯皮，连索要优质煤他都说了不算。

其七，晚清小说家吴趼人在《二十年目睹之怪现状》揭露，南

▶ 北洋海军刘公岛基地的机器局屯煤所旧址，北洋舰队出海补充燃煤即从此上舰

洋兵船管带在专供兵船采购的商家买煤。账上记一百吨煤价、实买二三十吨，给掌柜两成回扣，余款则被管带贪入私囊。北洋海军成军时订的《北洋海军章程》，除军官高薪外，为避免贪污规定了《行船公费》。以水线区分，水线下油漆及军事装备如帆布、炮罩、绳索、通信旗帜，加上维修所用材质如铜、钢、铁、木材等可专项申报核发，煤炭、弹药随时申领。但水线上即船舱内外所需油漆、棉纱、砂布等，及煤炭装卸、购买淡水、雇员引港、更换国旗、军装、雇用幕僚文书、杂项采购等等，却要在"行船公费"中开支。这有些令人费解。按章程，以"定""镇"二舰为例，每月"行船公费"核定850两，而管带刘步蟾、林泰曾每月的薪饷才330两。"公费"皆由管带说了算，其中弹性可想而知。就说买煤，可以随时申报领取，单项开支，可煤

百年叩问

炭装卸却要从"公费"中开支,就是说买的煤少,就可节约煤炭装卸费。管带廉洁,可以一文不取奉公,如果私心一念,真是莫可知了。买煤与装卸分开,以今天的眼光来看,其中利弊是值得商榷的。"行船公费"是一笔糊涂账,收缩性太大了。所以有人揭露,北洋舰队舰艇有管带私扣"行船公费"入私囊,在采买时以次充好,收取回扣,致使舰上机器保养不勤,零件朽坏,甚至大炮生锈,这未必是普遍现象,但甲午海战中"定远"飞桥被震坏、"致远"密封橡胶朽坏等等,影响了战斗力,确为一证。

北洋海军经费紧张,自成军以来,从来就没有如数拨解。军费被挪用,被减少,捉襟见肘,"东挪西凑,竭蹶经营"(李鸿章语),李鸿章《海军函稿》中皆是"筹议海军经费""请拨海军经费"的字

▶ 三排左一袁保龄,先后委办北洋海防营务、旅顺港坞工程总办。前排左一盛宣怀,李鸿章嫡系,官僚买办

句，甚至他一度大发牢骚，表示若不能"如数筹给"，就不"勉任其事"撂挑子。最简单明了的三个数字是：用于北洋海防、北洋海军建设的经费从1875年至1894年，各种名目凑拨仅约三千万两；不及清朝一年八旗、绿营、京城兵饷三千二百万两；而西太后修颐和园所需款竟达两千余万两。面对这样的国家军事战略思维，面临海上侵略，捍卫海疆的连买动力燃料都拖欠钱的北洋舰队，还能不打败仗吗？

煤，煤，煤……对北洋舰队来说，优质煤是战略物资，得之则战事尚有可为，失之则战事已显败迹。论煤，中国可以自给，大战在即，军舰却只能用劣质煤。亦非像俄日战争，英国采取"禁运"封锁，沙俄一筹莫展，导致对马海战大败。中国没有被"禁运"，实质上却被自己的官办煤矿"禁卖"，悲哉也夫！

劣质煤矿会影响航速，北洋舰队主力舰锅炉都已该更新，老化锅炉加上劣质煤，这就是北洋舰队黄海海战中作战队形改变不及时，追击日舰航速缓慢的原因。

甲午海战是改变中日两国走向的命运之战，而命运之战胜负的原因之一居然是因为使用劣质煤。遥想当年，龙旗猎猎，弹雨如注，北洋舰队的军舰左冲右突，在大东沟海战中拼命厮杀，水兵们拼命往锅炉里不停地倾倒"八槽煤"，但航速却依然是那么缓慢，这一幕想起来就让人心痛如灼……

致命实心弹

——甲午大东沟海战失利原因之二

中日两国舰队在黄海大东沟的决战,并非像一些研究者所云是北洋舰队的惨败。其一完全挫败了日本"聚歼清国舰队于黄海"的预定目标,这已被当时外国军事界所肯定。其二是北洋舰队本身的任务原非与日本联合舰队决战,而是奉命掩护登陆朝鲜的清朝陆军。在大东沟海战中,北洋舰队的一些战术动作都是为了防止日本发现和袭击清朝陆军登陆部队。可以说北洋舰队成功地阻击了日本舰队,不仅掩护了登陆部队,而且也有效打击了日本舰队,日方是主动撤离战场的。

▶威海卫西岸炮台

在5个多小时的大海战中，日方没有一艘军舰被北洋舰队击沉，其重要原因即是北洋舰队弹药不足，且击中日舰的多为穿甲弹（即实心弹），不能给日舰以致命打击。

在后来的威海保卫战中，北洋舰队炮弹状况仍然没有改善。在双方炮战中，北洋舰队军舰和岸炮数次击中日方舰船，但发射出的仍然是实心弹，不足以给予敌舰致命打击。

过去如《甲午风云》等影视剧甚至文章，渲染炮弹填沙，这给人以错觉。据考证，北洋舰队在当时配备的舰炮炮弹，仅有榴弹（俗称开花弹）、穿甲弹（实心弹）。日本包括俄国、英、法等国海军主要配备榴弹，海战中使用多为榴弹。榴弹内装填炸药，爆炸威力较大，效果是击中对方舰船产生剧烈爆炸，严重时导致舰舱进水或引起锅炉舱爆炸而沉没。其爆炸引发的冲击波、破碎弹片对舰上官兵威胁极大，伤亡率极高。

而穿甲弹弹头较尖，与榴弹钝头不同，可穿透舰体，目的是击穿水线以下部分，引发海水涌入。但因弹内一般填沙或少量炸药，无爆炸效果。所以各国海军多将穿甲弹用作靶弹，以作训练之用。在黄海海战中，日本舰队已装备新式榴弹。

北洋舰队主力舰所用大口径榴弹，依赖西洋进口。国内兵工厂即天津制造局无能力生产，仅批量生产填沙的穿甲弹。在甲午战前，户部禁令购买西洋军火弹药，北洋舰队只能依靠天津制造局。但该局因技术能力差，加急制造的榴弹多不合乎技术要求，有的批次炮弹外径尺寸过大竟无法填装进炮膛，而且炮弹引信也存在质量问题，有致哑弹之虞。但既便这种老式榴弹，天津制造局的日产量也仅生产了 30 枚。当时北洋海军曾呈文反映质量问题，主要有三个方面："大小不合炮膛者""有铁质不佳，弹面皆孔，难保其未出口不先炸者""即引信拉火，亦多有不过引者"。如此劣弹，在大东沟海战中的致命后果显露无遗。北洋舰队在海战中发炮予以日舰重创的炮弹，皆为各舰购自德、英等国时配套余留的炮弹，数量极为稀缺。尽管北洋舰队各舰炮弹尚充足，但能发挥实战效果的极少，多为国产榴弹与实心弹，完全不能击沉敌舰。

▶ 被日本作为战利品掠去的定远舰炮弹。至今保存于日本佐世保海军墓地，是钟汉波少校未发现的北洋海军遗物之一。（萨苏 摄）

在大东沟海战中，中日双方炮弹命中率，中方高于日方，这也被当时观战的外国海军将领所公认。但令人痛惜的是，一支舰队，现代化程度再先进、军事技术再纯熟，但若无充足的高效炮弹，那结局可想而知。

我们不妨爬梳一下在丰岛海战和大东沟海战中，北洋舰队发炮命中敌舰的效果究竟如何？

在丰岛海战中，"广乙"发炮击穿"浪速"左舷，穿过舰体，但仅击毁"浪速"的备用锚，不过锚机受损而已。

"济远"尾炮曾有 150 毫米炮弹穿入"吉野"右舷，但没有爆炸，仅击碎一部发电机。另一发炮弹击中"吉野"飞桥，虽然爆炸，但威力太弱，仅击碎放置望远镜的木盒。

在大东沟海战中，"松岛"被北洋舰队150毫米炮弹击中320毫米主炮，液压旋转机构严重受损，仅有两名日本水兵受伤。

"吉野"被"超勇"或"扬威"250毫米炮弹击中后甲板，引起弹药爆炸，日军亡二人，伤9人。

"高千穗"右舷后舱主室中弹，穿过甲板爆炸，日军死一人。

"秋津洲"右舷速射炮被击中，大尉永田廉平及四名日军毙命，9人受伤。"浪速"也被击中，但仅主炮塔下方水线带被击穿。

在海战中，"松岛"再次被炮弹击穿主甲板，左侧机关炮被击毁，毙一人，伤3人。

"严岛"则被击中两次，210毫米克虏伯炮弹命中右舷鱼雷发射室，仅11人受伤。随后又被150毫米炮弹击中左舷，在后部轮机舱爆炸，但也仅使6人受伤。

"桥立"被击中主炮炮塔，日军两名大尉及水兵一人共三人毙命，7人受伤。

"比睿"被"经远"右舷150毫米克虏伯炮击中，也仅被击毙四名日本水兵。"定远"随后向"比睿"发射305毫米开花弹，威力巨大，击穿其左舷后射入舰内，共计有17人被炸死，30余人受伤。舰内结构损坏严重，但因是弹内装填黑火药，威力有限。再发射的又一颗炮弹，本意是对角线射击，如击中"比睿"足以造成巨大破坏。但可惜发射的是实心弹，不能炸响！其结果是"比睿"得以匆忙逃脱被击沉的厄运！

"西京丸"亦如此，虽遭"定远"炮击，但只是受损。炮艇"赤城"被"定远"尾部150毫米克虏伯炮击中飞桥甲板,舰长阪元八郎太及2名炮手当场死亡。随后的两颗炮弹又击中"赤城",但只致使7名水兵毙命。以后"赤城"又多次中弹,但即如这样一艘小炮艇,如此近距离被反复击中终未被击沉。究其原因是北洋舰队的炮弹火力实在是太弱了。

而且北洋舰队多艘军舰围射"赤城",最后一炮是"来远"的210毫米克虏伯炮弹,但也只造成代理舰长左滕铁太郎负轻伤。

据日本方面的《廿七八年海战史》战后记录,"赤城"在大东沟海战中共被北洋舰队各舰击中大口径炮弹30发,但只阵亡10人,受伤18人!"比睿"共被击中大口径炮弹23发,阵亡24人,伤32人!两舰如此被数十发炮弹击中,而均未被击沉,可见北洋舰队炮弹威力之弱!

"西京丸"被击中150毫米、210毫米、350毫米炮弹3枚,仅305毫米炮弹造成舰身一定程度损坏。

▶ 甲午海战中平远舰命中日舰西京丸但未爆炸的炮弹(萨苏 摄)

赶来参战的"平远"舰260毫米炮弹射中"松岛",从左舷中部进入,穿过鱼雷室等,只造成4名水兵窒息而死,而未发生爆炸,估计也是一枚实心弹。否则,这枚炮弹若是开花弹,必将产生巨大杀伤效果。炮弹撞击到"松岛"主炮下方,击碎供炮旋转的液压罐才停住。主炮下方即为弹药库,若起爆,"松岛"的命运不可预测。"镇远"向"松岛"发射了两颗305毫米炮弹,第一颗为实心弹,只是穿透了甲板,后一颗为黑火药开花弹,引发舰上炮弹爆炸，死亡28人，近70人受伤。但"松岛"仅丧失作战能力，终未沉没。

后来的专家研究证明，北洋舰队海战中所使用的炮弹大部分是无法爆炸的实心弹，开花弹基本是进口，库存极少。这是造成日舰被频繁击中但杀伤效果极弱的原因。而北洋舰队开花弹填充的黑火药，相比日本炮弹的新式火药，爆炸效果大相径庭。日舰发射的炮弹，一旦击中必燃大火，还会产生毒气，对北洋舰队军舰和人员造成极大危害。即使后来北洋舰队退守刘公岛，所属各舰仍顽强抵抗日本舰队的进攻，双方持续炮战，包括刘公岛炮台也奋勇反击，屡次击中日舰，但因尽为实心弹，对日本各舰只造成轻伤，实在令人扼腕而叹。

不妨再试举威海保卫战炮战的实例：

▶刘公岛东弘炮台（王晓光　摄）

2月5日夜间，日本鱼雷艇队共8艘潜入刘公岛码头不远的深海，其中"第九号"鱼雷艇向"定远"发射鱼雷，击中左舷后方的机械工程师室，海水从破口汹涌而入。而"定远"150毫米副炮发炮准确命中"第九号"鱼雷艇轮机舱，但因是实心弹，未能炸沉鱼雷艇，艇上8人死三人，伤四人，仅幸存一人，挣扎着搁浅于龙庙嘴岸。若非实心弹，被击中必引起爆炸。

2月7日，"松岛""吉野""秋津洲""浪速"等在进攻威海之战中，皆曾被刘公岛炮台发炮击中，但因皆为实心弹，即使穿射舱内，也仅造成少量人员受伤。"浪速"舰被击穿舰体，甚至无一人负伤。

2月11日，最后的鏖战中，"葛城"舰被刘公岛炮台发炮击中，仅被击毁主炮，炮手立毙，伤6人，未爆炸，又是一枚实心弹。

"天龙"号被刘公岛204毫米实心弹精准射入炮孔，炮架损坏，立毙三人，炮弹穿透右舷落入海中。

"大和"舰被两发炮弹击中，也仍未爆炸，仅是横穿舰内。

实心弹，实心弹，它完全改变了炮战的结局。

炮弹不足在大东沟海战后被作为一个问题提出。故在海战后朝廷特命赴威海视察防务的特使徐建寅，对威海基地弹药库进行查看，发现库存炮弹甚多，并据此写有调查报告。但库存炮弹有大部分是战后天津机器局急运至威海以备战之用，另即使有库存，炮弹质量也甚为堪忧，这已有大东沟海战和威海保卫战炮弹效果的验证。

在大东沟海战爆发两年前，李鸿章未雨绸缪，命令增加威海基地炮弹库存，但制造局始终拖延不办。即使向外国订购，经办者也大受外国军火商之贿，采购劣质弹药，甚至不符合标准，导致北洋舰队军舰"所领子弹，多不合式"。其严重后果在海战中显露无遗，令人痛心。

最致命的是翁同龢主持户部于1891年奏疏光绪皇帝，暂停两年南、北洋舰队购买西洋枪炮、舰船、机器等。这等于断绝了北洋舰队主力舰火炮的弹药来源。"定远""镇远"的巨炮炮弹当时不能仿造，只能进口，其悲惨结局是在大东沟海战前，两舰只分得仅有的三发进口原装炮弹！当时的台湾巡抚刘铭传，听到停购令后，曾顿足长叹："人方慭我，我乃自决其藩，亡无日矣！"

在战前，世界海军强国军事家们大都分析，中日决战，中方应操胜券。但事实上，专家并不了解北洋舰队缺乏弹药的窘况。在开战前，有史料披露，北洋舰队水兵们皆斗志昂扬，期以必胜。而军官们多忧心忡忡，因为军官们非常了解中日两国海军的优劣之分。这场决定中日两国走向的命运之战，从北洋舰队射向对手的实心弹开始，就已经决定出战争的胜负了。

▶ 刘公岛东泓炮台弹药库（王晓光 摄）

观古鉴今

性命攸关的制海权与被挪用的海军军费

被誉为世界十大军事论著之一，由美国人马汉所著的《制海权对1660至1783年历史的影响》一书，以雄辩的事实论述了制海权思想在军事战略体系中的重要性。他的名言是："谁控制了海洋，谁就控制了世界。"当年英国舰队与西班牙无敌舰队争夺制海权，而西班牙的败北则导致了大英帝国的崛起——这就是制海权的威力。二战中美国对日作战的胜利转折，也是1942年中途岛海战先控制主动权、1944年莱特湾大海战后控制太平洋制海权。

《孙子兵法》名列十大军事论著之首，李鸿章无疑是熟读兵书的。与孙武同时的军事思想家伍子胥更是倡导水军建设的先驱。这二人皆提倡重视战前准备，这一点李鸿章恐怕未曾学到。中日甲午战争中清朝海军的失败及最后覆没，与李鸿章的军事

▶ 美国军事理论家阿尔弗雷德·塞耶·马汉

战略指导方针有最直接的渊源。

在甲午战争前,李鸿章并无明确的战略方案,一直不敢出击去争夺制海权。而日本的战略目标则非常明确:陆军入朝鲜牵制清军,海军与北洋舰队决战夺取制海权,最后登陆渤海湾,在平原与清军主力决战,而后占领北京。中日宣战后,清廷才拟订海守陆攻的战略:即陆军赴朝作战,海军各舰分守各防区内海口,北洋舰队游弋于黄海,拒守渤海海峡保卫京畿门户。

从战略眼光看,舰队一方面保卫门户,一方面策应陆军是正确的。但丰岛海战后,李鸿章却放弃了他制订的控制仁川、大同江口的策略,训示丁汝昌率舰往巡时"惟须相机进退,能保全坚船为妥"。这时他完全不要控制制海权,而提出了"保船制敌"的愚蠢战略。中日宣战后,李鸿章的包袱更重,他既担心舰队远出有失,又忧虑日军袭击北洋防区。所以8月9日日本舰队佯攻威海、旅顺港,实则诱北洋舰队回航让出制海权。李鸿章本也不想要制海权,即令"全队回防",让出制海权。光绪帝更担心沽口有失,也电谕丁汝昌"不得远离"。从此,北洋舰队再无远巡之举,仁川、大同江海口的制海权悉由日本舰队控制。

8月26日,因北洋舰队多次出巡无功,朝野愤然,光绪将丁汝昌革职"戴罪自效"。李鸿章则为丁汝昌辩护并正式提出"保船制敌"的战略方针,认为"海上交锋,恐非胜算","论海军功罪,应以各口能否防护,有无疏失为断,似不应以不量力而轻进转相苛责"。光绪本不是雄才大略的军事家,他一直想亲政后显示出有所作为,但因胸无韬略，故对日宣战后一直在自相矛盾，战守不一。至此，他最终同意了李鸿章的错误战略，从此北洋舰队放弃与日本争夺黄海制海权，主动退守"北洋各口"即不远离口岸，不出渤海一步。在这一错误战略方针的指导下，日本顺利从海上支援侵朝陆军，导致清军在朝鲜的全面失利。

黄海大战再次失利，不能不说是李鸿章战略思想的失败，尽管如此北洋海军仍有实力。黄海大战中日双方胜负悬殊不是太大，日本恐惧的北洋舰队主力舰"定远""镇远"仍保持战斗力。李鸿章如果改变战术，坚决出击控制制海权，鹿死谁手也仍未可知。但李鸿章反而更加认为"仅足守口，实难纵令海战"。在刘公岛之役，他更主张陆、海军坚守龟缩，"不得出大洋浪战"。后来由于日军突破鸭绿江防线，攻占辽东半岛，2万日本陆军在威海成山角登陆，李鸿章才有所悔悟，令丁汝昌出海应战，但由于丁汝昌未执行命令，终导致北洋舰队全军覆灭。

实际上，李鸿章早在《筹议海防折》中就已提出"守定不动之法"。其实，这是一种错误的战略思想，舰队应具有机动性和进攻性，只把舰队当成要塞的活动炮台和辅助炮台，价值大打折扣。

但是，李鸿章虽败，却败得明白，刘公岛之役丁汝昌倘若坚决执行李鸿章"出海拼战"这一新的战略方针，大局仍有可为，起码不致全军覆灭。北洋舰队之败，李鸿章犯了战略方针的错误，尽管战局之末他终于明白，但为时已晚。

北洋舰队的覆没，中日两方海军实力的差距不能不说是一个重要因素。武器是决定战争胜负的重要因素。李鸿章对此一项是颇为重视的,他一手创立了北洋海军,目的即为"隐为防御日本之计","为制驭日本起见"。李鸿章为此不遗余力,北洋舰队成军终于在实力上超过了日本。当时日本2000吨级以上战舰只有5艘,总计14783吨;而北洋舰队建军伊始则已有2000吨以上战舰共7艘,总计27470吨,是日本海军的2倍。这曾使李鸿章大为陶醉而自鸣得意。

1891年5月,李鸿章检阅北洋海军,看到北洋舰队的军威和实力,兴奋不已,马上上奏朝廷称"但就渤海门户而论,已有深固不摇之势"。李鸿章这道奏折还是符合当时实际情况的,同时他也指出"目前限于饷力,未能扩充",但仍掩饰不了他的得意心态,由此埋下了"骄兵必败"的种子。而他的这种论断给外界造成了北洋舰队不可撼动的印象,客观上促成了慈禧暗示、索要海军经费。

北洋海军在成军不久,朝廷即下诏停购船械。原因即是总理海军大臣的醇亲王为阿谀奉承慈禧,做主将近千万两海军经费去修颐和园为慈禧祝寿之用。在封建时代,皇帝君临天下,但也并不是任意胡为,挪用海军经费导致大家反对,慈禧也难能遂愿。当时光绪皇帝怕担"不孝"的罪名,不便说也不敢说。原来主持军机有主张

▶ 慈禧太后生日留影。1894年甲午战争爆发,正值慈禧生日,为营造祝寿气氛大肆筹款,以一己之私,不愿持久作战,主张和谈。有时人讥讽:"五十割琉球,六十割台海,七十又失辽阳地,五万里版图弥蹙,每逢万寿必疆无。"

敢说话的恭亲王被慈禧换掉,醇亲王虽然总理军机,既不知兵也无主见,只知一味迎合讨好。李鸿章虽然主张发展海军,但他只寄希望于买船,加上他自鸣得意的心理,亦未坚持己见。唯一敢发出不同意见的是户部尚书阎敬铭,多次拒绝慈禧索款,致使慈禧无法挪用。后被慈禧以"不能仰体朝廷"的罪名撤职,换上了光绪的老师翁同龢。《翁同龢日记》载光绪八年五月十二日,他见已被罢官多年的阎敬铭,"退居十六年,在中条山讲学也,可敬可敬"。阎与林则徐、陶澍、左宗棠等皆为清官,"不妄取一钱"。阎敬铭思想上与翁同龢是接近的,反对慈禧挪用经费,但也停了北洋海军外购弹药、更换舰船的经费。

近年来在一些反映清代历史的影视剧中,翁同龢给人的印象似乎是一个非常令人同情的人物。但实际他在挪用海军经费这一事件中却充当了一个卑劣的角色。在这件事上,他唯命是从于慈禧,且向李鸿章施了一枚暗箭。翁同龢的胞兄翁同书曾任安徽巡抚,纵属下滥杀肆虐,被李鸿章奉旨查办将其革职充军。翁同龢因此一直怨恨李,并且也不满李氏权柄益重。翁的门生王伯恭在《蜷庐随记》中记载了挪用情况:翁同龢即划拨海军储款2000万修颐和园,500万修三海,不但一分不留,还利用他主持户部的权力,向朝廷奏定5年北洋舰队

▶ 奕劻(1836—1918),乾隆帝第十七子永璘之孙,封爵庆亲王。1885年任会办海军事务大臣,1891年总理海军事务。极贪鄙,却受慈禧信任,对海军发展无建树

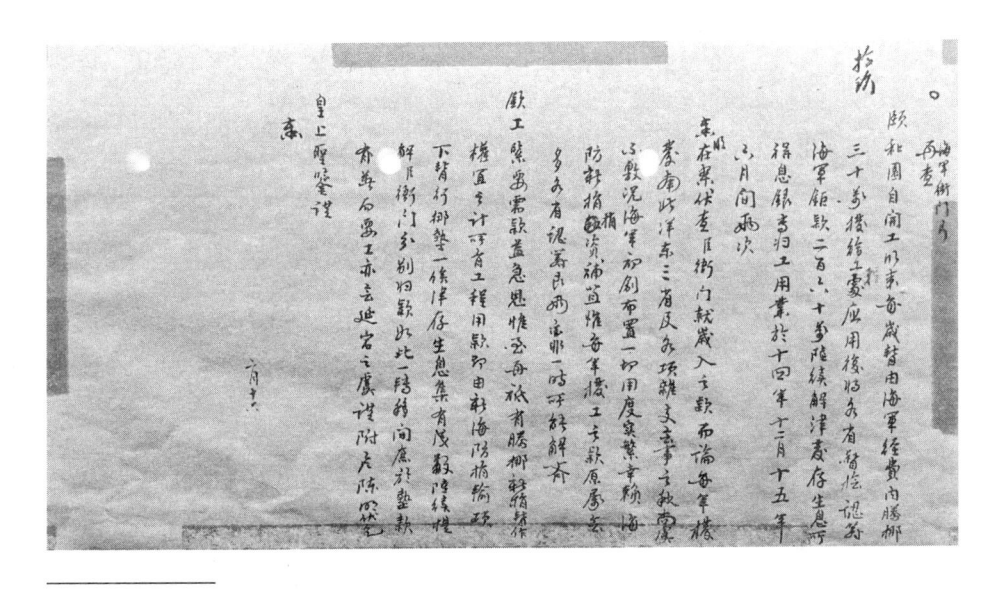

▶ 奕劻等关于以新海防捐款暂垫颐和园工程用款的上奏说明

不得添一船一炮。事实上，北洋海军因无一分经费，8年中未添一舰一炮，实力被日本海军超过，最终在海战中力不抵敌。翁同龢以私怨而致国家利益于不顾，何其卑劣也。所以《马关条约》后，出现了一副对联"宰相合肥天下瘦，司农常熟世间荒"——李鸿章为合肥人，翁同龢为常熟人，司农则是对户部尚书尊称，可见人心之评判昭然。

挪用海军经费的恶果使甲午海战北洋舰队失利，北洋舰队8年未添舰炮，吨位、速度、炮火等均与日本相形见绌。右翼总兵刘步蟾等多次通过丁汝昌上报李鸿章，称装备远逊日方，如不更新装备以后必有大患。但被李鸿章压下未再上奏。1894年3月，丁汝昌再致书李鸿章，请添置特快炮，李鸿章始奏报朝廷，可惜为时已晚。5月，李鸿章二次校阅海军会操，明白了日本"岁添巨舰"，实力超过北洋舰队，"窃

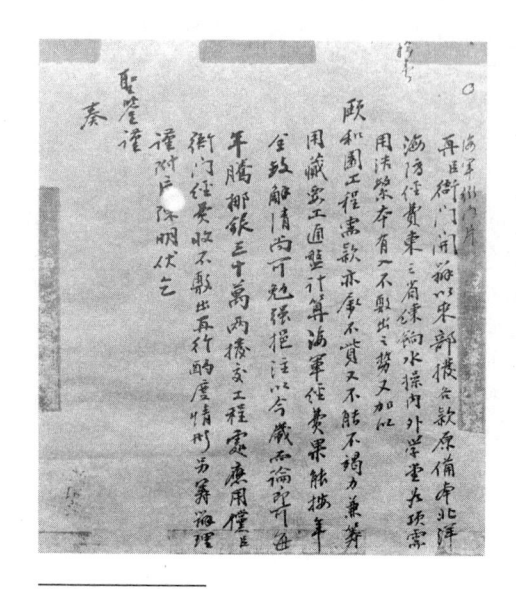

▶ 奕劻关于上奏每年由海军经费拨给颐和园工程用款三十万两的说明

虑后难为继"，立即上书陈情，但朝廷不置可否，"着交部议处"。李鸿章虽然忧虑，但为时已晚。

李鸿章有责任，但真正的罪魁还是醇亲王和翁同龢以及慈禧，是他们葬送了北洋海军。

北洋海军衙门与醇亲王

如果上网查看，北京东城的煤渣胡同有很详细的介绍，这条仅300余米长的胡同从清代始先后进驻过神机营衙署、冯国璋宅邸、平汉铁路俱乐部及教会等机构，出现了不少可助谈资的轶事。日伪时期，还发生过军统杀手行刺大汉奸王克敏这个轰动一时的事件。但网上关于煤渣胡同里的介绍却没有"总理海军事务衙门"相关内容，这颇令人疑惑。其实何止网上，若查权威的工具书《清代国家机关考略》，也是付之阙如的。

这条胡同位于王府井东侧，东起米市大街，北邻金鱼胡同，西止校尉胡同，南可通北帅府胡同。其历史可上溯至明代，为京城36坊之一的澄清坊辖地，坊依次而下是牌、铺、胡同。清代八旗驻防内城，取消坊之区划，以各旗辖管，朝阳门归镶白旗，故煤渣胡同属镶白旗。明代称"煤炸"，所以震钧在《天咫偶闻》指出："神机营署在煤炸胡同。"清初改"煤渣"，朱一新在《京师坊巷志稿》中则注明："煤渣衚衕，煤作炸。"他也注明神机营在此胡同。传说设铸造铁厂堆积炼铁之残渣，故有此名。

煤渣胡同的有名，是因咸丰皇帝于1861年在此设立神机营衙门。神机营是沿袭明代称谓，为明朝京城禁卫三大营之一，是世界上第一支独立建制的火器部队，比西班牙著名的火枪兵还要早100年。清沿袭明制，从八旗中选精锐1万余人，配新式步枪，由恭亲王奕訢统领，用以禁卫紫禁城、三海及皇帝警卫、出巡等。当年衙署刚设立，这条胡同车马人流即络绎不绝：是因旗人们纷纷来此谋取差使。有意思的是，当时奕譞还是郡王，两宫太后谕他会同奕訢，议定神机营章程共十条。可见神机营的创立也有醇亲王的参与。当奕譞逝世后，他的哥哥恭亲王继任最后一任总理海军事务大臣，任职不到一年。

清朝建有绿营水师，直到同治末年，才开始筹建新式海军，但一直没有统一的海军管理部门。1883年起，翰林院侍读学士张佩纶上奏呼吁，清廷先于总理衙门下设"海防股"，专习南洋、北洋海防，并掌管长江水师、北洋海军、沿海炮台、船厂及购买兵船、枪炮、弹药、电线并负责铁路、矿务等事宜。继而在全国各地设立海防支应局、军械局、鱼雷营、水雷营、机器局、制造局、火药局、矿务局等，开办设备、水师、水雷学堂。虽然有海军管理机构的雏形，但其实仅外得其名，并无实权。一个小小的海防股，并不能统一管理全国海防和海军。加上并无懂得海防和海军的人才，不过是又一个给旗人设立的谋差使的员额部门而已。1884年，张佩纶又上奏设水师衙门，驻日公使黎庶昌亦奏设水师衙门于天津。清廷才于1885年10月24日下诏设"总理海军事务衙门",简称"海署"。比日本晚了13年,比英国则整整晚了300年,但毕竟有了海军部。

清廷设此衙门的目的,仍然是不放心海军由汉人掌握,但毕竟"所有外海水师悉归该衙门节制调遣",统一各省海防、沿海各地船坞、船厂、机器等,统一支配调拨南、北洋海军经费,这当然有利于加强国防。而且以亲王的尊贵身份统辖海军衙门的调度,与海防股当然不可同日而语。

慈禧指定妹夫醇亲王奕譞出任总理海军事务大臣,庆郡王奕劻任会办大臣。李鸿章虽然也是会办大臣,但只是"专司",决定不了大事。衙门从上到下各级官吏直至办事人员全部是旗人,所有具体各部门办事员,无一人出身海军或专科毕业。甚至大部分人不知海军为何物。所以有人说"海军衙门"就是"新内务府"也不无道理。当然,帮办大臣中不乏了解洋务的人物,如曾纪泽、刘坤一、刘铭传、张曜等名将,但均无实权。

▶ 光绪十二年(1886)5月,总理海军事务大臣、醇亲王奕譞(中),会办海军事务大臣李鸿章(右),帮办海军事务大臣善庆巡阅北洋海军舰队,至天津合影。这是醇亲王在海军大臣任上唯一的一次亲王巡阅

这样一个重要的全国海军管理部门,办公地点竟借用神机营衙门,这也是咄咄怪事。据档案载,神机营设立之初,因当时旗人仕途

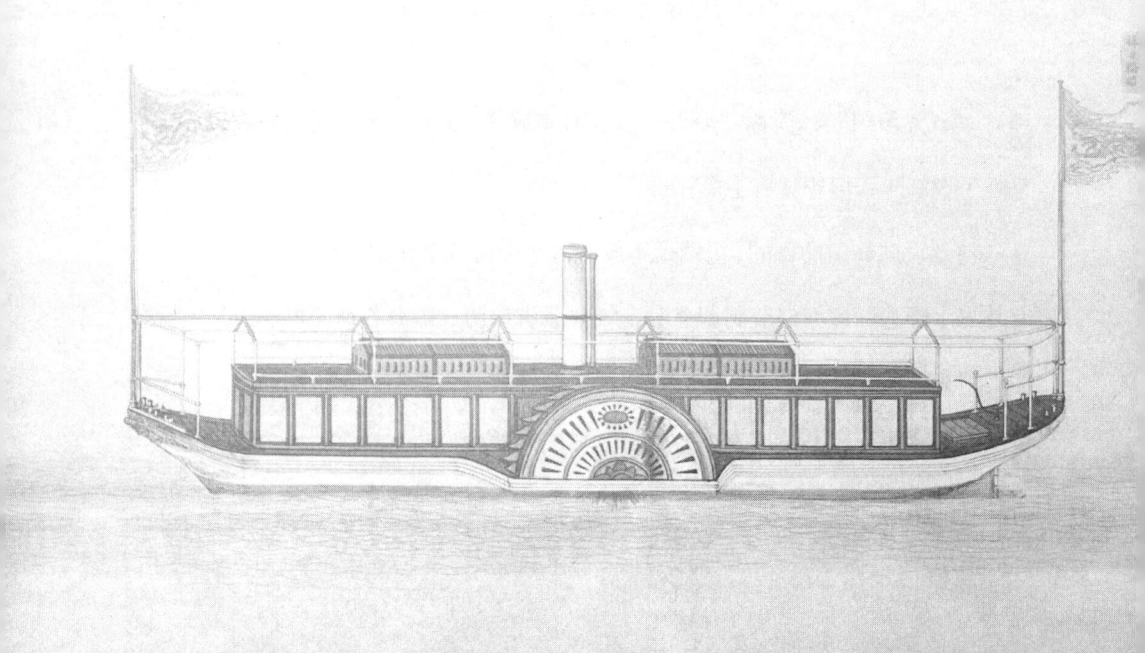

▶光绪十三年（1887）海军衙门从天津机器局专门定制了一艘浅水用的平底钢板小轮船，定名"捧日"

僧多粥少，借新增衙门之机缘，大量安插旗人关系户，以至于掌全国军事的兵部员额仅148人，而神机营衙门居然下设10个部门，总员额540人。再安插进一个与兵部平行的"海署"如何办公？神机营大约与毗邻的贤良寺面积相仿佛，如何塞进这五六百号人呢？若亲王与大臣们会商于衙门，侍从又如何安置？当年胡同有一景，李鸿章的洋枪卫队即一百人，加上其亲王大臣依仗卫队，起码数百人。而且海军衙门无实缺，办事人员多是神机营军校兼差，甚至连"关防"（即公章）都借用神机营大印，成立三年后才正式颁发"关防"。

封建时代衙门是点卯制，数百人穿行于胡同，其状可观。若赶上王爷与各位大臣会商军务，仪仗车马，岂不阻塞于途？

醇亲王奕譞是道光皇帝第七子，四哥是咸丰皇帝，他娶了慈禧的胞妹，更是亲上加亲。同治皇帝死后，醇亲王第二子载湉被姨母慈禧指定为皇帝。在辛酉政变中，奕譞坚决支持慈禧，21岁立下大功，亲手捉拿肃顺。溥仪在《我的前半生》一书中有着生动的描述：某日王府唱堂会，演到《铡美案》最后一场时，六子载洵见陈世美被铡，吓得跌倒在地大哭。奕譞见状，立即当众向载洵大喝道："太不像话！我21岁就亲手拿肃顺，像你这样，将来还能担当起国家大事吗？"

▶ 醇亲王奕譞与正福晋即慈禧之妹所生载湉合影，载湉后被慈禧指定立为皇帝

慈禧垂帘听政重用恭亲王，因奕譞是皇帝"本生父"，故辞去一切职务在家赋闲。看到六哥风光，内心不甘寂寞，静极思动。中法战争后恭亲王失宠，慈禧起用奕譞参与军国大事，出任海军大臣，他初始还推诿、观望，后来则慨然就任，也不乏雄心勃勃，想做一番事业的想法。但因他不懂海军，实际则仰赖于会办大臣兼北洋大臣李鸿章。在执政期间，他唯一风光的大事即是巡阅北洋海防，对建立北洋舰队未加掣肘。今天来看，北洋海军的成立，没有慈禧和醇亲王的支持，恐怕是还要大费周折的。但挪用海军经费，却是奕譞执掌"海署"的一大败笔，甲午之败与此攸关。奕譞相比于他六哥恭亲王的锋芒外露，非常懂得韬晦。他在家中到处悬挂自撰的治家格言："财也大，产也

大，后来子孙祸也大。借问此理是若何？子孙钱多胆也大，天样大事都不怕，不丧身家不肯罢。财也少，产也少，后来子孙祸也少。若问此理是若何？子孙钱少胆也小，些微产业自知保，俭使俭用也过了。"

落款是："右古歌词，俚而未尝，录以自儆。退潜居士。"不知奕譞是否读过《红楼梦》，这格言颇有"好了歌"的味道。而且，他唯恐别人不知其心，特请人仿制一件周代"欹器"端置于书房显著处，所谓"欹器"，放入一半水可持平衡，若注满，水则溢至流尽。他还特意刻上手写铭语："谦受益满招损"。除警诫自己外，也向世人特别是慈禧示以谦卑无野心。所以署名"退潜居士"，正是他发自内心的真实表达。奕譞从相片上看乃似赳赳武夫，实则心细谨慎。他从不得罪慈禧，永远谦抑，所以慈禧想修三海和颐和园，自然甘心报效。

"海署"成立以来，共为全国海军筹划拨款两千多万两白银，远远不够。与此同时"海署"确实成了大修工程的挪借账户，据现存档案记载，海军经费挪用于颐和园工程，应近800万两，而非传说的数千万两。虽然最后全部归还，但中国当时海防吃紧，停拨经费不能更新战舰。梁启超所说甲午战败之因与修园关联，是不无道理的。

"海署"日益腐败，所以甲午战败，即被裁撤。从成立到结束整整十年。奕譞刚上任的时候也有建立新办公地点的计划，地址选在西四牌楼粉子胡同，但直到他离世，也未见到新衙门建成。直到1892年春，已接任海军大臣的庆亲王奕劻，才主持建成衙署，1910年恢复迁入办公。有趣的是，奕譞的六子载洵在20年后，居然也当了海军大臣，这当然是他的兄弟摄政王载沣为强化控制军权的措施，但载洵和他父亲一样"轮船之制，苦不深悉"。当然，载洵并非无所事事，他曾奉旨到沪、闽、苏、鄂、港等地考察，建设军港，起草规划，出洋购舰等等。当然或许载洵倚重于其副手、原北洋海军将领萨镇冰，但得其支持有所务实，还是值得肯定的。

"海署"撤销后，此址于 1910 年成立"贵胄法政学堂"，八国联军曾纵火烧毁。袁世凯时代成为招待所，1912 年 2 月 27 日，受孙中山委托，蔡元培、宋教仁等专使团下榻于此，以敦促袁世凯至南京就任大总统。但两天后，士兵在东、西城纵火抢劫，并进入专使房间，将文件、行李尽数抢走。这明显是袁世凯的诡计。后来一度是民国陆军部军需学校。日伪时期，为日本宪兵队强占。20 世纪 40 年代后期，为英文《时事日报》社址。20 世纪 50 年代后成为《人民日报》宿舍。

奕譞从 1886 年 5 月 14 日至 28 日，巡阅北洋舰队、旅顺、津沽防军、军校、炮台等。李鸿章为了获得奕譞支持海军建设，写了两首诗呈送，醇亲王也诗兴大发，步韵奉和二首。今天看来二人皆无诗才，刻意雕琢，藻饰无味，但醇亲王的诗句"投醪才绌愧戎行"，却表达出他外行的愧疚心理。

奕譞巡阅毕回京后，上奏西太后《查北洋炮台、水陆操防、机器、武备、水师学堂情形折》，提出诸多建议，清政府随即将培育海军、陆军人才列为国家战略的"根本"。奏折当然并非不懂海军的奕譞所拟，但是经他上奏，证明他对海军发展是重视的。奕譞原本计划 1888 年再赴海口，但 1887 年始，醇亲王也遭慈禧猜忌，避邸养病，二次阅兵化为泡影。这使这次校阅成为中国近代海军历史上的唯一一次亲王

▶清代海军衙门所属昆明湖水操学堂内景，有《昆明湖水操学堂的悲歌》展室

阅兵。

奕譞在海军衙门主政期间，还办了一件他自鸣得意的事，即于1886年开办"京师昆明湖水操内外学堂"，直属海军衙门管理，所以也称"海军内外学堂"。其实，远在20年前的1866年即已开办了"福建船政学堂"，为北洋舰队和南洋水师培养了大批骨干海军军官。1881年又成立北洋系统的"天津水师学堂"，醇亲王又开办水操学堂，意欲何为呢？原来奕譞巡阅北洋舰队后，深感海军已被汉人掌控，他要培养八旗海军人才以便将来争夺海军指挥权。还有一个原因是以建学堂为名挪用海军经费重修清漪园，奉承慈禧。两人各自心领神会，醇亲王当日上奏折《酌拟规复水操旧制参用西法以期实济》，慈禧即刻钦准"复京师昆明湖水操内外学堂"。

奕譞打着恢复乾隆"昆明湖水操之例"的幌子，将校址建于昆明湖西北清漪园废墟，共有校舍二百余，1887年1月正式开学，课程仿天津水师学堂规制。学员全部是从健锐营、外火器营挑选的八旗官兵，学堂总办、帮总办、提调、管带等行政官员，与海军衙门如出一辙，基本是不懂海军的满人皇亲宗室贵胄，特别是慈禧的弟弟桂祥，居然也充任学堂管带之职，可见他只是在博取慈禧欢心，而根本不在乎什么办学质量。还有皇族载林、和硕额附（亲王女婿）德峰等等，一股脑塞进。只是教官无法让旗人充数，只好请李鸿章推荐。

水操学堂的"业绩"如何？第一批旗人学员共60人，学制五年，但开学不到两年，已退学二十多人。到五年期满后，仅剩36人。在天津水师学堂毕业考试中，有12人不及格又被退回原旗籍。另有15人在天津深造和上舰实习中被神机营调用，最终完成全部科目和上舰实习的毕业生仅9人。尤为可笑的是，醇亲王开办这所"京师昆明湖水操内外学堂"，标榜"预储异日将材"，但这所学堂竟然明确规定要为慈禧游览湖光水色的御座船服务，包括维修颐和园电灯等杂务。打着训练的幌子，由海军衙门专门从天津机器局订购小轮船、座船、舢板、炮划等共十二艘，为慈禧拖带御座船和保驾之用，"系属要差，自非平常操船可比"。

尤为令人不齿的是，1893年继任奕𫍯为海军衙门总理事务大臣的奕劻，竟然以水操学堂五年培训出9名毕业生的"成绩"专折朝廷为历任总办、管带、提调、教习等46人保举奖叙，最后还得到了批准。这明明是以贪腐著称的奕劻在借机受礼敛钱，真是何其荒唐。

这九名毕业生的去向没有史料记载，不知是否分配到北洋海军服役，以实现醇亲王掌控海军的深谋远虑？亦不晓是否参加了甲午海

观古鉴今

▶ 台北故宫博物院院藏《渤澥乘风图》，画面为醇亲王巡阅北洋海军时所乘"海晏"轮

战。但据秦雷先生考证1911年重建海军，昆明水操学堂毕业生喜昌已任"海容"舰管带，荣续任"海琛"号管带，授衔副参领。"海容""海琛"号巡洋舰均为甲午后重建海军从德国订购。其他在海军服役的还有"海容"舰帮带吉陞、"镜清"舰帮带胜林，还有未上舰服役的海军部参赞厅二等参谋荣志、烟台海军陆战队统带博顺，从这些人的姓名一望而知皆为旗人。

辛亥革命爆发，清朝海军响应革命举行"九江起义"，喜昌、吉陞、荣续皆顺应起义，但因为是旗人，被起义军要求遣送离舰，待三人领取遣散费准备离舰上岸时，吉陞却投江自杀，据说临终前慨叹"国家经营海军四十年,结果乃如是耶?"(《昆明湖水操学堂始末》),这何尝不是昆明湖水操学堂结局的写照?醇亲王临终遗言"无忘海军",他若有知,该做何想?

甲午战争北洋海军全军覆灭后,海军衙门将北洋海军序列连同基地等全部裁撤,同时将水操学堂一并停办。今天的颐和园昆明湖畔遗有一座石舫,是当年"水操学堂"故物,也是打着"训练"的旗号,实则为慈禧赏心悦目观景之用。水操学堂旧址的一些房舍也修复供游客一观,可使后人知晓这昙花一现劳民伤财的"水操学堂"的孑存。

1891年醇亲王奕譞逝去,李鸿章致电丁汝昌,下令北洋海军各舰船均降半旗志哀。这也是中国海军第一次使用西方降旗礼节。

文前提到的朱一新和《京师坊巷志稿》,该书已成为今天研究北京地理的必读书。他是光绪二年进士,后改翰林院庶吉士,授编修。官至监察御史,与醇亲王为同一时代人。醇亲王巡阅北洋天津海口,慈禧特派李莲英随侍,当然或许也有监视之意。朱一新上奏称太监随亲王出京巡阅不合体制。但此时慈禧已非当年安德海事发时,受东太后、恭亲王和同治皇帝的合力制约,眼睁睁看着自己宠信的太监被斩而无可奈何。她此时的威权如日中天,先斥责:"既未悉内廷规制,又复砌词牵引,语多支离",令"明白回奏",又无端定为"肆口妄言""若不予以惩,必至颠倒是非,紊乱朝政"。后将朱一新革职,降为主事候补。朱大概知事不可为,告归,被张之洞邀去主持广州广雅书院。《京师坊巷志稿》不知是否辞官之后所作?除此书外,他还撰有《汉书管见》,讲学著作《无邪堂答问》等,遗著合编为《拙庵丛稿》。康有为佩服他的经学,编有《朱一新论学文存》。《清史稿》有传,称赞他"言论侃侃,不避贵戚",是一个正直忧国而有学问的人。朱一新关心海防,在中法战争时就有建议加强海防的奏疏。光绪十二年,上《敬陈海军事宜疏》,主张胶州建海军基地;闽粤添置水陆学堂以训练储备人才,颇受有识者赞誉,惜未采纳。也终不得志。在光绪二十年(1894)甲午战争阴云密布前逝去。

▶北京颐和园石舫,是水操学堂训练的遗物(计仁 摄)

张佩纶：北洋海军的幕后智囊

读史书中的人物，不仅应该读正史本传，也应该浏览野史及至文集兼及日记信札，才可真正"知人论世"。

谈北洋海军人物，后人多注意军事将领，往往忽略文职官员，特别是李鸿章所倚重的核心幕僚式人物，如盛宣怀、薛福成、周馥、罗丰禄、于式枚、袁保龄、刘含芳等，及长子李经方、外甥张士珩，形成了一个内部军事谋划的总参谋部。其中一个重要的幕后智囊是张佩纶，但其并不为世人所知。他对李鸿章的决策有一定影响力。他的有关北洋海军建设的谋划建言，多被李鸿章甚至朝廷采纳。张佩纶之父张印塘，与李鸿章进士同年，又为淮军时并肩作战出生入死的密友。于安徽按察使任上逝于咸丰四年(1854)。张佩纶因父早逝，入翰林后"余家甚贫"，是因翰林清苦。李鸿章视他为子侄，多予帮助，李非常欣赏他的才华与战略视野，对他有关北洋海军的建言甚为重视。因而张佩纶在中国近代海军史上是颇值得一书的人物。

张佩纶是著名的清流派言官，不畏强权，正直敢言。如清代同治年间发生宫门护军（卫兵）与太监互殴案，太监李三顺奉慈禧太后之命出宫给醇王妻即其妹送食品。但未办出宫手续，护军依法禁出，太监于是恃宠撒泼。本来极简单的一个小案子，治太监罪就是了，却因此案掀起了政潮。

慈禧太后适逢中年，从青年时始寡居，肝火愈盛，闻此事大发雷霆，不分青红皂白，胁迫慈安太后下旨要杀护军，任谁劝也不听。刑部依法处理，几次拟律，已经对可怜的护军从重处罚了，但均被驳回，弄得刑部堂官为之痛哭。大臣劝，受处分；廷议，慈禧太后也哭，大概认为大臣们欺负她。她坚决要杀护军，不留余地。可法律无例，人也不能随意杀。若引安德海例，太监倒是可能掉脑袋。

若是男性皇帝，也许气头上过去，也不会如此执拗，可赶上慈禧，自26岁丈夫"驾崩"，一直寡居，几次引起"血崩"之症，肝火极旺，连小叔子恭亲王奕䜣都没辙。金梁《清后外传》记载恭亲王因此事还与慈禧发生口角，甚不愉快。以致于慈禧大怒之下要革恭王的爵位，恭亲王顶撞道："革了臣的爵，革不了臣的皇子。"但若按礼仪制度，虽然恭亲王是小叔子，也不能如此说话。又据王照《方家园杂咏纪事》附记说：刑部尚书潘祖荫提出应依法判案，"慈禧大怒，力疾召见祖荫，斥其无良心，泼辣哭叫，捶床村骂"。虽然笔下有些夸张，但亦可见慈禧盛怒之下的失态，因护军一案掀起的波澜可谓骇浪汹汹。

事成僵局，有人想到"清流四谏"中的两员大将张佩纶、宝廷，请二人上奏折劝谏。同治、光绪年间，正直的翰林兼起居注官，可专折言事，如张佩纶、宝廷、张之洞、黄体芳、陈宝琛、邓承修，"欲有所论列"，每集于松筠庵杨椒山谏草堂，筹谋策划。而且专有"青牛（清流）腿"奔走传话通消息，甚至还有"青牛靴子"为"青牛腿"奔走，可见能为"清流"服务，是引以为无上光荣，亦可见"清流"之地位。"午门案"被慈禧强行"定谳"欲结案，张佩纶知之速通知张之洞与陈宝琛，联署会奏。他们不像其他人那样，批评慈禧太后不守法，务请收回成命，而是似乎站在慈禧太后立场，动之以情，晓之以理，权衡利弊，充满感情，娓娓道来。据说慈禧看了也很感动，不再坚持杀护军。但她面子上又下不来，双方都退一步，护军们被判刑、革职、流放，虽然太冤，总算保住了性命！关键是太监也受到惩罚。张佩纶无疑是幕后人物，按清流的做法，奏折往往是要共同商议，遣词造句。民初著名的笔记《一士类稿·一士谈荟》有"庚辰午门案"条，陈宝琛之孙保存了祖父上奏折前与张佩纶的三通手札，密商上奏机宜，函信全用隐语，内容述之甚详，可资阅读。由此可见张佩纶在这一事件中的核心作用。

张佩纶等清流派（亦称"南清流"）笔下很厉害，"贪庸大吏，颇为侧目"，张佩纶上疏曾扳倒过军机大臣王文韶、工部尚书贺寿慈、吏部尚书万青藜、户部尚书董恂等贪庸权要（《清史稿·张佩纶传》），真是连劾之下，朝野震动！张佩纶与王文韶还是姻亲，可见公不徇私的正气。他任翰林侍讲时，上折反对授崇厚"全权大臣，便宜行事"之权，认为"使臣议新疆，必先知新疆"，可惜未被朝廷采纳，事实证明，崇厚后来丧权辱国，惹来极大麻烦，张佩纶是甚有预见的。对一件事，细分析，张佩纶皆有论点、论据、论证，且设身处地，因人而异，不乱发议论，也不从一个极端跳到另一个极端。现在有的人发议论，往往不讲道理，不调查分析，也不管事实，往往想把人逼死，兴风作浪，太极端，根本不留余地，比古人差远了。

据说，一向讨厌谏官的恭亲王，看到有关"午门案"的奏折后，大为赞赏，啧啧传示：瞧瞧，这才是劝谏的好文章！其实真正有分量的文章还是张佩纶有关北洋海军的奏折。因为他与李鸿章的亲密关系，是李鸿章背后的智囊，军机决策往往会征求张佩纶的意见，张也会主动献策，不妨试举几例。如1881年9月10日，张佩纶应李鸿章之邀赴天津，与李的重要幕僚薛福成谋划海军建设，那时北洋水师还未正式成军，薛拟成《酌议北洋海防水师章程》，目的是创建北洋水师，共组建铁甲船等各类舰船40艘2只，以津沽为大营，布防旅顺、大连湾、东海烟台、威海卫等要塞。设水师提督，建基地于津沽。裁撤天津镇衙门改为北洋水师提督衙门。旅顺、大连湾等处添设一镇，与大沽镇、登莱镇均归提督统辖，提督受北洋大臣节制。并由北洋设水师学堂。并设想北洋水师成军后，再建南洋水师，等等。这一设想为北洋水师成军规划出了蓝图，北洋水师的成军基本沿袭了这一规划。可见张佩纶参预机密，绝对是幕后智囊小圈子里的核心人物。

1882年的正月初八日，张佩纶上《保小捍边当谋自强折》，指出日本废琉球、法国谋越南，"驭倭之策，虽无伐之力，当有伐之心；虽无伐之心，当有伐之势。欲集其势，则莫如大设水师"。主张北洋三口自为一军，设北海水师提督；改江南水陆提督移驻徐淮，专缉陆路，长江水师提督驻吴淞口（原驻安徽太平）；改福建水师提督为闽浙水师提督；粤省单设一军。这些谋划体现了张佩纶的战略眼光，而不是泛泛而谈哗众取宠。这道奏折引起朝廷重视，下谕令李鸿章、左宗棠、张树声等重臣讨论研究。

1884年5月张佩纶奏《请设沿海七省兵轮水师折》，认为水师宜合不宜分，宜整不宜散，当设水师衙门，特派大臣将沿海七省水师改用兵轮，各省船厂、机局均归调度。以水师一军应七省之防，以七省供水师一军之饷。此奏原为张佩纶与奕䜣、李鸿章商定的主张，经慈禧太后懿旨，由张佩纶上奏。由此可见张与恭王关系密切，可以共商海军事务。也可见他得到恭王认可。张的有关奏折不少，兹不赘引。他有关北洋海军及有关信札更多，主要是与李鸿章的密札，多用隐语，可见其幕后谋划的重要作用。

鉴于张佩纶对海军事务的战略视野，张树声还曾上奏朝廷请张佩纶赴天津帮办水师事务，但因派系矛盾，加上西太后只是利用清流派制约利益集团，最终朝廷下旨"着毋庸议"。但依他福建帮办海疆的悲剧，假设接手帮办北洋水师，恐怕也难脱替罪羊的结局。

张佩纶文笔非常好，思维上是大战略家。他36岁出任会办福建海疆钦差大臣，纶巾典兵，意气方遒，但马尾之战是用非其才。有暇不妨读读他的疏谏，他的奏折在当时是有"一疏上闻，四方传诵"之美誉的。他的儿子张志沂自费刻印了父亲的文集《涧于集》，收入张佩纶的奏折，读之依然可见那刚正不阿、清议时政、纠劾贪庸的凛然正气。其实敢谏者非止四人，如邓承修。故也有"前后四谏"及"五虎"之说，加上陈宝琛，也是"清流"中一员勇将。"四谏"是当时政坛上的风云人物，冉冉而升的政治新星，笔锋所指，正气淋漓。另二位是黄体芳、张之洞。张佩纶因马江战败，退出政坛，成为李鸿章的女婿。张爱玲是他的孙女，比起他祖父，血统论真的黯然失色！当然也不可一概而论，"四谏"之一黄体芳的后人作家黄宗英，就比较关注现实，不乏先祖遗风（邸永君：《百年沧桑话翰林》）。"清流派"的陈宝琛也擅写奏折，以说理见长，是"后清流四谏"的翘楚。"午门护军案"中，陈宝琛也不顾慈禧威势，慨然上折劝谏，言辞犀利，给慈禧留下了深刻印象。陈后来成为溥仪"帝师"，坚决反对溥仪认贼作父，"清流"遗风令人钦佩。

宝廷是旗人，本来受恭亲王倚重，有望封疆。可惜名士气害了他，放学政时买船女为妾，被劾去职，潦倒终生，抑郁而死。张佩纶对其非常惋惜。目下有人津津有味大聊嫖妓如何，其实清代官员包括旗人是严禁嫖妓、看戏的，娶妾也要看娶什么人。

四人中只有张之洞位极人臣。清末曾与监国摄政的醇亲王争执动用军队镇压民变，张之洞反对，醇王质问：朝廷养兵是干什么用的？张答：朝廷养兵不是对付老百姓的！据说张之洞身材矮小，但真的是心雄万夫。笔者极欣赏他反驳醇王的那句话，难得！

张佩纶"风骨崚嶒"，才高招忌，但他人品正直，疾恶如仇。解职前以搏击朽类为己任。据姜鸣《天公不语对枯棋》书中统计，他于1875年至1884年共写127篇奏折，有三分之一是弹劾和直谏，又每以"扶持善类"为己任。曾说自己"生平爱才，而以荐士获谤；然一息尚存，爱才之念如故也"。他举荐人，无论识与不识，只要有技长，皆认真、得体、周到、细致，他举荐过胡适的父亲胡传（字守三），跳过科举进入仕途。马江之败后，张被发配军台效力戍所张家口，据《胡适日记全编》记载：不忘恩情的胡传立即寄银二百两，但张佩纶《涧于日记》记是："胡守三寄百金来，作书退之"，张宠辱淡然，托人退回。文人的清高，疆臣的风范，名节的向往，立言的理念，皆集于他一身，真的令人敬重和钦佩。据记载，如左宗棠、刘铭传等大臣所馈，张佩纶一概不取，他只接受后来的岳父李鸿章的帮助。胡适一直念念不忘，曾向张爱玲提及，但她并不知道，因为她祖父一生帮人太多了。

张佩纶荐人，并非名满天下时。马尾战败，朝野落石，他被流放张家口，一般人恐怕惹事，不会受人托请。而他在流放途中，写信举荐荣俊业于张之洞，成为文案（秘书）。荣后帮友人得到官职，友人又任命荣的族侄荣熙泰为总账房，此单位为厘金局，肥差。荣氏由此发家。荣之子谁？荣德生！再传荣毅仁，再，荣智健。荣家不忘荣俊业，但若无张佩纶，荣家会发达吗？

张佩纶也不是对任何人乱讲好话，比如李鸿章定丁汝昌任北洋水师统帅，张就极力反对，写信说：你的任命决定，连妇女和小孩子也会反对的——"以丁汝昌当杨，虽在妇孺必不谓然"。"杨"指杨岳斌，曾国藩创长江水师用其为统帅。事实证明，张佩纶是有识人之明的。他曾向李鸿章请拟刘铭传为北洋水师提督，李却认为刘铭传"非此道之人"。但按刘铭传保卫台湾之战绩看，张佩纶的荐人还是极有见地的。张佩纶的战略思维很有远见,比如,他是最早建议设立全国统一海军管理机构,对北洋水师的建设起到重要作用。诸如此类,从他的奏折中,可见一个有理念的人,对时政国事的关心与思考。他也并不像保守派对西方的政治、文化视如洪水猛兽,郭嵩焘的《使西纪程》因保守派诋毁被朝廷下旨毁版查禁,上海《万国公报》依然连载,《国朝柔远记》前言中记载张佩纶说:"朝廷禁其书,而新闻纸接续刊刻,中外传播如故也。"可见他是关心时事的。而且他从不以亲疏掩饰观点,李鸿章非常爱惜他,在张佩纶穷途末路时,将自己最宠爱的小女儿李菊藕嫁给他。菊藕是小名,本名李经璹。张佩纶在日记中记叙与夫人"小酌""赌棋、读画""煮茗谈史",甚为恩爱。还写了本武侠小说,20世纪50年代曾由国内一家出版社出版,但未署真名。这令人想起古人诗句:"虚负凌云万丈才,一生襟抱未曾开。"大才无用武之地,徒然长叹息唉。小女儿比张佩纶小19岁,而张佩纶已是结过两次婚的人。可见爱才之心,其情可叹。曾朴的《孽海花》中写张佩纶向李鸿章求娶其幼女之描述,当是小说笔法,实不可信。小说中说张马尾兵败后,在李鸿章书房见到其女诗句"论材宰相笼中物,杀贼书生纸上兵",对张深表同情赞许,张大受感动,求娶为妻。张爱玲曾写过文章,谈向父亲求证,父亲"一味辟谣,说根本不可能在签押房撞见奶奶,那首诗也是捏造的"。

李鸿章一直为女婿复职奔走,惹来弹劾。但当李鸿章要签订《马关条约》时,张佩纶激愤致函老丈人:"此数纸,篑(张佩纶号篑斋——笔者注)中夜推枕濡泪写之,非惟有泪,亦恐有血;非惟篑之血,亦有鞠耦之血；非惟黄夫妇之血，亦恐有普天下志士仁人之血。希公察之，毋自误也。"我们今天读了，犹感爱国之凛然正气仿佛从字里行间嘘拂而来！

至今没有人去为张佩纶认真全面公允地立传，高阳的历史小说倒是写得很生动，但笔者觉得有点漫画化了。当年马江战败，闽人传闻，闽籍京官推波助澜，是不可当信史的。事实上，张佩纶为应对入侵闽江法军舰队，早已调集船政军舰与之对峙，并数次急电军机处力主先发制人、南北洋舰队合力支援，但终未得到授权，致使被动挨打，一败涂地。左宗棠奉谕查马尾之战向朝廷的报告，应该是比较公允的。

庚子年事变，老丈人仍然想着他，上奏"荐其谙交涉"，朝廷下诏"以编佐办和约"，后下谕"擢四品京堂"，但张佩纶"称疾不出"，四品比他原来的品级低多了。张佩纶的清流密友张之洞，有笔记载其弥留之际，醇亲王载沣亲来探视，张之洞嘱务须"善抚民众"，醇亲王不以为然，答：不怕，有兵在。载沣走后，有人问醇亲王有何言，张之洞悲鸣是"亡国之音"。另一笔记载沣探视之后张之洞即于当晚逝世，临终前哀叹"国运尽矣"！也许，经历了马尾之战和北洋海军的覆灭，张佩纶已看透了清朝的大厦已经在风雨中飘摇而欲坠，敬而远之了吧？

李鸿章与《马关条约》的背后

> 春帆楼上折冲日,四万万人下泪时。
>
> 骀宕百年犹记恨,几番夜梦灭倭儿!
>
> ——题记

1895年4月17日,清廷特派头等全权大臣李鸿章于日本签订丧权辱国的《马关条约》:清朝政府承认日本奴役长期与中国有藩属关系的朝鲜;割让辽东半岛、台湾和澎湖列岛;赔偿战争军费两亿三千万两白银;开放沙市、重庆、苏州、杭州为通商口岸;允许日本在上述通商口岸建立工厂,装运进口机器;并规定在中国制造的货物享受与进口货物一样的优待之权……

甲午战前的中国的国民生产总值为世界第一,是日本的五倍,而甲午战败的赔偿使中国从此一蹶不振。《马关条约》签订后,举国上下一致斥责李鸿章丧权辱国。条约的签订造成中国蒙耻受辱,并且以一个曾经最强盛的东方帝国面临被列强肢解与瓜分的险恶之境。李鸿章是否负有不可推卸的责任？

过去史家大多认为，《马关条约》的签订源于清政府在甲午战争的惨败。弱国无外交，自然割地赔款、丧权辱国。而李鸿章身为北洋大臣，手握北洋舰队兵权，应对甲午海战负主要责任。特别是他一再主张"避战守船"，采取单纯守势防御战略，最终铸成大错。尽管他后来有所醒悟，但终为时已晚。

▶1896年7月26日，法国出版的《小日报》刊登《中国特命使节、副元首李鸿章》画像

李鸿章的海战战略并非一无是处，"保船制敌"从总体来说应是防御与进攻并重，李鸿章太强调"保船"，致使防御不积极，进攻更谈不上。李鸿章并无总体指挥权，当时中日宣战，清廷制订的战略是海守陆攻。黄海大战后，清廷为阻止日军向中国本土进犯，将战略方针由海守陆攻改为全面防御。当时李鸿章提出了一个非常重要的战略思想，这一战略思想包含三点建议，其中第一点最重要，即：多筹巨饷，多练精兵，内外同心，南北合势，全力专注，持之以久，而非责旦夕之功，便不中日寇速战求胜之诡计。第二点建议力保奉天（沈阳）、严防渤海，以固京畿。第三点则针对日本可能进犯北京的战略意图，而沈阳地广兵单，应特命重臣督办。后两点核心其实是先保沈阳，然后厚集兵力，最后以持久战消耗日本，

取得持久战后的胜利。后两条表面上看是单纯防御，赢得时间，为总体战略服务。根据当时双方态势，李鸿章这一战略是非常有针对性的，意义非常重大，因为战后日本国库空虚，"征兵调及幼丁"，是极愿通过和谈尽快结束战争的。可惜慈禧为不影响六十大寿，竟不顾国家利益，一直欲向日本求和。据《翁同龢日记》载：1894年9月27日，慈禧召见翁同龢，拟命其赴津告李鸿章，并请俄国公使出面调停中日争端。李鸿章关于"持久战"的战略是9月19日上奏的，可见慈禧根本不屑一顾。光绪也确想有所作为；但他并不懂军事，多少有些好大喜功，只希望凭血气之勇出战，其实正中了日本速战的诡计。再者，光绪虽是名义上的全国最高军事统帅，但因为慈禧垂帘听政，光绪无法调动全国军事部队。所以李鸿章的正确战略终未被采纳。

1895年2月12日，北洋舰队覆没于刘公岛。慈禧惊慌失措，决心全面求和。当天，她就取消了对李鸿章军事失利的一切处分。翰林梁鼎芬严劾李鸿章："可杀之罪有八"，但获慈禧重谴罢职，可见她急于起用李鸿章和谈之急迫心情。2月13日即北洋海军覆灭的第二天，李鸿章被正式任命为出使日本头等全权大臣与日本商订"和约"。按惯例，李鸿章起码在几次海战中负有指挥失当的严重责任，理应法办。但旋而成为"商约"重臣，这真是贻笑万邦、滑天下之大稽。

但实际上，这也非慈禧本愿。1894年10月在刘公岛战役前，日本陆军在辽东半岛登陆，那时慈禧已私心欲望议和。她马上起用10年前被自己罢黜的恭亲王，表面上是以亲王之尊督办"军务处"，指挥对日作战。实际恭亲王是老牌"洋务"，只会纵横之术，根本不会决胜帷幄。慈禧也正要他重新主持总理衙门，开展议和。恭亲王多次与英、俄公使密谋"调停"之事。但清廷提出的如张荫桓及税务司德国人德璀林等中外议和代表，日本均予以拒绝，只指名李鸿章有资格与日本开议和约之事。实际日方是有意愿李鸿章担任"和议"代表以促进和谈。因为日方深知李鸿章之子李经方与日方上层人物有很深的交往。

日本倚仗军事上的优势，通过美国公使转示清廷，以割地、赔款、朝鲜脱离中国独立等为议和条件，这无疑是城下之盟。

李鸿章以败将之身，肩负议和之任，可想而知他的心情。平心而论，在与日本和议之初，他并非甘心丧权辱国。李鸿章怎甘愿背上汉奸的耻辱？所以他自天津赴京觐见光绪皇帝时，光绪询问他的议和方针，他慷慨发誓："割地不可行，议和不成则归耳。"当时陪侍皇帝的翁同龢将李鸿章此语记入他的日记，并有"语甚坚决"的描述。翁同龢作为帝党中坚，一直与李鸿章不和，他的记载应该是公正和可靠的，因为假若李鸿章主张丧权辱国，翁氏肯定是作为罪状记录以备"秋后算账"。当时不少大臣如孙毓汶、徐用仪等，都认为不割地恐难议和。李鸿章"割地不可行"的坚决主张也是值得肯定的。

李鸿章因为自己的窘境，不可能再坚持"持久战"的主张，更不敢得罪慈禧，他只好寄希望于列强"调停"。虽然光绪支持朝中主战派，但终因慈禧亲自决断，主和派控制了局面。光绪和主战派最终回天无力。这首先丧失信心，继而涣散军心。军心一失，持久战便不可行，而"调停"更属失误。正如当时总税务司英国人赫德所云："正义完全在中国方面。我不信单靠正义可以成事，正像我相信单靠拿一支筷子不能吃饭一样，我们必须有第二支筷子——实力。但是，中国人却以为自己有充分的正义，并且希望能够以它来制服日本的铁拳，这想法未免太天真了……外交把中国骗苦了，因为依赖调停，未派军队入朝鲜，使日本一起手就占了便宜。"李鸿章幻想折冲樽俎，曾分别拜访驻京各国公使乞援，并发电给清廷驻英、法大使和驻俄、德大使，密商于四国外交部，请其"调停"，但各国反应冷淡。李鸿章有所气馁，向朝廷建议："此次日本乘屡胜之势，逞无厌之求，若竟不与通融，势难解纷纾急。"可见他是想把责任推给朝廷。由于清廷一直磋商割地条款问题，延误了李鸿章赴日时间。狡猾的日本人见清廷只寄希望于议和，放松军事戒备，便突然发动辽河攻势要挟，于3月4日

▶ 描绘清军与日军在牛庄战斗的版画

至 9 日五天之内连下牛庄、营口、田庄台等辽河重地，一时关内震骇，京津告急。其实，不待日军发动攻势，在 3 月 3 日，慈禧已通过庆亲王命李鸿章"以商让土地之权，令其斟酌重轻，与倭磋商定议"。这等于赋予李鸿章可以"定议"丧权辱国的全权。当然，李鸿章也曾尽力减少辱国条件，在谈判中一直不同意全面接受日本的苛刻条件。3 月 19 日李鸿章率团至马关，次日始与日方谈判。至 24 日共举行三轮谈判，双方辩论都甚激烈。但因李鸿章突遇刺客袭击中左颊，一时中外震动。日本考虑有失体面，遂稍作让步，提出修正案。日本首相伊藤博文以战胜者的狂傲坚持条款决不再减，只有同意与否两句话，甚至恫吓要"增派之大军舳舻相接，陆续开往战地，如此，北京的安危，亦有不忍言者"，并威胁李鸿章也难保证其"再安然出入北京城门"。

李鸿章于辩论后极为愤懑，他对随员顾问科士达愤言："万一谈判不成，只有迁都陕西，和日本长期作战。日本必不能征服中国，而中国可抵抗日本至无尽期，日本最后必败和。"这其实仍是"持久战"战略的延续，如果李鸿章的设想实施，中国采取强硬态度，同时整军备战，只要拖下去，日本不可能取得最后胜利。可惜，李鸿章并未坚持自己的看法，他只是汇报请旨。4 月 10 日请旨，4 月 13 日清廷即复电："……即与定商"，李鸿章即于 17 日签约。这一丧权辱国的大耻使"四万万人齐下泪"，使台湾、澎湖列岛、辽东半岛沦丧倭寇腥膻达 50 年之久！并且使日本野心膨胀，又于 20 世纪再次发动侵华战争，使中国险有亡国之虞，罪魁祸首自应是慈禧，李鸿章做为议和大臣，当然要负有重要责任。

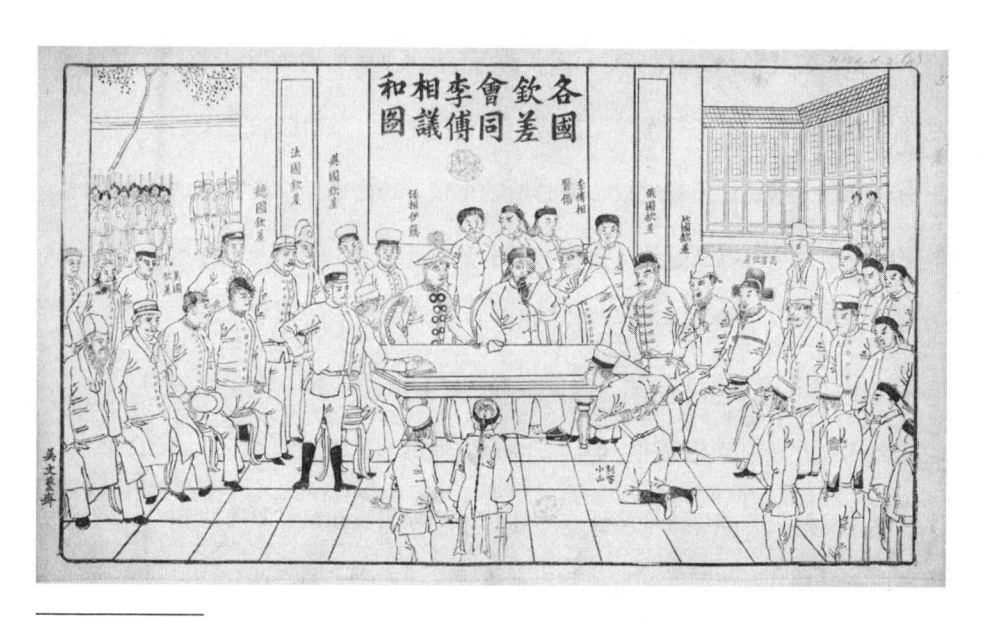

▶ 甲午中日战争时期由上海吴文艺斋出品的《各国钦差会同李傅相议和图》

  李鸿章最大的心理障碍是背着甲午海战的包袱，尽管他主张不能割地，甚至主张迁都长期抗战。但他不敢坚持，因为他明白，慈禧就是让他屈辱求和。如果他抗命，很可能乌纱不保，还会有"抗旨"之罪。但如果真正抗命，他会成为英雄。而且由于有光绪和主战派的支持，他未必有死罪，无非丢了顶戴花翎，却落个清白。李鸿章把定夺权推给最高决策者，以为可以避免清议，但是"条约"是他代表中国签字生效的，这个耻辱他怎么能洗刷掉呢？梁启超在《李鸿章传》中指出："合肥之负谤于中国甚矣"，有一定道理。他又批评李鸿章"不学无术"，"而仅摭拾泰西皮毛"，虽然苛刻，却也不无道理。例如，李鸿章号称通晓洋务，但他去日本议和，居然还携带战前中国驻日公使汪凤藻所使用的电报密码，其实这套密码早在战争爆发前夕就已被日本外务省破译了。在这种情况下，清政府在谈判中岂能不步步被动？

另外，李鸿章之子李经方在《马关条约》的签订上起了非常关键的作用，不仅奴颜婢膝，甚至甘心卖国，说他是汉奸行径是绝不会错的。

李鸿章赴日"商定和约"，李经方因"曾任出使日本大臣两年，熟悉情形，通晓东西语言文学"，被清廷任为参议随行。谈判中，日方提出两个议定方法，其一为将停战条款全部提出后议定，其二为逐条分别依次议定。若弱国外交，肯定会竭力拖延而采用第二种方案。但李经方却坚决主张采用第一种方案。日方遂提出：一俟条款提出，必须于四日之内答复。李经方立刻与李鸿章商定予以应允。因为条款苛刻，清廷尚未回电同意，日方严厉质问，李经方竟恬不知耻告白："现在我父子之地位极为困难，尚乞谅察……"。而且，日方只是危言恫吓"增兵"，李经方竟连续发电国内总理衙门，谎称日方"已遣运兵船二十余艘，由马关出口赴大连湾""广岛已派运兵船三十余艘出口，赴大连湾，小松亲王等明日督以继进"，对当时日本国库空虚，征兵困难却只字不提。清政府同意签订条约，李经方无疑对清廷决策是产生了重大影响的。

条约签订后，举国激愤，清廷恐批准而激变，遂令李鸿章改议。应该指出，李经方的卖国行径不能不对李鸿章产生影响，这对父子对日方乞怜，但对朝廷旨意却敢于抗命，借口"已订条约，再行更改，虑腾笑万国"而拒不从命。另外，条约签订后，谁都不敢赴台办理"交割"。后军机处严命李经方负责。他居然希望从速交接,并交出了日方也未提出的台湾全岛、澎湖列岛之海口、各府、厅、县,所有堡垒、军器、工厂及属公物件,并连夜署名盖印。

说父子狼狈为奸,近乎苛刻,但李鸿章对于李经方汉奸行径的默许、纵容,却是不容置疑的。李鸿章与《马关条约》遗辱后世,反对割台的台湾义士丘逢甲的诗句:"宰相有权能割地,孤臣无力可回天",代表了当时大多数士大夫和百姓的看法。但也不能因此就判定李鸿章为"汉奸投降派"。他在谈判中还是一直竭力坚持维护国家利益的。但正如梁启超所云:"李鸿章此次议和情状,殆如春秋齐国佐之使于晋",是极艰难、屈辱、忍气吞声的外交谈判。

▶李鸿章

在中国近代外交史上,只有薛福成的与英国中缅划界谈判、曾纪泽的中俄谈判未曾丧权辱国。李鸿章的官爵比薛、曾二人高得多,在他之前与之后,拒签条约的不是没有,如巴黎和会上的顾维钧。当然,这里有一个国家利益和个人得失的权衡,清名与骂名的矛盾,因为后人永远不会忘记,在《马关条约》上签字的是——"特简大清帝国钦差头等全权大臣太子太傅文华殿大学士北洋通商大臣直隶总督一等肃毅伯爵李鸿章"!

"五百年来谁著史,三千里外觅封侯",这是李鸿章当年一袭青衫赴京赶考写下的诗句,可窥见他对建功立业的渴望。他一生历经战场血火,折冲樽俎,入阁封侯,得到了一个汉臣仕途上最高的功名。但青史评判,他背负的诟病指摘是抹不去的。"五百年来谁著史",怎抵得上谭嗣同听闻条约签订万分沉痛写下的"四万万人齐下泪,天涯何处是神州?"

▶1895年3月31日法国《小巴黎人报》刊登《中日战争 李鸿章离京》,报道李鸿章出京到日本谈判甲午战后条约。图中轿夫、护卫表情沮丧低落

台湾人民最为痛恨李鸿章,李鸿章签约后,台湾百姓聚而抱头痛哭,梁启超等一众举人上书:"台民闻有弃台之说,莫不痛心号踊回首,面内悲怨大呼。"乡绅们联合发布缴文:"愿人人战死而失台,决不愿拱手而让台。"在割台后发出《讨李鸿章檄》,表示与其不共戴天。举国上下一致声讨,连他的女婿张佩纶(号蒉斋)也写了两千余字长信表示反对:"此数纸,蒉中夜推枕濡泪写之,非惟有泪,亦恐有血;非惟蒉之血,亦有鞠耦(鞠耦为张佩纶之妻)之血;非惟蒉夫妇之血,亦恐有普天下志士仁人之血。希公察之,毋自误也。"对于《马关条约》给中华民族带来的奇耻大辱,李鸿章自己有何想法,史无明载。但据许姬传《七十年闻见录》载:李鸿章对此事极为愤恨,发誓从此不踏日本国土。后来他从欧美出访归来停靠日本,果然拒绝上岸。但是1901年9月7日,李鸿章又一次充当了丧权辱国的签约

者：他会同庆亲王与德、奥、比、西、美、法、英、意、日、荷、俄11国签订《辛丑条约》，又一次给已疮痍累累的中华民族再添耻辱。这个条约仅赔款连本带息即达9.5亿两，其他诸如包括驻军、租界、领事裁判权等等，国家主权已丧失殆尽。李鸿章在签署《辛丑条约》两个月后，在举国上下的诅咒声中孤寂地死去，据说他的遗诗是："秋风宝剑孤城泪，落日旌旗大将坛"。

北洋舰队铁锚归国记

1947年2月，中国海军少校钟汉波被任命为中国驻日代表团军事组首席参谋，主要负责与驻日盟军当局协商如何处理日本海军所剩下的军舰。

1947年5月，中国接收日本军舰的海军官兵抵达日本。

1947年5月28日，东京盟军总部举行日本军舰分配仪式。四大盟国代表出席，并按抽签方式抽取份额。中国海军官兵和大批华侨出席，据记载，在场的很多中国人都热泪盈眶。中国代表在抽签时幸运地抽中第二份数额军舰。从事后看，中国抽中的份额在吨位、舰况等方面均优于美、英、苏三国。这份份额共计有驱逐舰7艘、护航驱逐舰17艘、驱潜舰2艘、运输舰1艘及其他舰只7艘，总计34艘，总吨位3.6万吨。

▶ 新华日报关于日本投降的报道

抽签结束后,根据盟国总部规定,中国所得34艘军舰分4批开回中国。

1947年7月1日,钟汉波率第一批8艘日舰,配备200余日本海军官兵,悬挂红蓝两色E字缺角形制的日本俘虏旗驰向中国吴淞口。7月3日下午抵达万人空巷的上海外滩。7月6日,于上海高昌庙码头举行接受降舰仪式,日旗降下,高高升起中华民国国旗和海军旗,宣布将降舰改名,编入中华民国海军序列。三个月后,另三批日舰陆续到来。最终有28艘日舰经维修后编入海军。

当然,这些接受的日本军舰最终并非用在保卫祖国领土主权之途,而是大半毁灭于内战烽火之中,可悲可叹。

中国要求索回北洋水师铁锚也费尽周折,受到美国刁难。

1949年5月13日,美国终于撕下遮羞布,在未与任何盟国协商的情况下,蛮横地发布第140号临时命令,通知盟军总部取消先期拆赔日本工厂设备的指令,并要求无条件立即遵照执行。这不仅使先期美国自己提出的30%赔偿方案被腰斩,也使整体对日索赔计划付之东流。当时的美国总统杜鲁门曾信誓旦旦表白:"大国的责任是服务而非支配世界人民",但美国的所作所为毫无疑问不仅没有"服务"于中国人民,反而伤害了中国人民的感情,使中国本应得到的赔偿化为泡影。

说起美国对中国对日索赔的刁难和欺负,可谓多矣。举例之一,中国赴日代表团以李英华团长为首,除了交涉日本工厂设备赔付等工作外,还与麦克阿瑟等美国、日本政府代表进行了为时三个月的艰辛谈判，最终争取到美国政府与日本政府的同意，将三万多名中国战俘接回中国。相比起中国1946年对当时滞留于大陆的数百万日军战俘和日侨及数千日本遗孤的遣返速度，美国、日本的做法简直不近情理。我们只要略为查看史料，就可以知道美、英等国对待德国战俘、苏联对待德国日本战俘的做法。

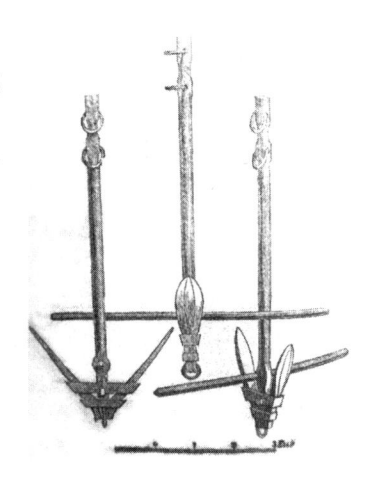

▶《伦敦新闻画报》刊登的清朝战船船锚

而且，就连一点中国应该得到的公正和尊严，美国都会百般刁难和拒绝。在中国代表团对日索赔工作中，有一项由军事组首席参谋钟汉波少校所负责的任务，即索回在甲午战争后被日寇掠夺到日本的北洋舰队"镇远""靖远"两舰铁锚。北洋舰队这两艘军舰在山东威海刘公岛之役中，战败而被日军缴获，日本为羞辱中国，竟将两舰艏锚卸下运回日本，陈列于东京上野公园。还铭刻宣扬日本"武威"辱羞中国的碑文。

钟汉波在向当时的日本吉田茂政府追索时，被吉田茂政府以无权处理对外事务为由而拒绝。钟少校只好转向驻日盟军最高统帅部协商解决。不料盟军总部借口甲午海战发生于50年前，与二战无关，而拒绝受理中国索还铁锚。

钟少校不因美国的刁难而退让，先与中国驻日代表团法律专家研究，取得中日甲午战争时效与延伸共识，并援引类似国际法裁决案例，于1947年4月向盟军总部第二组组长普斯上校提出复议申请。普斯上校终于被这个年轻的中国海军少校不达目的誓不罢休的态度所

观古鉴今　107

▶ 被钟汉波少校索回的镇远舰铁锚,当时保存在日本福田神社(萨苏 摄)

深深感动,最终同意向日本政府交涉,限期归还中国北洋舰队铁锚。

1947年5月1日,盟军总部与中国驻日代表团在东京芝浦东海码头举行铁锚移交仪式,由钟汉波少校代表中国签收。中国驻日代表团并监督拆毁上野公园的辱华碑文。随后,象征一段屈辱历史的北洋舰队铁锚被运回中国。

其实,北洋舰队各舰遗物被日本掠走甚多,迄今未被追回。据旅日学者萨苏调查,在日本的"定远""镇远""致远""来远""经远""济远"等遗物多达数十件。1907年,蒋梦麟赴日本考察时,曾写道:"在一个展览战利品的战绩博物馆里,看到中日战争中日军俘获的中国的军旗、军服、各种武器,简直使我惭愧得无地自容。夜间整个公园被几万盏电灯照耀得如同白昼,兴高采烈的日本人提着灯笼在公园里游行,高呼万岁。两年前,他们陶醉于对俄的胜利,至今犹狂喜不已。我孤零零地站在一个假山顶上望着游行的队伍,触景生情,不禁泫然涕下。"曾任清华大学校长的蒋廷黻,青年时代赴日本留学时,也曾观看过一次展览,展示甲午战争后从中国掠夺的所谓"战利品",包括中国军旗、军人号衣(军装)、枪械、军舰物品等,以炫耀"军威"。蒋先生写文记之,犹涕泪不止。读至此,真是令人感愤莫名。

钟汉波少校,一个年轻的中国军人,尚知应该力争索回本来属于中国的物品,不禁想起古人的诗句:"岂有堂堂中国空无人。"作为战胜国战后蒙羞，空手而还，恐怕只有中国一例。连菲律宾、新加坡、韩国等小国还分得日本赔偿的十数亿美元的赔款。

钟汉波之名，笔者认为可能取自汉代扬威边域的伏波将军马援之意。汉之伏波，无负此名！虽然两件铁锚，无补于中国在 14 年抗战所遭受的惨烈而巨大的损失。但走笔至此，笔者仍向为中国争回一点儿尊严的中国海军军官钟汉波少校致以敬礼！但愿吾人勿忘钟汉波！濡笔此文，心头那重负挥之不去，点点滴滴似在淌血，遂痛赋七绝以抒感愤：

梦到伏波万里行，

扬威雪耻太关情。

铁锚锈蚀如滴血，

只恨神州负辱名！

琉球事件始末

明朝万历皇帝在位期间，曾发生了一场明朝倾尽举国之力的援朝抗倭战争，终止了日本的野心。朝鲜表达的是"非但一国之大义，乃天下之大义；非但天下之大义，乃万世之大义也"，即明朝救国存亡之恩。但明朝所发动的援朝抗倭战争，实质是"改变日本历史走向，决定东亚政治版图"，是有着至今仍产生影响的历史意义。

在此之后，日本一直谋求对朝鲜和中国进行扩张，"征韩论"的叫嚣一直未曾消歇。明治时期，处心积虑吞并琉球，利用琉球船民被杀事件，发动对中国台湾的侵略战争。在当时，日本无论在军舰吨位、兵员、后勤保障方面均非中国对手。但中国海防的薄弱亦暴露无遗。因而，琉球事件、侵台之战，始震动中国朝野，并由此对中日两国海军的发展产生了深远影响。

一部分官员认识到日本必是将来威胁侵略中国的头号敌人，由此开始重视海防建设，进而发展海军。所以中日之间的较量，并不自甲午始，而是从日本吞并琉球始。如果说，日本发动的侵台战争是一次军事冒险，那吞并琉球则是向中国试探的一次政治冒险。可以说，日本吞并琉球就是进一步吞并朝鲜、向中国扩张发动侵略战争的序幕。

琉球自明代即正式成为中国的藩属

琉球群岛位于中国台湾岛与日本之间，距台湾最近，为630公里，距日本东京为1550公里。共有60多个岛屿，包括先岛诸岛、冲绳诸岛、奄美诸岛、土噶喇列岛、大隅诸岛等，总面积约4600平方公里。

在中国古籍中，很早就有关于琉球的记载，如官修史书《隋书》称之为"琉求"，《元史》中称之为"瑠求"，明、清官方档案及野史记述更多。《古春风楼琐记》载琉球国位于福建以东海上。传说琉球国所在之岛在大海之中，一对夫妇居住在岛上，夫妇二人搬石运土、植树种草，进而繁衍后裔。尔后人丁兴旺，遂选出"天帝子"为王，天帝子生有三男，长子天孙氏被立为国君，传至25世，为叛臣利勇所害。尊敦起义诛灭叛臣，被拥立为君主，称舜天王。此时约为中国宋朝时期，至元末琉球一分为三，称中山国、山南国与山北国，并一直与日本平等交往。琉球古籍《中山世鉴》也载：天神呵摩美久下凡，由天帝赐土石草土，做成岛屿，故有琉球。

公元1372年，明朝中央政府派遣杨戴为专使出使琉球三国，分别正式册封三国国王，三国国王均明确向明朝称臣，从此正式成为明朝的藩属。数年之后，中山国并灭山南、山北两国，完成统一。这亦

得到了明朝政府的认可,继而册封中山国王封号为琉球国王。

此后在明朝近三百年间,琉球国作为藩属,一直与宗主国保持着极为亲密的关系和往来。1534年,第12任册封琉球使陈侃著有

▶ 琉球岛南部首里市首里城内部。(许庭城 摄)

《使琉球录》,其中生动地描述了琉球人对中国使节的友好情感。陈侃记载,使节船队刚进入琉球域内,琉球人便"鼓舞于舟,喜达于家"。琉球国一直遵照明朝典制,隔年进贡。逢新君即位,亦谨守臣子礼,不远万里,遣使请封。据史书记载,明朝册封使曾有13任。琉球国进贡、请封使团更多。琉球人本不善舞,但为了表示对中国使节的欢悦之情和尊重,故创制舞蹈,据说流传至今的琉球古典舞即源自当年接待中国使节之舞蹈。明朝政府对琉球也一直非常宽厚,如永乐年间,琉球国遣使贡物,归去时违制夹带瓷器,被有司查出逮问,奏折上至成祖,明成祖朱棣谕批:"远方之人,知求利而已,安知禁令,朝廷于远人当怀之,此不足罪。"明神宗皇帝曾赐琉球国王御匾曰:"守礼之邦。"也寓教化之意。

清朝入主中原,明朝灭亡,琉球国继续与清朝维系藩属关系。清朝入北京,改元顺治,琉球国王尚贤主动遣使节金应元入觐,请求

册封。但由于使节的疏忽，忘携明朝的册封印信，清朝政府未予承认，请封不允。不久国王尚贤逝世，按典制，未得宗主国册封，其继位者不具有合法性。其弟尚质继续上表请封，始被清朝中央政府正式册封为琉球国中山王。康熙元年，又改封琉球国王，今仍保存有《册封琉球图》，包括册封仪注及《皇清职贡图》。据载康熙时，使节至琉球册封。在鼓乐声中，国王尚敬与琉球众臣在引礼官引导下，三跪九叩，依次行"接诏""拜诏""谢封""谢赐""问安""谢恩"诸礼仪，方完成册封仪式，正式确立王位。乾隆帝曾谕如意馆画师制《万国来朝图》五图，有四幅今天仍可见上贡诸藩国有琉球使者人像，并立"琉球"旗帜。从《万国来朝图》和其他流传至今的画卷中，琉球人衣饰与中华无二，琉球王也以知中华之礼、写汉字书法为荣。清代诸帝对琉球王也慰怀有加，至今琉球仍保留有清代皇帝的多块赐匾，如康熙御书"中山世土"、雍正御书"辑瑞球阳"、乾隆御书"永祚瀛壖"，殷切期望琉球国与中国永世友好。

自顺治年延续百余年，琉球国一直奉清朝为正朔，从不间断遣使进贡，历任琉球国王即位亦必遣使请封，从未间断。为了向宗主国表示忠心，几乎历代琉

▶首里城正面（许庭城 摄）

观古鉴今 113

▶北京国子监是元、明、清三朝最高学府，监、学合一，兼国家最高教育管理机构职能。国子监学生以贡生（无资格考进士的秀才）为主，包括捐纳监生。同时也有中国藩属国士子入监，琉球国王子就曾在国子监学习（朱小平　摄）

球国王子都要到清朝首都北京国子监读书，这实际含有人质之意。不仅历代史籍记录了中央政府和琉球藩属之间的亲密情感和往来，而且据说至今故宫尚保存琉球国进贡的倭刀等贡品。同样，琉球至今也保存了宫殿里只供琉球国王与中国册封使专用的"瑞泉"，可见琉球人对中国何等尊重。这同样证明当年化外之地的藩属子民对宗主国的一片拳拳之心。

明朝册封琉球二百年后，日本始生觊觎之心

日本早年也是中国的属国，至今被日本奉为国宝的"汉倭王印"

即为一证。在明朝册封琉球二百余年后，本来与琉球国同列的日本（日本正式受中国册封是明永乐二年，即公元1404年），始生觊觎之心。

1609年，日本极主扩张的丰臣秀吉侵犯中国的藩属朝鲜，派萨摩藩诸侯岛津氏向琉球国敲诈钱物，遭琉球国王严拒，岛津氏恼羞成怒，遂发兵攻打琉球，并俘获琉球国国王尚宁。威逼国王写下誓约，每年向萨摩藩输粮八千石。

1868年，日本维新政府擅传所谓"太政官令"至琉球，自作主张将琉球国置于鹿儿岛县管辖，后又将其改为政府直辖地。这一荒谬"官令"遭到琉球王国拒绝。

1871年，在日本一直处心积虑图谋控制琉球之际，11月27日发生了"牡丹社事件"。66名前往中国朝贡和贸易的琉球人，于归国途中突遇大风，航船改向漂流至台湾。台湾土著牡丹社民误认为是犯境之敌，予以击杀，共误杀54人。剩下的12人被清朝政府救护并送回琉球。这一事件其实应属清朝内政，一方为中国子民，一方为中国藩属臣民，与外国均无干策。

但日本闻听此事后，却蓄意图谋制造混乱，欲达到侵占琉球和台湾的野心。一方面，日本加紧对琉球的干涉。1872年10月，日本借口明治天皇亲政，指使鹿儿岛县，恐吓威逼琉球王子伊江"进宫朝拜"。当时琉球国与日本平列，故贺表称"琉球国王尚泰"，但日本外务省竟擅去琉球国号，篡改为"琉球尚泰"。明治天皇又下诏将琉球王室"升为琉球藩王，叙列华族"，实际上是不承认中国藩属琉球王国的地位。次年又诏令琉球受内务省管辖，租税上缴大藏省。日本种种卑

▶万国来朝图（局部）

▶万国来朝图中的琉球使者

劣伎俩尽管费尽心机，但琉球国并未同意，而且也未得到中国的准许。

所以，日本又开始从另一方面向中国挑衅，妄图从法理上获得侵占琉球的依据。1873年，日本遣使节副岛种臣、柳原前光来华，换取三年前与清朝政府签订的《天津修好条约》及《通商章程》。副使柳原前光前往总理各国事务衙门，拜见清朝总理衙门办事大臣毛昶熙和董恂。柳原故意谈起早就处理完的"牡丹社事件"。迂腐的毛、董二人，竟在谈话中不屑一顾地流露出"杀人者皆属'生番'，系化外之民"之意，这在今天的外交辞令等于说台湾人不属中国政府管辖。柳原遂抓住话柄，强调"化外之民"不归中国治理，台湾亦非中国治下，表示欲"代表"琉球"出兵台湾"。这其实都是不值一驳的谬论，但却未引起清廷重视而疏于防范。

日本立即派桦山资纪、水野遵至台湾秘密考察，搜集有关情报。后令陆军中将西乡从道、大藏卿大隈重信为侵台军政长官，发兵攻台。此时日本军力薄弱，犹不足与中国抗衡，遂欲联合美国共同出兵台湾。但由于英国忌美国插手损失己之远东利益，向美日提出严重抗议。美国退出表示中立，但仍派遣美国驻厦门并台湾领事李仙得作为顾问参与，1874年春日本悍然出兵三千人于台湾琅峤登陆。

依当时中日军力对比，日本实属蕞尔小国。日本当时陆军常备军仅三万余人，海军不足五千人，15艘军舰更是大多破损不能出海作战。如以武力进剿，区区三千倭寇真是不堪一击。但可惜清廷居然采取"以夷制夷"之策，寄希望于列强调停而疏于防御。致使日寇在琅峤登陆成功，15天后进攻牡丹社，残杀我台胞30余人。

当时主管外交的清朝重臣李鸿章昧于大势，原不相信日本胆敢进攻台湾，由于情报系统落后，此时才相继得到英、德、美等国的报告，证实日本已侵犯台湾。斯时西北边陲有浩罕国（今属乌兹别克斯坦）阿古柏纠众侵犯新疆领土，沙皇俄国又乘危出兵侵占伊犁，南方又有藩属越南与法国关系紧张。这使得清廷力不从心，不能专力处理日寇犯台事件。于是，李鸿章又祭起"调停"的法宝，经清廷同意，始决定以和平方式平息日寇侵台事件。李鸿章毕竟久居要冲，他明白日本军力不足威胁中国根本，遂改变历次与西方列强屈辱妥协的外交方式，下令以武力为后盾，希望能威慑日本。

李鸿章不战求和，引发琉球被日本攫亡难辞其咎

1874年5月，清廷正式下谕，命船政大臣沈葆桢率兵"巡阅"台湾，以"钦差办理台湾等处海防兼理各国事务大臣"的官衔，授权节制福建镇道以下，江苏、广东海防各口轮船准其调遣。沈葆桢即率"安澜""伏波""飞云"三舰抵台，后又调"扬武"等军舰分驻澎湖、厦门、福州等处，掩护淮军铭字营6000人赴台。其后，朝廷又下谕遣福建布政使潘蔚赴台协同沈葆桢处理台湾事务。

沈、潘二人抵台后，迅即调配军事部署。当时在台湾的清军已达一万人，与日寇兵力相比达三比一之强，且在军事装备上亦不逊于对手。况日寇孤军进犯，于后勤保障、后续支援等皆严重不足。而中国尽占天时、地利、人和，这场战争理应稳操胜算。

但作为最高指挥者的李鸿章不敢兜剿全歼日寇，而一味力主不发一枪一弹而屈人之兵，希图靠谈判和"调停"来达到日寇退兵之目的。李鸿章的这一愚蠢举措，使清军丧失了战略主动，丢掉了最佳战机，使得本来就想速战速决的日寇得寸进尺，攻破台湾共18个番社。李鸿章不明就里，

▶沈葆桢

还想与早已到达上海的日本驻华公使柳原前光谈判，但柳原一则为等日军在台湾进展消息，以增加谈判筹码；二则为拖延时间，竟然以"台湾事务全权大臣"是在台的西乡从道为由，拒绝与清廷谈判，气焰极为嚣张。

当李鸿章想与日方开启谈判之门时，台湾战事早已发生逆转。首先，日寇犯台兵力不足，只有区区三千人，由于战线推进，不但屡遭高山族同胞突袭，亦因士兵严重水土不服，伤亡总数已达三分之一。但指挥官西乡从道为在谈判桌上争取筹码，一再宣称要继续增兵。李鸿章得知此一情况后，似有悔悟，开始强硬，亦宣布增兵两万赴台。在李鸿章的压力下，加上战局无法扭转，日本被迫开始与清朝政府谈判。

9月10日，日本派遣内务卿大久保利通为谈判代表来华。在英国驻华公使威妥玛和美国驻华公使忻敏的"调停"下，双方达成谈判结果。

本来日本并未占据战局主动权，却获得了不薄的收获：清朝政府赔付抚恤银10万两，在台建筑费40万两，首付10万，余额在日军12月20日退兵后给付。

列强所谓的"调停"也都是出于自己的利益。美国当时刚刚结束南北战争，正伺机扩张。本来美国就已与日本相约共同出兵台湾，只是由于英国的干涉才停止，但仍派遣顾问，并租借美国邮船"纽约号"随日军侵台。英国干涉美国出兵也并非主持"正义"，纯是担心美国染指会破坏力量均衡，威胁英国在远东的既得利益。由这两个不怀好意的列强来"调停",中国岂能维护自己的切身利益。

而且,关键还不在于未曾战败的中国向日本赔付几十万两白银,最为严重的是为琉球灭亡预埋了祸根。

10月31日,清朝政府和日本签订《中日北京专条》,英国支持日本敲诈完事大吉。但李鸿章疏忽大意,在《中日北京专条》中承认日本为被杀琉球人出兵为合理,这无异于间接承认琉球属于日本藩属。因为日本一直绞尽脑汁,狡辩1609年琉球即已向萨摩藩输粮为"上贡",因而亦即为日本之"藩属"。实际上琉球与中国均未予以承认。"牡丹社事件"是宗主国中国与藩属琉球之内政,本来无须日本干涉甚至出兵。但承认日本出兵合理,岂非承认琉球不是中国的藩属。李鸿章的荒谬和大意为琉球被日本吞并预埋了伏笔。

李鸿章可能没有想到,《中日北京专条》的签订使得西方列强更视中国如鱼肉,更加蔑视风雨飘摇中的清政府。本来洋务运动的兴起使列强还有所忌惮,中国的自强图存使列强瓜分中国的脚步略有踯躅,但李鸿章的签字画押,却使得列强心中暗喜。中国的柔弱外交将更加举步维艰,当然,《中日北京专条》的签订使琉球成了最大的受害者。

琉球不甘灭亡求救于清朝,而犹豫不决终丧藩邦

1875年,《中日北京专条》签订后的第二年,日本未经中国同意,擅自派兵侵入琉球,并强令琉球国更改年号,"尊奉"日本明治年号,

亦不准再向清政府进贡。琉球国急派尚德宏亲至宗主国告急求助，尚德宏先到福州，向闽浙总督何璟、福建巡抚丁日昌禀报，并通过二督抚向清廷加急专折上奏。

但迂腐的清廷没有意识到事件的严峻，未专门廷议或指派大臣处理，只给驻日公使何如璋下谕，命其调查交涉。按理应义正词严予以外交照会，或参照"牡丹社事件"处理，以武力做后盾，使日本有所顾虑，因为此时日本军力并未增强，与前一年侵台时相仿。当时何如璋的交涉立场十分软弱，使日本觉得清政府懦弱可欺。同年9月，日本军舰侵入中国另一个亲密藩属朝鲜，威逼与其签订不平等条约，意在向中国挑衅。此时清政府依然未采取强硬措施。1878年4月，日本悍然下令欲废琉球改郡县。

琉球国不甘心灭亡，从国王至臣民无不愤慨。但琉球国一直依靠中国，已近二百年不设军队，国力柔弱，根本无法与日本抗衡。日本同时下令身染重疴的琉球国王尚泰至东京听候"处置"。作为缓兵之计，尚泰派王世子先往东京，游说日本同意暂缓国王赴日之期，以给清政府时间加以援手。但直到四个月后，清政府仍然没有拿出一个切实可行的解决方案，一直由驻日公使何如璋不断以情理为旨与日本交涉，日本看透了清政府的无能，于8月30日正式宣告改琉球为郡县，并狂妄声明琉球与中国的关系改由外务省处理。

琉球不甘亡国，由尚在中国的求援特使尚德宏急向负责外交的重臣李鸿章上书，痛泣日本欲"灭数百年藩臣之祀"，琉球举国"主忧臣辱"，但上下发誓"生不愿为日国属人，死不愿为日国厉鬼"，哭请宗主国"威惠于天下","速赐拯援之策,立兴问罪之师"。连尚德宏亦懂得如救水火,只能"立兴问罪之师",但李鸿章和清廷却一直犹豫不决。其实日本从4月决定废琉球之日,只是口头"处置",对琉球国的反抗也未派兵镇压,同时一直虚与委蛇与何如璋回复交涉,这其实是在观望清政府的态度。如果清政府持强硬立场。以武力为后盾与日本严正交涉,事情的发展决不会走到使琉球亡国的惨痛地步。

当然,听任日本强行废除中国的藩属,毕竟有损"天朝威仪",故清政府还是采取了一些措施。

1879年3月,美国前总统格兰特访华,李鸿章又祭起了"调停"的法宝,他与格兰特会谈,特别详细介绍了日本欲废琉球国的现状,期望格兰特以其身份予以"调停"。尽管格兰特不太明白"册封""藩属"等特殊含义,但他还是认为其理在中国,

▶ 美国总统格兰特

尽力与日本"调停"。但日本方面却搬出了《中日北京专条》中对清廷不利隐含祸根的条款,致使格兰特哑口无言,"调停"终归失败。

至此,日本终于摸清了中国的底牌——清政府软弱无能,如福建巡抚丁日昌于《海防应办事宜十六条》第七款中云:"日本废琉球,我此时海防未备周齐,只能予以谴责,俟我防务沛然,再兴问罪之师",在当时代表了一部分朝廷大员的意见。日本终于伸出了魔爪,在与格兰特会谈一个月后,迫不及待派出500余士兵和警察彻底镇压了琉球

国的反抗，同时将琉球王室强迁至东京，将琉球彻底"废藩"改为郡县，由日本政府"直辖"。

清政府的软弱无能致使受封五百年的藩属彻底亡国。琉球人与中国的特殊关系其实不止源于明代，据笔者考证，琉球人很可能在汉、唐代就与中国有了友好交往，琉球人的服饰皆有汉时遗风。琉球是闻名世界的空手道的故乡，至今世界各地来琉球（今冲绳）修习空手道的人依然络绎不绝。而空手道最初的名称为"唐手"，是琉球人根据中国武术特色而创立的搏击术。由此可见琉球与中国亲密的关系是何等源远流长。正因如此，日本废琉球后，竭力淡化琉球人的民族意识，煞费苦心"去中国化"，企图使琉球人忘却本国和与宗主国交往的历史。除了武力镇压之外，为处处避免"中山"，彻底泯灭"中山"，将地名还改为冲绳。

▶ 格兰特与李鸿章

清朝政府拒绝批准《球案条约》，日本攫夺琉球不合法理

日本对琉球的吞并，必须要合法理。因而，在拒绝了美国前总统格兰特的斡旋之后，感到心虚的日本，于1880年遣使来华谈判琉球问题。日本的如意算盘是首先造成中国对事实上的承认，以琉球南

部两个荒无人烟的岛屿让与中国管辖,并以此为条件修改1871年签订的《中日通商章程》,取消章程中禁止内地通商的限制,给予日本片面最惠国待遇之特权。以上即所谓"分岛改约"。

在日本所要修改的条约即《中日修好条约》及《通商章程》,其最主要的两点:一是"两国所属邦土,亦各以礼相待,不可稍有侵越。"这等于明确了琉球的地位,所以日本必须予以修删。二是要修改原来的排除最惠国待遇条款。日本的乘机要挟和不讲信义,李鸿章是很清楚的,但由于他长期坚持"联日抗俄"外交方针,遂于中日谈判之初,也赞成"分岛"以存琉球宗祀,来年再议改约,因而与日本草拟了《球案条约》。但他后来因中俄关系缓解,又开始主张暂缓批准《琉案条约》,在中俄伊犁问题签订《改订条约》后,立即要求朝廷"力持定见"。此时的李鸿章尚为清醒,而他签订屈辱的《中日北京专条》——岂可承认琉球人为"日本国属民"、日寇侵台为"保民义举"?外交家最忌首鼠两端,由此亦可看出李鸿章没有远见卓识,更不会纵横捭阖。

清朝政府最终采纳了李鸿章的建议,拒绝批准《琉案条约》,琉球问题最终未得到中国政府的承认。从法理上来说,日本对琉球的吞并连一个条约也未得到,不仅未得到中国的承认,也未得到国际的承认,完全不合法理。

从史料中看,并非所有清朝大臣都对琉球问题漠不关心。在1876年5月,日本强行接管琉球司法权和警察权之后,也即琉球国王尚泰派其大臣尚德宏奔赴中国求救之际,驻日公使何如璋即主张对日强硬，他于1878年5月致函李鸿章：日本阻止琉球向中国进贡，其野心昭彰必灭琉球，如果不予制止，不仅祸及朝鲜，而"台澎之间将求一夕之安不可得"。何如璋的判断极准确，以后的事实也逐一证明。但李鸿章致力于"联日抗俄"的外交方针，对琉球之祸屡屡消极，竟然认为"琉球以黑子弹丸之地，孤悬海外，远于中国而迩于日本"，"若再以威力相角，争小国区区之贡，务虚名而勤远略，非唯不值，亦且无谓"。李鸿章的"远迩"之说大概指中国大陆而言，如以台湾而论，距琉球最近，其战略意义不言而喻。尤其附属岛屿，与台湾简直是鸡犬相闻。

李鸿章因其消极思想，故只同意何如璋口头向日本交涉，导致琉球最终被日本吞并。就如同1874年日军侵台，李鸿章调兵迎战，却电示统帅沈葆桢"只自扎营操练，勿遽开仗启衅"，致使良机屡屡坐失。

直到日本悍然将琉球改为冲绳县，李鸿章才于震惊和气愤中改变了对日本的态度，他复何如璋信中，对日本极为憎恶，愤然云："遽废琉球为县，其无情无理，不守条约，不顾公法，实为地球各国所未有者，殊堪痛恨"，"倭人贪利弃信，诈伪无耻，有西人所不屑者"。李鸿章所痛斥的"不守条约"，即指《中日修好条规》。

因此，李鸿章认识到日本的野心与对中国的后患。他在致江西按察使沈保靖函中云："日本地狭民贫，迩来宗尚西法，国债累累，妄自谓富强之术胜于中国，恒思逞其狡谋以偿所费。故数年之间，一入台湾，再议朝鲜，三废琉球……此时中国若操之过蹙，固启兵端，若竟置之不理,彼谓中国畏之已甚,必且得步进步,纵兵四出,无所顾忌"。李鸿章的分析没有错,但是他也确实铸成了大错,日本侵犯台湾,其国内现代化刚刚起步,国内亦混乱不堪,若中国奋力一战,羽翼未丰之日本必不会如后来迅速发展,琉球、朝鲜的命运必然"走进另一个房间"。

尽管李鸿章意识到日本吞并琉球的危害,也认识到日本下一个吞并目标必是中国另一个亲密藩属朝鲜,更有可能对中国形成大患,但无论他怎样开始防范,为时晚矣!

不过,尚未铸成大错的是李鸿章虽与日本签订《球案条约》,但在他的建议下,清朝政府亦未予以批准,使日本未能最终合法将琉球攫为己有,这为第二次世界大战后罗斯福总统建议中国收回琉球奠定了法理依据。

甲午殉国之留美幼童

1872年8月12日，30名十几岁着一色袍褂的少年，在上海港登轮驰向万里波涛大洋彼岸的美利坚合众国。这就是清朝官派赴美留学的第一批中国留美幼童，被曾国藩誉为"中华创始之举，古来未有之事"。促成此事的"毕业于美国第一等之大学校"的容闳被载入历史，留美幼童中的佼佼者詹天佑等人已耳熟能详。

自1871年曾国藩和李鸿章联衔奏请官派留学获准后，留美幼童总计派出四批120人，年龄最幼者10岁，最长者16岁，平均年龄约12岁。籍贯中广东人最多——84名。李鸿章向朝廷上《派员携带幼童出洋应办事宜疏》中云："拟选聪颖子弟，前赴泰西各国肄习技艺，以培养人材……不分满汉子弟，择其质地端谨，文理优长……挑选幼童出洋肄业，固属中华创始之举，抑亦古来未有之事。"但实际无满人子弟出洋。留洋幼童中间不仅产生了举世闻名的詹天佑，还出了民国首任国务总理唐绍仪。唐绍仪是广东香山县人，字少川，第三批赴美，

▶詹天佑

▶唐绍仪

时年仅 10 岁，后进入哥伦比亚大学学习。唐绍仪归国后，曾赴朝鲜襄助海关事务。后任天津海关道。1911 年南北议和时，为清廷全权代表，因他与袁世凯为莫逆之交，故以"拥袁共和"为谈判筹码。次年任民国首任国务总理。1938 年 9 月 30 日，被军统怀疑与日本勾结而被暗杀。唐的历史功绩之一是 1904 年以外务部侍郎赴印度与英国谈判，维护中国对西藏主权，功不可没。此外，留美幼童归国者还有部长级官员 2 人，其中梁敦彦，广东顺德人，字朝璋，崧生，首批留美，入耶鲁大学。归国后历任清朝外务部尚书（部长）和袁世凯政府内阁外务大臣，1914 年任交通总长。此外，如蔡绍基，归国后任上海大北总电报公司翻译，后任驻朝鲜外交代表、天津外事局局长、北洋大学校长、天津海关监督等职。又如第一位在美国执业的律师张康仁，归国后任法制学堂总教习。留美幼童中还出了铁路局长和官员及工程师 13 人，如为开滦煤矿建设付出辛劳的矿务工程师吴仰曾。驻美国公使梁诚等外交官 14 人，冶矿专家 9 人，海军元帅和军官 16 人……

但很多人不知道，留美幼童中还有一批人归国后成为清朝南洋水师、北洋海军军官，其中 7 人在中法马尾、中日甲午之战中壮烈牺牲。他们的名字逐渐被岁月湮没,是很令人惋惜的,即使大名鼎鼎的詹天佑,回国后最初曾被选入福建船政水师,詹天佑1881年6月毕业于耶鲁大学,只有他与欧阳庚未被撤回国,获学士学位。11月入水师学堂学习驾驶,1882年9月以一等第一名毕业,12月派任"扬武"号任驾驶官,在马尾海战中与舰上官兵英勇反击作战。他的同学即为后来成为北洋海军"福龙"鱼雷艇管带的蔡廷干。

在北洋海军中服役的留美幼童,据王家俭的《北洋舰队各级人员姓名官职及出身一览表》,查计有如下13人:

舰艇名与职务	姓名	留美期届	品级
"左一"鱼雷艇管驾	王平	不详	守备衔
"广甲"舰操练大副	宋文翙	二期	不详
"济远"帮带大副	沈寿昌	四期	都司衔
"广甲"舰管带	吴敬荣	三期	守备衔
"定远"舰督队大副	吴应科	二期	都司衔
"定远"舰鱼雷大副	徐振鹏	二期	守备衔
"镇远"舰枪炮大副	曹嘉祥	三期	守备衔
"致远"舰帮带大副	陈金揆	四期	都司衔
"广丙"舰帮带大副	黄祖莲	四期	守备衔
"福龙"鱼雷艇管带	蔡廷干	二期	都司衔
"定远"舰炮务二副	邓士聪	一期	守备衔
"济远"舰鱼雷大副	邝炳光	四期	守备衔
"定远"舰驾驶二副	邝国光	四期	守备衔

王家俭的统计均得之于《军机处月折档册》《李文忠公奏稿》《清末海军史料》,应该是比较准确的。王平、沈寿昌的留美期届原表空

缺，只注为"美国"。笔者查出沈为留美第四期，王平则无记录。

这13人年纪在甲午战争爆发时均30岁出头，基本任职管带、大副、二副，皆为四至五级武官，清制武官品阶共九级，可见他们归国不过10年，皆已成为北洋海军舰队将领。在这些人中，王平为天津籍、沈寿昌为上海籍、陈金揆为江苏籍、吴敬荣和黄祖莲为安徽籍，其余将领皆为广东籍。

这些将领全部参加了甲午海战和威海保卫战，除贪生怕死的"广甲"舰管带吴敬荣外，皆英勇战斗，"致远"舰大副陈金揆随邓世昌撞击日舰牺牲。沈寿昌于丰岛海战殉国，黄祖莲亦在威海保卫战中阵亡。上述北洋海军中服役的留美幼童，不少人并无学习海军的资历。仅有个别人为进入安纳皮利斯海校留学而短暂预备，如黄祖莲。但大多幼童所学专科与海军无关，本来按照预定计划，留美幼童从小学、中学毕业后，要进入大学。因是官派留学，中国当时还未在美国派驻使节，故1874年李鸿章特拨43000元美金，授权容闳在康州建幼童肄业局总部大楼。1870年，曾国藩推荐太常卿衔刑部主事陈兰彬为肄业局正委员，容闳为副委员，负责管理留美幼童事宜，并制订《挑选幼童前赴泰西肄业章程》。1872年，陈兰彬被任命为监督，与副监督容闳率第一批30人赴美。出国幼童一部分驻总部，一部分住在美国家庭中。

但幼童受美国环境影响，接受新事物较快，在生活上逐渐西化。本来幼童出国，官费定做统一格式的中式袍褂，但学生们要求改装，现在网上可以见到一幅1878年幼童棒球队的照片，皆着洋装。有的幼童还进入教堂，甚至加入了基督教。容闳因为是毕业于耶鲁大学的第一个中国人，对幼童们较为理解和同情，但陈兰彬则认为是"数典忘祖"。

刑部主事陈兰彬是翰林出身，广东人，咸丰进士。曾国藩、李鸿章保荐他出任委员，说明他的道德方面是无可挑剔的。李鸿章在致总理衙门的保荐函上特别称赞："荔秋（陈兰彬字）老成端谨，中学较深"，而"纯甫（容闳字）熟谙西事，才干较优。"他荐举二人是期望"欲使相济为用也"。陈兰彬后调任清朝首任驻美公使，但在率幼童留美时，即注重美国科技发明与创造及新技术，意识到中国应当向西方学习。在被任命为古巴专使及驻美国、西班牙、秘鲁三国公使期间，维护华工利益，"深受华侨爱戴"。可见陈兰彬堪称"开眼看世界"的先驱。晚年还乡著书和书院讲学，著有《毛诗札记》《泛槎诗草》《使美百咏》等。在此之前，陈兰彬任监督时，却与幼童常发生矛盾，容闳每每在中间充当"和事佬"。但后来陈兰彬调任清政府驻美公使，还并未与幼童水火不相容，后任的吴嘉善则使留美幼童事业形成灭顶之灾。吴嘉善也是翰林出身，人品应该算得上方正，而且比陈兰彬似乎学问更广泛，吴氏以"精研数理"著称，是有名的数学家，著有《算术二十一种》，以如此学问的人管理留美幼童，应该说清政府是经过深思熟虑的。

但吴与陈是一类人，思想较为守旧。他甫到任，举行接见幼童的仪式，发现幼童已彻底洋化，居然向他不行跪拜礼节。这使得吴嘉善勃然大怒又痛心疾首，对幼童甚至施以责打。随后吴立即上奏总理衙门,坚决要求将留美幼童中断学业,全部撤回。他的理由是:幼童且未成材,即便成材也不能为中国所用!

在之前,总理衙门一直不断接到反对幼童留美的声音。但这次是管理幼童部门主管官员的意见,始为重视。为慎重起见,特征求包括李鸿章、容闳等重臣和有关人士意见,这在当时形成了一场是否撤童的大讨论。

李鸿章是不赞成撤回的。他曾电告吴嘉善不要急于将幼童撤回。他回复总理衙门的征询,认为幼童"早岁出洋,其沾染洋习或所难免;子登(吴嘉善字)绳之过严,致滋凿枘。遂以为悉数之撤,未免近于固执"。而且特别指出"十年以来,用费已数十万,一旦付之东流,亦非政体",美国总统等政要均评价幼童学业还是"颇有长进",

▶ 部分留美幼童合影

"半途中辍殊为可惜"。他特别建议"已入大书院（大学）者可留美毕业，聪颖可成材者酌留若干，此外逐渐撤回"。

现在来看，李鸿章是留美幼童事业的支持者，他的建议十分正确。只是要求撤回的声音太大，占据主流。李鸿章深谙官场，他也不能鼎力抗拒反对意见。少数人认为不必全撤，可半撤半留，也有人主张加以整顿，避免风气全盘西化。但陈兰彬的意见却最引起总理衙门的重视，毕竟他是首任留美幼童的管理者，发言颇具权威性。陈兰彬在思想上与吴嘉善是一致的，他认为"外洋风俗，流弊多端，各学生腹少儒书，德性未坚，尚未究彼技能，先已沾染恶习，即使竭力整顿，亦觉防范难周，亟应将该局（肄业局）裁撤"。尽管有容闳向李鸿章等重臣据理力争，尽管有美国前总统格兰特及美学界、文化界人士马克·吐温等游说，给总理衙门联名致信，希望不要半途而废。但总理衙门据陈兰彬奏章，最终采纳了他的意见，决定"外洋之长技尚未周知，彼族之浇风早经洗染""与其逐渐撤还，莫若概行停止"，特命"趁各局用人之际，将出洋学生一律调回"。当然，当时美国发生排华浪潮，留美幼童也受到歧视，这也许是总理衙门考虑的原因之一。其间，总理衙门曾希望将已经中学毕业的幼童送入美国陆海军深造，但被美国政府婉拒。

1881年7月，幼童肄业局机构裁撤，幼童一律辍学归国。当时幼童中只有詹天佑等二人因年龄较大，已大学毕业外，其他幼童大多中学未毕业，有的刚入大学。正如一位留美幼童温秉忠所云："大多数再过一两年即可毕业，中途荒废学业，令人悲愤异常。"这一"中

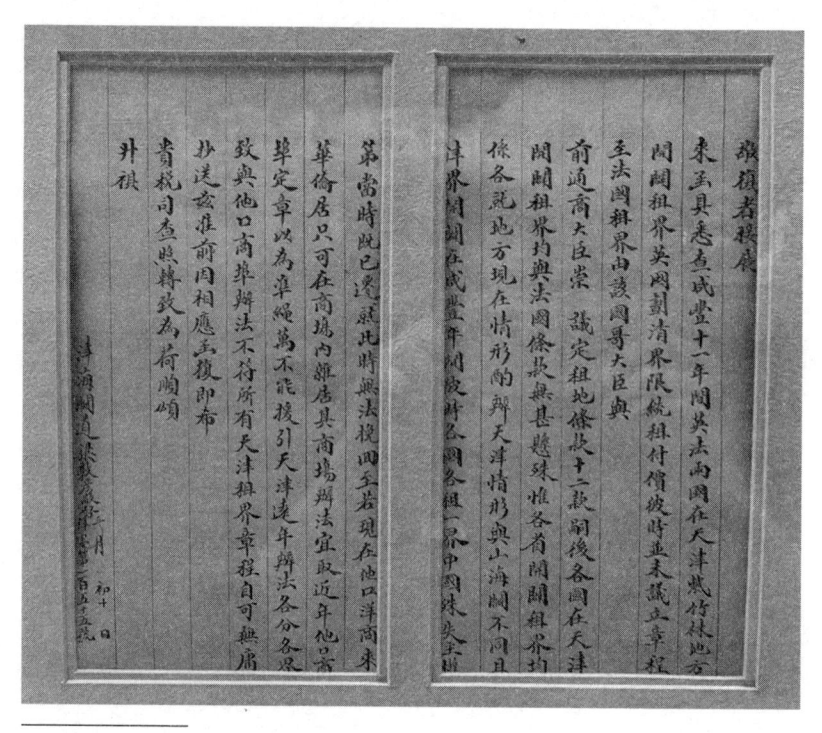

▶ 留美幼童之一的梁敦彦 882 年曾在天津北洋电报学堂任教，1904 年任津海关道。这是梁敦彦任职津海关道时签发的公函

华创始之举，古来未有之事"的官派留学的事业，终究毁于一旦。

全部赴美幼童 120 名，归国时点名只余 94 人，其他之前亦有触犯学规、品学欠佳已被遣返，还有数位违反命令不归，而居于美国。幼童既被撤回，如何完成学业或分配工作，总理衙门却疏于考虑，竟未制订出妥善办法。而守旧人士只顾谴责，根本不管幼童的命运。以至于回国的幼童十分气愤，留美幼童黄开甲回国后历任盛宣怀秘书、轮船招商局经理、电报局总办。1894 年出任美国圣路易博览会中国特派委员助理。但他 1881 年回国下船时，举目四望，无官方、亲朋欢迎，竟由士兵直接押送至上海格致书院。

幸亏身为直隶总督兼北洋大臣的李鸿章，虽然阻止不住留美幼童中断学业尽撤归国，但他仍然认为这批留美幼童是难得人才。为给留美幼童们一个施展才华的机会，他决定将幼童全部"包"下来，尽管无法对口幼童原所学科目，而且还要从头学习，但也好过完全半途而废。在他的设计筹划下，第一批计21人分至电信局学习电报业务；第二、三批23人送到福建船政局、上海机器局学习；第四批人数最多，共50人，分至北洋水师系统学习水雷、鱼雷、电报等业务。虽然未必学以致用，毕竟有了工作。但即便如此，也让西化的学童们大为不满和伤心。如黄开甲就气愤至极："完全不按个人志趣及在美所学"，"这就是东西双方影响下，中国政府的'进步政策'吗？"黄认为应该彻底变革，"才适合治理它的万千子民"。

当然，幼童们只是发发牢骚，分配还要服从，因为是官费留学，并且在出国前必须要由家长亲笔"具结"画押，承担责任。这份文书即如民间所说是"生死文书"，内容如下：

兹有子×××，情愿送赴宪局（幼童出洋肄业局）带往花旗国（清代时对美国的称谓）肄业学习机艺，回来之日，听从差遣，不得在外国逗留生理。倘有疾病，生死各安天命。

所以，幼童归国必须服从分配。但如果没有李鸿章的调配，倘若草草分到官场打杂，也许幼童后来出不了那么多人才。因为幼童没有任何一级传统科举功名，在当时的社会风气下，无疑会受到排斥，即使分配到各级衙门,也永无出头之日。以分配在北洋水师系统学习的幼童来看,日后大多成才,皆成为北洋舰队的业务骨干——甚至独当一面的将领。

蔡廷干即是一位成才者,是北洋舰队甲午海战出名的人物。他是第二批留美幼童,广东籍。当大部分中国家庭对留美学习心存疑虑时,他在天津机器局工作的父亲却认为洋务必盛行于中国,故主动将儿子送上一般人认为未卜生死,遭人白眼的留洋之途。这如同唐绍仪的父亲唐廷枢,是上海的买办商人,心甘情愿送子出洋。当然,像蔡、唐二人家长那样开通的,在那个年代还是为数不多的。

蔡廷干在留美期间就在同学中小有名气,这缘于他性格刚烈,为人处事勇猛无忌,《中国留学幼童书信集》曾记述美国同学给他起了一个外号"火爆唐人"。蔡廷干奉命归国后,先与詹天佑进入福建船政,后又被调派至北洋水师学堂鱼雷艇专业学习。因学习优秀,逐渐升至北洋海军鱼雷艇队"福龙号"管带,原为"左一"鱼雷艇管带,后被同为留美幼童的王平接任,蔡廷干调任"福龙"号任管带,品级为武官正四品的都司。日本小笠原长生中将赞誉蔡廷干是中国海军中的"赵云"。

在大东沟海战中,蔡廷干率"福龙"号奋勇出击,抵近敌舰"西京丸"最近仅40米,从120米直至40米,连发三枚鱼雷,皆未击中敌舰,留下千古遗憾,否则大东沟海战胜负极可能改观。

日海军军令部长桦山资纪所在的"西京丸"在遭"定远"痛击后,舵机系统已创伤累累,右舷后部水线被击出裂缝,水兵们正慌乱用木板、水泥堵漏。北洋舰队"定远""广丙"带伤发炮攻击"西京丸"，一度抵近距离只有500米。在对射中，随"平远""广丙"疾赴海战水域的北洋海军鱼雷艇队——"福龙""左一""右二""右三"四艘，正在援救被日舰击伤的"超勇"。而"福龙"号则高速向"西京丸"疾驰冲来。"福龙"号建造于德国希肖船厂，排水量120吨，舰长42.75米，宽5米，吃水2.3米，航速则高达24节。鱼雷艇队在编制上不归北洋舰队管辖，北洋舰队也无权直接指挥其作战。在大东沟海战爆发后，鱼雷艇队主动驶出军港参战。而"福龙"号单独出击，无其他鱼雷艇编队配合作战，是违反当时海战常识的，这也恰好反映出"火爆唐人"的性格。艇名"福龙"，也寓福建蛟龙之意。而据当时日本方面记载，"福龙"号以17节之高速冲向"西京丸"，而"西京丸"为躲开"平远"和"广丙"的炮火攻击，正在采取规避动作转向，舷侧面对冲来的"福龙"号，正好提供给"福龙"号绝佳的攻击角度。

▶福龙号鱼雷艇

据事后蔡廷干向上峰所作的作战报告，他当时将"西京丸"判断成"武装运输船"，因为"西京丸"恰是由商船改装，外观似运输船而非作战舰。

在驰近400米时，蔡廷干下令发射鱼雷，由于"西京丸"发现鱼雷艇驰来，又冒险采取迎头规避动作，鱼雷未击中，紧接着发射的第二枚也未击中，鱼雷擦舰而过，仅隔不足5米。"福龙"继续前进，面对"西京丸"的炮火，艇上水兵跳上甲板，用艇面数门多管机关炮向"西京丸"进行反击。在距"西京丸"40米左右时，"福龙"疾速调头，又用后部露天发射管中仅有的一枚鱼雷射向"西京丸"左舷。据记载，桦山资纪已见到"福龙"射出的鱼雷，听到中国鱼雷艇上水兵的呐喊，由于距离太近，他甚至看见中国水兵的喜悦表情。他大叫一声："啊！吾事已毕"，而"瞑目待毙"。舰上的官兵皆屏息等死。

可惜，鱼雷未爆。"福龙"号打光了鱼雷，而"西京丸"炮火连发，只能不甘心撤去。随后赶来的"左一"等数艇，试图攻击"西京丸"，但因距离过远而失去了最佳作战时机。

直到今天，人们都很难接受这样的结局。后世专家曾从技术角度分析攻击失利的因素，固然有其道理。但几十米的距离却未击中，恐怕还是作战经验不足所致，求胜心切，急于成功，痛失大好良机，实在令人扼腕。加上蔡廷干将"西京丸"判断成"武装运输船"，亦似过于轻敌。战后据日方后来出版的《廿七八年海战史》统计，"西京丸"上还储存有120毫米炮弹108枚，机关炮弹1011枚。这对于"福龙"号是极有致命之险的。鱼雷艇单独出击极易被敌舰炮火命中，但蔡廷干和"福龙"号的勇敢无畏却是值得钦佩的,只可惜冒险犯难,功亏一篑。如果击沉"西京丸",战场局势必然影响日方军心,北洋舰队或可乘胜追击,翻盘几有成功。

"福龙"号在后来的威海保卫战中也曾大显身手,曾单枪匹马冒着危险完成任务。在南帮炮台以东的赵北嘴炮台被弃守时,为免入敌手被用来轰击刘公岛,"福龙"号鱼雷艇队水兵曾攀岩而上,在敌人占领炮台之前,将弹药库引爆,其英勇无愧于北洋海军内部对鱼雷艇队的称谓——"敢死队"。

7日,包括"福龙"号在内的12艘鱼雷艇队,掩护"利顺""飞霆"两轮救援信使、北洋海军水手教习李赞元,突围至烟台。但原本应返回军港的艇队,被日本舰队截击。除"左一"等成功到达烟台,"福龙"号等四艘因螺旋桨损坏搁浅,蔡廷干负伤,与部分官兵被俘。被俘时蔡年仅35岁。"利顺"被击沉,所幸信使李赞元落水逃生至烟台,虽然万幸送达密信,但付出的代价太巨大了。

后世给鱼雷艇队的这次行动多定性为"集体出逃",或许是皮相之见。有专家如陈悦先生已详加论证,定为是丁汝昌下令的掩护信使的佯攻行动,还蔡廷干等鱼雷艇队将士们以公正。但从这一行动可窥见丁汝昌完全不熟悉海军作战,包括鱼雷艇作战。将适合于偷袭的鱼雷艇大白天驰向海面,向严阵以待的日本舰队佯攻,面对日方舰队的炮火,全队溃散,而丧失了在刘公岛应发挥的作用,实在是令人惋惜。特别是鱼雷艇队当时在刘公岛已被传闻是"出逃",引起军心严重不稳,险些引起陆军护军的哗变。王平、蔡廷干等为首的鱼雷艇队,在大东沟海战、炸毁威海南帮炮台的作战中非常英勇，绝非像吴敬荣等败类，在两次海战中贪生怕死临阵脱逃。吴敬荣也是留美幼童，这是带给北洋海军留美幼童军官的耻辱。吴敬荣未与方伯谦军前正法，是因其与丁汝昌为小同乡，大有回护嫌疑。

蔡廷干被日军俘虏后的笔录被记录下来，可见他做为北洋海军军官的无畏气概：

日：你打算投降吗？

蔡：我怎能投降呢？过去陆军每每战败，原因在于互无救援之心。在我舰队，决无这样的情形。

日：现在舰队士气如何？

蔡：能够终日战斗。

……

日：如果我们现在释放你，你还打算再上鱼雷艇与我们舰队作战吗？

蔡：有这种打算。

关于蔡廷干被俘后的笔录，有若干版本，文字繁简略有不同，但记录蔡廷干的回答是相同的。本书引用的是1994年中华书局出版的《中日战争》续编第八册。

蔡廷干的命运后来发生转折，与《海军劝惩章程》的颁行大有关系。李鸿章鉴于邓世昌之死，向朝廷申请颁行丁汝昌新订的《海军劝惩章程》，认为海军将领培养不易，议定以后北洋各舰凡尽力攻击致船沉、机器损坏、弹药罄尽、伤焚太重，准免治罪，并仍予论功，以为海军保存人才。此章程被朝廷批准实施。蔡廷干被俘后拒不投降，被日军押往日本监禁于广岛俘虏营。日本《读卖新闻》于1895年3月13日刊发报道《蔡廷干惜败》，称他是"有血有骨的硬汉子"，在俘虏营赋诗明志："渤海清兵势力微，日本军士向前驰。此败沙场君莫笑，他年再战决雄雌"，文后称赞蔡廷干"可敬可佩"。甲午战后，蔡被遣返回国，没有受到处分，仍回海军服役，任海军部军制司司长。入民国后任海军中将、总统府副大礼官，中国红十字会副会长等职。蔡廷干再一次为中外媒体所瞩目，是宣统三年（1911年），袁世凯督师汉口，蔡廷干为代表之一渡江与黎元洪议和停战。他有英文功底，又潜心读书，后在清华、燕京大学教授文学，所翻译的《唐诗英注》也颇有见地。

留美幼童黄祖莲是"广丙"号鱼雷巡洋舰帮带大副，在保卫威海战斗中指挥舰炮轰击陆地日军，在司令塔指挥作战时，被日军炮弹击中观察口，头部被弹片击中，当场壮烈牺牲。黄祖莲是安徽怀远人，留美前曾入上海方言馆学习。是幼童中有幸选入美国海军学校学习航海驾驶并完成学业者。归国后进入天津水师学堂驾驶专业，毕业后上"威远"练船实习，期满调"济远"舰，任驾驶二副。1892年，调广东水师"广丙"舰帮带大副。1894年，"广丙"北上会操，因战事紧张，留在威海备战。黄祖莲是北洋海军留美幼童中熟读战史的知名军官，并以敢于直言闻名。1894年7月25日，黄祖莲焦虑日本的挑衅,向丁汝昌献计:"严兵扼守海口,而以兵舰往捣之,攻其不备,否则载劲旅抵朝鲜东偏釜山镇等处,深沟高垒,绝其归路,分兵徇朝鲜诸郡邑,彼进则迎击,彼退则尾追,又出偏师扰之。彼粮尽援竭,人无斗志,必土崩瓦解,此俄罗斯破法兰西之计也。"此策颇有见地,可见黄祖莲对战史和敌情形势的熟悉。黄的建议与当时"镇远"管带林泰曾的建议不谋而合,但终未被采纳。

在甲午海战中牺牲的还有上海籍幼童沈寿昌,他的同期老乡陆德彰归国后曾任松江电报局局长。沈在美期间专攻轮机和航海,归国后入读北洋水师学堂,毕业后任"威远"舰二副,丰岛海战时他已升任"济远"帮带大副。当方伯谦畏缩放弃指挥时,沈寿昌与二副柯建昌分别至瞭望台和前炮位督战,沈被弹片击中头部,壮烈捐躯,殁年32岁。成为甲午海战牺牲的第一位高级将领,也成为牺牲的第一位留美幼童。沈牺牲后被清廷追授总兵衔,遗体在战后运回原籍安葬。1964年发现其墓地,1988年建成沈寿昌墓址纪念碑。

另一位在大东沟海战中殉国的留美幼童是"致远"舰帮带大副陈金揆,在"致远"撞击敌舰船体爆炸时,随邓世昌等全舰官兵牺牲,殁年33岁。陈金揆是江苏宝山人,出身农家,1881年本已入大学,招致撤童归国。入天津水师学堂,成绩优异,派"威远"见习,升二副。受邓世昌赏识,荐为"扬威"大副。后随邓世昌赴英、德接"致远"等4舰。因功任"致远"大副。后任帮带大副,署都司擢游击衔。在大东沟海战时,陈亲自驾驭。也有说"致远"卫护"定远",是陈金揆决然转舵,"驶出'定远'之前",使"定远"转危为安。陈金撵与邓世昌密切配合，不使"致远"沉没，后人称赞他是"于阵云缭乱中，气象猛鸷，独冠三军"。据载，邓世昌对陈说："倭船专恃'吉野'，苟沉是船，则我军可以集事！"陈以为是，遂大开马力冲向日军数舰。陈沉船牺牲时，年仅33岁。2017年3月，国家文物局在打捞"致远"舰残骸时，发现北洋海军军用简筒望远镜一具，上镌英文花体字"Chin Kin Kuai"，为陈金揆汉名英文拼写，同时发现印章"云中白鹤"，文章作者判断疑为陈金揆的闲章。文中还谈及，1938年日本曾拆走舰上构件，中国潜水员发现官仓内有一具骸骨，后葬于丹东大鹿岛，称大鹿岛甲午海战无名将士墓，也推测"极有可能"是陈金揆，因他在海战中一直持舵于驾驶舱。在将星灿烂的北洋舰队里，陈金揆不是很受瞩目。他曾协助邓世昌指挥过北洋海军陆战队唯一的一次台湾登岛作战。

1888年8月，台湾发生吕家望社动乱，台湾巡抚刘铭传急电李鸿章，吁请北洋舰队支援。李鸿章随即下令丁汝昌率"致远""靖远"驶台。邓世昌负指挥之责，配合台湾陆军，直接督率"枪队"即北洋海军陆战队士兵60人、配六磅行营炮两门登陆作战。陈金揆与时任"靖远"管带刘冠雄也随之登陆，协助邓世昌指挥作战，是役自9月11日至16日，以微小代价攻克对方阵地，北洋海军陆战队阵亡士官1人，陆战队士兵伤8人。

这是北洋海军成军以来唯一的一次登陆作战。但有关史料记载极为简略，作为海军军舰的帮带大副陈金揆，是如何协助邓世昌指挥陆上作战的已无法详知。但作为大型作战舰的副舰长，陈金揆非经系

观古鉴今

统船政学堂毕业和留欧上舰实习，能升到这一重要职位，无疑堪称优秀之材，又有指挥陆地作战的经历，在军旅之途上是极有可能跻身于高级指挥将领之列的。所以大东沟海战结束后的10月5日，李鸿章据丁汝昌海战奏报，向朝廷为殉国的将领邓世昌、林永升、陈金揆、黄建勋、林履中请恤。在5名将领中，相比在海战中牺牲的其他各舰大副，邓、林、黄、林四人皆为管带，陈金揆是唯一特殊并列与管带请恤的帮带大副，特旨照总兵例抚恤，赐一等轻车都尉兼一等云骑尉世职，这也是打破赐恤惯例的。

除陈、黄、沈三人殉国，蔡廷干被俘外，其他九人命运各不相同。关于北洋海军留美幼童的资料不甚完整和系统，散落于各地方志、野史笔记和网络。笔者竭力爬梳，也只是略显风貌：

"左一"鱼雷艇管带王平，天津人，字登云，留美时学习航海。归国后入北洋海军服役，接替蔡廷干任"左一"管带。在"大东沟海战"中保卫陆军登陆，后出海参战，救出不少落水海军官兵。他因率27名鱼雷艇水兵炸毁皂埠嘴炮台，丁汝昌请李鸿章嘉奖，"加同知衔，并戴花翎"。但日军将炮台修好猛射北洋军舰，丁又命王平前去毁炮，被日军炮火所阻，未能毁成。在鱼雷艇队出海后，"左一"驶至烟台，有史料说王平报称北洋舰队已覆灭，导致解救援军被召回。王平险被朝廷军前正法，但经李鸿章保下，革职回籍永不叙用。

宋文翙，广东香山人，归国后入福建船政学堂，甲午战前从"定远"枪炮大副调任"广甲"舰帮带大副，清末重建海军后，历任"江元""镜清"舰管带。

吴敬荣为人们所耳熟能详的是在海战中随"济远"脱逃,其实他在威海保卫战中依然扮演脱逃的角色。丁汝昌曾令吴敬荣协守北帮炮台,原驻守绥军不战而退,吴即率部下一起逃跑。但他此后仅被"革职留营",依然任过数艘艇舰管带。民国成立后一直升到海军中将。

吴应科留美入耶鲁大学,归国后入福建船政学堂学习,参加甲午海战。因作战英勇被授"巴图鲁"称号。他参加了武昌起义,曾任北洋海军署理统领,被起义的武昌军政府委以海军总司令,曾督率舰船反击清军进攻。民国升至海军中将。1949年隐居于北京。他的故居在广东肇庆,已列入当地文物保护单位。

徐振鹏留美毕业于海军学校,广东拱北人。清朝宣统元年筹建海军部,他为筹建处二司司长。历任清朝和北洋政府海军部军制司司长、海军舰队司令,海军部次长,代理海军部总长等职。

曹嘉祥,广东顺德人,甲午海战时任"镇远"枪炮大副,于作战中受伤。后任烟台水师提督署提调、北洋海军兵备处一等参事官。1902年,曹嘉祥曾出任天津巡警总局督办,但就任不到一年,就被告发贪腐而去职。袁世凯出任大总统后,他被任命总统府海军少将衔高等侍从武官。1915年升海军部次长,公平讲他对中国近代警察制度的建立和中国新式海军的决策,应有一定的贡献。1921年后辞职闲居于上海,1926年病逝。曹嘉祥为后代研究甲午海战所瞩目,是因他写过有关甲午海战的报告,成为研究甲午海战的重要史料。

邓士聪,广东香山人,在麻省理工学院学习,归国后参加修建京沈铁路,又入北洋海军,后离开军界,任职于天津税务局,逝世于

上海。

邝国光，广东新宁人，祖籍台山，后成为江南造船厂经理。邝炳光，与邝国光同籍，后成为汉阳兵工厂评审硕士。不知二人是否为兄弟或同族？查留美幼童中同籍邝姓近10人，而幼童中兄弟、同族一同赴美者并非鲜见，如黄仲良、黄季良为同胞兄弟，同赴美。归国后，兄仲良后出任中国驻旧金山领事，弟季良入南洋水师服役。

▶黄季良自画像

中国第一次官派留学生在中国近代史上的不俗表现，值得后人引以为傲。尤其在抵御帝国主义侵略时在马江海战、甲午海战与之血战壮烈捐躯的七位留美幼童，谨特列马江之战牺牲的4位留美幼童英名：杨兆楠、黄季良、薛有福、邝咏钟，以为千秋铭记！

甲午海战中牺牲的外籍雇员

甲午战争120周年时，报刊有关文章连篇累牍，无论是否专家，皆大放舆论，细观则一些文章根本置史料于不顾，亦不深入研究，只从表面老调重弹，一些观点是根本站不住脚的；亦有名为反思云，却似贬低者，实在有愧于甲午战争中抵御倭寇为国捐躯的先烈。

例如依旧将甲午战争战败归结于甲午海战的失利、将甲午海战的失利归罪于北洋舰队等等，既有悖史实，也极不公平。北洋舰队不是罪人，其倾尽全力，在丰岛、黄海及威海卫三次与日倭拼死血战，使日倭严重受挫，并迟滞日倭的战略企图，应该予以公正评价。日本当年编造出北洋舰队水手在主炮上晾晒衣物的谣言，讹传至今仍被国内外有关北洋舰队和甲午战争的学术著作当作北洋海军腐败和管理不善的"罪证"；而近年来国内有关北洋海军和甲午海战的文学作品包括影视，更是当作典型情节大加渲染，使北洋海军100多年来始终背负骂名。研究甲午战争的权威专家、山东甲午战争专业委员会委员陈悦先生早就通过对北洋舰队"主炮晾衣"舰只、事件发生地、谣言流传过程等缜密考证，揭露这其实是日倭的卑鄙造谣。但真实的历史就是不被认可，谬种仍在被国人流布。

另外，多少年来，有关甲午海战的书籍、文学作品、影视、文章只谈外国人对北洋海军的种种祸心，包括英国人马格禄在刘公岛鼓动劝降等等，绝口不提在北洋舰队军舰上服务的外国雇员，奋不顾身与中国官兵并肩作战直至英勇牺牲的事迹。对于此，笔者一直耿耿于怀，这些外国军人牺牲于甲午海战对日倭的战斗中，他们的名字绝不应该被湮没。

北洋海军在建军之初引进装备之日，即开始聘请外籍雇员，其性质不是服役加入北洋海军，而是所谓的"客卿"，即按工作性质，分任北洋海军高级顾问、教官、技术军官、医官、工程技术管理人员，甚至舰艇战术军官；也有一部分外籍人员是临时聘用，按职务高低支薪。外籍雇员最高为高级顾问，由北洋大臣李鸿章特聘协助北洋海军高层进行舰队的日常训练、作战及管理。有的外籍人员因工作出色，还被清廷授以职衔，品级甚至有赐予顶戴花翎者。

笔者至今无法知道北洋海军中外籍雇员的准确数字，除了高级顾问，只从当年北洋海军各种奏折等史料中可见外籍雇员的名字和职务。以教官和舰艇战术技术军官为多，其职务有教习（分枪炮、鱼雷、练船、炮台、洋号、管轮、管炉、操炮、督操、水雷、管驾、船缆等各种类型教习，职务分总、正、副、帮教等），还有总医士等职务。每年出现的外籍雇员名字有十数人至数十人不等。至1894年甲午海战爆发时，从目前史料看仍有8名外籍雇员在北洋海军作战军舰上工作，职务最高者为冯·汉纳根，聘为北洋海军总教习兼副提督，有三人在"定远"舰任职，他们是英国籍的管炮教习（即管理炮务）尼格路士和帮办副管驾戴乐尔（有译为秦莱），以上二人为英国籍，还有德国籍帮办总管轮阿壁成（也有译为亚伯烈希脱）。英国人佘锡尔在"致远"舰任管炮教习（也有译为纪奢，他的名字第一字"佘"，常被报刊登错为"余"）。还有三人在"镇远"舰任职：襄办管带美国籍马吉芬，总管炮务德国籍哈卜门，最后一人记载有出入，有记为工程师晋菲士，国籍不明。台湾学者王家俭从戴乐尔《甲午中国海战见闻记》考证出似为英国人马格禄。以上是从当年李鸿章有关"海防报销折"中得知名字的。是否其他舰艇上还有外籍雇员，不得而知，因为从目前资料中得知，北洋海军在1889年和1890年还分别雇佣外籍教习等各为34人和29人，为何在二三年后只剩下8人？其实，据李鸿章奏折中可知，不仅在威海卫海军基地有外籍人员，在其他非主力炮舰上也有外籍6人在担任交通运输工作。

就是这8位直接在主力舰上服务的外籍雇员，在黄海大战

▶ 清朝政府聘用的福建船政局洋员

▶描绘清军与日本作战的图画

中与北洋舰队官兵同仇敌忾，忠于职守，不避炮火，英勇作战，尼格路士、佘锡尔英勇牺牲。汉纳根、阿壁成、马吉芬、哈卜们四人重伤。八人中无一人脱逃，无一人怯战，充分体现了这些外籍雇员的素质和敬业精神。如尼格路士，在黄海海战中，发现舰首管理火炮者受伤，疾趋至船首，代理职务指挥战斗。当他发现军舰舱面被日军炮弹击中燃起大火，又不避危险奔去舍身救火，不幸在救火过程中被日倭炮弹击中牺牲。佘锡尔在舰上被炮击重伤，但他依然不下火线，继续战斗，最终牺牲。又如阿壁成，在战斗中双耳均被炮弹震聋，但他毫不畏缩，依然在舰上往来救火。汉纳根职务最高，他是李鸿章特派到北洋海军任总教习兼副提督，参与指挥黄海海战。汉纳根出身于德国贵族军人世家，为德国陆军尉官。1879年退役后经天津海关税务司德璀琳介绍至中国天津武备学堂任教官。从此受到李鸿章的赏识，聘为军事顾问，参加了北洋海军的建军过程，如他曾奉李鸿章之命往旅顺口，查勘修建炮台、船坞，并先修建了黄金山炮台，后又负责修建威海卫炮台工程，但曾被英国人戴乐尔指出布局设计存在缺点，即内陆炮台的保障不到位，不仅有利于敌人进攻，一旦被敌人夺去港内舰队和刘公岛基地还极易被敌炮击。

在威海卫岸防炮台完工后，汉纳根即返回德国，再来天津时欲与德璀琳之女完婚。闻说日本在朝鲜不断向中国挑衅，便向李鸿章请命去朝鲜观察形势，李遂同意他乘"高升"号去牙山前线。但据说汉纳根实际上是受李鸿章委托去牙山指导清军修筑炮台。日倭后来有调查报告来佐证汉纳根并非以"私人名义"搭乘"高升"号。1894 年 7 月 25 日，丰岛海战中，汉纳根在"高升"号上与"浪速"舰大尉人见善五郎谈判，坚持"高升"号要回到原出发港口。"高升"号被日倭"浪速"号击沉后，汉纳根落水游到丰岛，又乘渔船到达仁川港，说服一艘德国军舰"伊尔达"号开赴丰岛，营救了落水后游到丰岛上的 200 多名清军官兵。此后，他被李鸿章授以北洋海军总教习兼副提督之职，在黄海海战中协助丁汝昌指挥战斗，被炮火击成重伤。

以此来看，北洋海军外籍雇员，由高至低，均能忠于职守，在对日海战中，英勇作战，非死即伤，无愧他们自身的军人荣誉。

不可否认，他们对北洋海军的建设起到颇大的作用，不仅在平时承担舰队和部门训练，包括技术兵种训练，及至练习舰训练和平时操练教育，更有直接负责军舰具体部门的操作，在战时更是不惧炮火，将生命置之度外，直至英勇牺牲，这理所当然应该受到我们的尊重与

▶描绘甲午海战的作品

纪念。

值得指出的是，参加黄海海战的幸存外籍雇员，之后还撰写有关回忆，分析得失，为研究甲午海战提供了较为珍贵的史料。曾在黄海海战中负重伤的"镇远"帮办管带马吉芬，在战后撰文回忆失利原因之一即是弹药供应严重不足。他指出，在海战结束前半小时，"镇远"舰305毫米口径主炮的爆破弹全部发射完，仅余15发穿甲弹；而150毫米口径炮的148发炮弹也全部告罄。据他所了解，"定远"炮弹使用的状况亦是如此。他不无沉痛地写道："如果再过30分钟，我们的弹药将全部用尽，只好被敌人制于死命。"马吉芬认为作战舰弹药不足的责任应由天津军械局负责，是贪污腐化所致。而供应弹药的天津军械局总办即为李鸿章外甥张士珩。汉纳根曾受命办理舰队催办补充弹药，是在黄海海战前半个月。但据最新史料发现北洋海军弹药统计档案，天津军械局已向北洋海军发货供应足够的弹药，极有可能是没有全部上舰而置于威海卫基地仓库中！

在海战中负伤的"定远"帮办副管驾戴乐尔在战后也著有《甲午中国海战见闻记》，记述了中国海军官兵的英勇，给今人留下研究甲午海战的宝贵资料。他对威海卫岸炮利弊的分析，实践证明很有见地。

汉纳根的职务高于马吉芬，他所发现的问题当然更具全局性视角。他负伤后曾向李鸿章建议，黄海海战中失利的重要问题之一是："中国海军近八年中未曾添一新船，所有近来外洋新式船炮，一概乌有，而倭之炮船，皆系簇新，是以未能制胜。"当然"未能制胜"的原因绝不仅仅是未添"新式船炮"，但这确实是非常重要的因素。因而汉纳根据此建议迅速向德、英等国购买"快船"，聘请外籍人员，新旧合成，重新组建。但清朝没有采纳他的建议，而且迅速裁撤了北洋海军的建制，汉纳根怏怏离开了他曾付出心血的北洋海军，本来他还想要求清朝政府同意他去出任新建海军的提督，这个梦想也一同化为了泡影。

汉纳根虽然离开了北洋海军，但却没有离开中国的土地，这个身上流淌着普鲁士军人

▶展示威海卫港口及刘公岛街市的照片

观古鉴今 153

世家血液的前德国陆军低级军官，又开始为清朝军队绞尽脑汁规划了整套训练新式陆军的整军方案，这套训练方案最后应用到了袁世凯小站练兵的新式陆军上。

需要指出的是，在甲午海战中，还有6位洋雇员在北洋海军服务，他们是摩顿（"利运"号管驾）、卢义（"图南"号管驾）、士珠（"海淀"号管驾）、惟柏（"仁爱"号管驾），以上均为英国籍，还有两位美国籍雇员毕利腾（"新裕"管驾）、温苏（"镇东"管驾），虽然这六人并未直接参战，但对于战时运输物资却作出了很大贡献，李鸿章因他们的出色表现曾向朝廷奏奖。

另外，在北洋海军"操江号"上还有丹麦籍雇员弥伦斯，因丰岛海战船搁浅被日军俘获。弥伦斯获释后也写了回忆文章，记载了日军对被俘北洋海军官兵的凌辱及官兵奋勇反抗遇难的珍贵史料。在丰岛海战中北洋舰队"操江"号因搁浅被日寇俘获，弥伦斯与80余北洋舰队官兵被押至日本佐世保，他回忆海军官兵："午后两点钟，上岸之时备受凌辱……船近码头即放汽钟摇铃，吹号筒，使该处居民尽来观看。其监即在码头相近地方，将所拘之人分二排并行，使之游行各街，游毕方收入监，以示凌辱。"在威海卫向日寇投降的洋员马格禄（帮办北洋海军提督）及美籍浩威、德籍瑞乃尔，围攻丁汝昌鼓动投降，相比英勇战死的洋员，真是判若云泥。

历史应该铭记在黄海大战中与中国北洋海军官兵英勇战斗的八名外籍勇士，因为在北洋海军被炮火硝烟熏染的军旗上，也染上了他们的鲜血……

人物春秋

邓世昌其人及"致远"号沉舰原因

清朝北洋舰队"致远"号巡洋舰和它的舰长邓世昌,在中华民族的历史上,是不应该被遗忘的。

2014年秋季,"致远"号在甲午黄海海战水域之下沉寂了121年之后被人们发现。随着近两个月里百余件文物的陆续出水,诸如标记有"致远"舰名中文篆字和中国海军英文标识、北洋海军军徽的餐用瓷盘、桅盘10管格林炮、鱼雷引信、送话筒、钢板等,使考古界基本认定是当年清朝北洋舰队主力舰之一的"致远"穹甲巡洋舰。后来这个遗迹被国家文物局命名为"丹东一号"。

"致远"舰在中国几乎家喻户晓,在黄海大东沟一战中,"致远"舰的英勇无畏和邓世昌以下全舰官兵245人以身殉国,使中国人永远记住了这艘战舰和他的指挥官。目前,中国海军唯有两艘训练舰以人名命名,即为"郑和"号与"世昌"号。

关于"致远"舰在黄海大东沟海战中的英勇表现,人们几乎耳

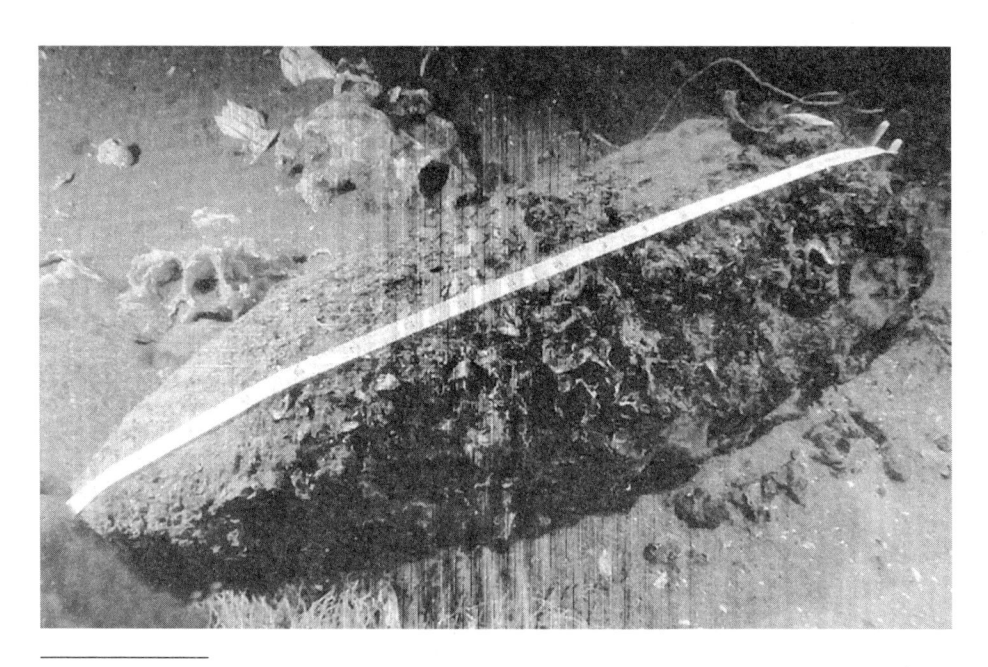

▶ 丹东水域打捞出的"致远"舰152毫米后膛炮炮弹

熟能详，它的知名度在当时已闻名中外。

　　北洋舰队当时名列世界海军前茅的近代化程度，却是一般人所不太清楚的。北洋舰队名冠亚洲第一，位列世界前十。也并非仅仅海战训练和作战条令全部使用英文，高级军官洋化到吃西餐，其中邓世昌未派到英国留学，完全是清朝福建马尾船政学堂培养出的优秀作战舰高级指挥官。

　　清政府为打造一支现代化的海军，从1881年开始从德国、英国订购主力战船。"致远"舰于1885年10月在英国埃尔斯威克造船厂开工建造，一年后的9月28日下水，1887年7月23日完工。同年即编入北洋舰队现役。这是英国设计的穹甲巡洋舰，现在的军事学者将其命名为"致远"级，其作战能力仅次于"定远"级。

根据史料可以清晰地看到它的排水量、火炮、装甲、动力、航速等数据，近代化程度在当时已非常先进。

黄海海战中日部分舰船数据

	镇远	致远	吉野
排水量（吨）	7335	2310	4158
设计航速（节）	14.5	15（自然通风）	20（自然通风）
		18（强压通风）	22.5（强压通风）
设计功率（马力）	6000	3300（自然通风）	10000（自然通风）
		5000（强压通风）	15750（强压通风）
载煤量（吨）	700~1000	200~516	350~1016
续航力（海里/节）	4500/10	6000/10	
双联装克虏伯后膛炮（毫米）	305×2	210×1	
克虏伯后膛炮（毫米）	150×2	210×1	
克虏伯舢板炮（毫米）	75×4		
阿姆斯特朗后膛炮（毫米）		152×2	
速射炮（毫米）	57×2	57×8	152×4
	47×2	47×2	120×8
		37×6	47×22
机管炮（毫米）	37×8（5管）	11×6（10管）	
鱼雷发射管（毫米）	356×3	356×4	457×5
装甲堡（毫米）	203~356		
防护甲板（毫米）	76	51~102	44.5~114
主炮台装甲（毫米）	305		
司令塔装甲（毫米）	203	76	102

其实，"致远"舰不仅仅是在黄海大战中闻名遐迩，之前在国际上已有很高的知名度了。"致远"舰编入北洋舰队现役后，多次宣威异域，奉命巡视、出访新加坡、日本、香港、远东等国家和地区。每年还要从符拉迪沃斯托克（海参崴）巡视至新加坡及有关藩国。并在日本觊觎中国藩国朝鲜时，"致远"舰也多次奉命出发至当地威慑日本海军，阻其侵犯，包括护送陆军登陆朝鲜，以稳定藩国朝鲜的局势。俄国皇太子访问大清国，"致远"与"靖远"同为护卫舰，声名更为远播。它的流线型的飒爽外观留给中外旁观者以颇深的印象。

"致远"在大东沟海战中的表现有目共睹，多次重创日舰，在自己受损严重的情况下，为缓解北洋舰队旗舰"定远"受日本联合舰队围击的压力，毅然决定撞沉日舰"吉野"，可惜中途沉没。邓世昌落水后，本有希望生还，但他拒绝了水兵们的救援。先是他的仆从刘忠游来递上救生圈，他"缩臂出圈"。"左一"号鱼雷艇抵近救援，"亦不应""仍复掷沉"。他的爱犬"太阳"跳入水中游过来牵救他，"衔其臂不令溺，公斥之去，复衔其发"，将爱犬抱住压入水中共沉于海。实际上邓世昌早已抱定殉国之心，他在战前曾对部下说："设有不测，誓与日舰同沉。"在下令"致远"全速撞击"吉野"后，他在指挥台上大声激励部下："我辈从军卫国，早置生死于度外。今日这事，不过就是一死，用不着纷纷乱乱！我辈虽死，而海军声威不敢坠落，这就是报国呀！"《清史稿·邓世昌传》记载他大呼："今日有死而已！然虽死而海军声威弗替，是即所以报国也！"与野史中的记载基本一致。邓世昌同时下令将舰上的救生艇全部抛入海中，表明了誓不生还的英雄气概和必死之志。

在大东沟海战中日舰队作战序列中，"致远"本来不是日本舰队攻击的重点，但"致远"和"镇远"一样，为了保护旗舰"定远"，毅然挺身而出，主动攻击日舰，受到日本4艘战舰的围攻，但却缓解了"定远"的压力，使得遭受日舰炮击燃起大火的"定远"能及时组织人员扑救。从作战常识看来，邓世昌和"致远"掩护旗舰，是天经地义，但是从北洋舰队内部派系来说却难能可贵。

北洋海军从建军以来就是以福建籍军官为核心形成派系，称之为"闽党"，非闽籍军官多受打压和排挤。闽籍派系的领袖人物是刘步蟾，身兼北洋舰队提督衔右翼总兵，实际经常代替丁汝昌主持北洋舰队的日常训练，在大东沟海战中代替受伤的海军提督丁汝昌升起右翼总兵旗指挥作战。但在事关大局的紧急关头，邓世昌没有心存派系不和的芥蒂，舍身去掩护刘步蟾统率的"定远"，作为"闽党"领袖的刘步蟾在目睹这一幕壮烈之后，不知该有何感想？曾有人检举邓世昌处罚舰上水兵致死，刘步蟾极力主张治罪于邓世昌，后由于查无实据才作罢。邓世昌非福建籍，更由于他清高孤傲、洁身自好，而受到闽籍将领的排挤，竟因此而不能去英国留学，使他抱憾终身，这其中有可能刘步蟾起到了某些作用。

邓世昌未曾留学，但从马尾船政学堂毕业后，很早就上舰担任管带（舰长），靠实践成为一名优秀的指挥官。他的殉国，从光绪皇帝到李鸿章都是觉得非常痛惜的。邓世昌牺牲后举国震动，光绪帝为其撰联"此日漫挥天下泪,有公足壮海军威"（也有考证非光绪所撰），

▶邓世昌（中间站立者）在"致远"舰上与官兵的合影

并赐予邓世昌"壮节"谥号，追封"太子少保"，入祀京师昭忠祠，御笔亲撰祭文、碑文各一篇。朝廷抚恤也超出规格，赐遗属10万两白银。他的军衔也较高，为提督衔记名总兵。清朝规定汉人武将阶级最高为提督，依次为总兵、副将等，邓世昌的实职阶级为"中军中营副将衔管带"。北洋海军最高指挥官丁汝昌才是提督，但是丁汝昌在刘公岛服毒自杀后，朝廷并没有给予抚恤和赠衔。

笔者依据有关邓世昌的记载来分析，邓世昌的性格大概有些孤傲，不合群。这大约也是导致北洋舰队中几乎一统天下的闽籍将领看不惯他的原因之一。

邓世昌是广东番禺籍（今广州珠海），出身商贾之家。福建船政学堂本来规定不招收外省籍学生，由于他曾向洋人学习过算术，有英语基础,考官破例选其入船政学堂第一期驾驶班,时年18岁。入选船政学堂是他的幸运,而他的不幸则仍然因为非闽省籍,没有官派英国留学海军驾驶。但他却成为同期同班同学中最早上舰任管带的,毕业后,先任"振威"舰管带,调入北洋舰队序列后,1881年与林泰曾出洋接"超勇""扬威"归国,航行北大西洋—地中海—苏伊士运河—印度洋—西太平洋航线。1887年,他随丁汝昌赴英、德接收"致""靖""经""来"四舰,擅长测量、驾驶,又"详练海战术"。归国后,任"扬威"舰管带,在实践中具备了较比完整系统的指挥业务能力。

《清史稿》记载李鸿章对邓世昌有"高其能"的军事素质评价,北洋海军提督丁汝昌对邓世昌也甚为赏识,光绪六年(1880)十二月,李鸿章致电船政大臣黎兆棠,再请福建船政推荐海军军官入列北洋舰队,特意提出邓世昌其人"质地厚朴,而带船运气不佳,倾令出洋历练,当有进益"。所谓"出洋",是指之前邓世昌随丁汝昌至英国接带订购快船。所谓"历练",也是知道邓世昌未有留学经历。虽然"运气不佳",但终凭自身业务素质晋升主力舰管带。邓世昌入选北洋海军海防作战序列,38岁时充任"致远"舰管带,并兼"经""致""靖""济"四舰营务处。以广东籍任管带,这不免受到闽籍将领们的嫉妒。邓世昌入北洋海军(含入船政学堂)服役27年,一贯处事严谨勤勉,治军严格有方,爱护士弁,而且严格遵守北洋舰队管带不得离舰到岸上居住的军纪,不带眷属,也不在刘公岛基地购买宅寓,日复一日在舰上居住。这与很多闽籍将领在岸上大肆购建寓所形成鲜明反差,如在海战中临阵脱逃悬挂白旗投降的"济远"舰管带方伯谦，不仅在多处购屋还纳妾。即如北洋海军最高指挥官丁汝昌也曾在刘公岛购屋，还租给部下以收取租金。而邓世昌这种众浊我清的不合流俗，势必引起闽籍将领的憎恶。《清史稿·邓世昌传》载他"非时不登岸，闽人咸嫉之"，正应了"行高于人，众必非之"的古语。

邓世昌以儒将自期，期以"忠忱报国"，自服役至殉国，漫长的27年，仅回故里三次，最长仅七天即回到舰上。其父逝世时恰逢中法开战，邓世昌顾及海防吃紧，决然不去奔丧。这种有违世俗之举，愈发引起众议，闽籍将领们也愈发视其为"不孝"的怪物，对他进行排挤孤立。

邓世昌的特立独行，孤格高标，"不饮博，不观剧"使得他长期受排挤，内心落寞孤独。他也给攻击他的闽籍将领们以口实，北洋海军军纪规定舰上不得饲养动物，邓世昌不顾军纪，在舰上豢养一条

▶邓世昌

爱犬"太阳",终日在舰上与爱犬为伴。这大约是他寂寞孤寂的依托。他没有回家奔父丧,内心其实也非常痛苦,在舰长住舱里终日不出,仆从看见他只是一遍又一遍书写"不孝"两个大字。

邓世昌在看到刘步蟾所在的旗舰身处险境燃起冲天烈焰时,指挥排水量仅2300吨、无任何坚甲防护的穹甲巡洋舰"致远",从左侧驶到"定远"之前护卫"定远"旗舰。当时,紧随其后的由刘步蟾的儿女亲家林泰曾指挥的"镇远"也奋勇向前,从右侧而出与"致远"共护旗舰。

邓世昌与林泰曾性格完全不同,邓果敢刚毅,林懦弱内向,但都对刘步蟾没有好感甚至厌恶,在关键时刻却抛弃恩怨护卫"定远",使"定远"在日舰凶猛炮火下得到喘息。可见大敌当前,邓、林二人无愧北洋海军战将的铮铮铁骨。

日本联合舰队的既定第一目标是要击沉"定远",日本幼童的歌谣旧戏都在高唱击沉"定远"!日本海军确实又很忌惮"定远",一般日本水兵尤甚。在黄海海战前,日本海军将领为消除水兵的惧怕心理,特别批准破例可以在舰上抽烟,以稳定情绪。由此可见号称"亚洲第一巨舰"的威名。

"定远"与"镇远"为同一级别,皆由德国伏尔铿造船厂制造,分别于1883年5月和1884年3月试航。而邓世昌的"致远"则从火力、吨位、装甲到速度,与二者完全不在一个等级。与"吉野"相比,也未必有绝对优势,尤其在速射炮配备上相差颇远,吨位、航速、火炮配置也不及"吉野"。

林泰曾的"镇远"出击护卫旗舰，面对日军有一定优势。而邓世昌的"致远"挺身而出，则要冒极大风险。因为本身已受重创，水线下各有10英寸和13英寸炮击的大洞。年久失修的水密门隔舱橡皮已破朽，海水猛烈灌进，使舰体随时有沉没之虞。由此可见邓世昌的大义凛然，罔顾私利。难怪邓世昌下令全速撞击"吉野"时，舰上士兵们一时"稍乱"，因为"致远"本身负伤，胜算不大。这符合人们的心理。《清史稿》记载，邓世昌看到"定远"丁汝昌的提督旗被日舰炮火击落，曾升起自己的指挥作战旗。笔者分析，邓世昌未必是想代替旗舰指挥作战，因为还有左、右翼总兵林泰曾、刘步蟾，越俎代庖也不太符合北洋海军的军纪。丁汝昌在战前根本就未想到这是一场生死之战，因而并未指定替代指挥者，按作战指挥顺序，林、刘二人可以递上，而邓世昌无权越级指挥舰队作战。《清史稿》说邓世昌此举是"虑军心摇"，但很可能是邓世昌想吸引日本联合舰队主力，转移注意力，从而减轻"定远"的压力，这符合邓世昌果敢的性格。

"致远"的挺身而出使其付出了惨烈的代价。"定远"有着与"镇远"一样的防护装甲，这就是"定远"屡遭日舰集中火力炮击而不沉没的原因。"定远"装甲防护相当厚重，采用"铁甲堡"式集中防护，围绕舰体中部在水线附近敷设305毫米至355毫米装甲带，装甲为钢面、内层为熟铁，有很强的坚韧度，以保护舰体中部的蒸汽机、锅炉舱、弹药库等要害部位。"镇远"与"定远"的防护装甲相同，而"致远"的防护力则远逊于"镇远"，但它却吸引原本要击沉"定远"的日本第一游击队四艘战舰的火力，并与之顽强对抗。"致远"舰体多处被击穿，包括水线附近均遭炮火击穿，海水汹涌而入。尽管水兵们在拼命排水，但仍然发生了倾斜，左倾近30度。这种险情在海军作战常识来看足以致命。邓世昌应该是估计到"致远"在激烈的以少抵多的对抗中再也支撑不住，才会下令全速撞击"吉野"，让北洋舰队减少一个日本最先进的战舰的凶猛威胁。

邓世昌大约还想拼死一搏，亦不排除快速抵近用鱼雷击沉"吉野"，因为"致远"还装备有4具356毫米鱼雷发射管。"致远"在北洋舰队中航速最高，在自然通风情况下，设计标准为15节、强压通风可达到18节。采取强压通风，航速甚至可超过20节。在试航时，"致远"都达到了设计标准。强压通风时的航速甚至超过了设计航速0.5节。可以说"致远"在北洋舰队中是航速最快的，超过"定远"和"镇远"14节的航速。

但就在快速抵近日本军舰时，"致远"舰体中部发生爆炸，开始下沉，十分钟左右即消逝在波涛之中……

"致远"在爆炸起火沉没之前，舰身已向左倾斜到30度，大多数主炮、舰炮皆已无法发射，唯有桅盘里的十管格林炮，据日本海军当时记载，仍然不停地对着日本舰只猛烈发射，吐射着一条一条的火焰……直到"致远"舰体爆炸沉入大海，射击声才完全停止。

十管格林炮火力凶猛，每根炮管口径为11毫米，用特殊支架安装在桅盘里，可俯仰旋转。也许正是依靠了这种特殊支架，在舰体倾斜30度大多数火炮已不能正常发射时，它仍然顽强不停歇地向日本军舰射击，日本人对此是记忆犹新的，所以在海战结束后，日军掠走了"致远"舰上的一门格林炮作为战利品,至今仍存放在日本横须贺军港"三笠"号战列舰一侧。另一门于2015年9月17日被打捞出水,并被辨认出英国纽卡斯尔市阿姆斯特朗工厂的编号。由于海战中另一艘北洋舰队巡洋舰"靖远"并未沉没在丹东水域,而十管格林炮又只被安装在"致远"和"靖远"舰上的桅盘里,所以此炮的被发现,即可肯定此舰是"致远"无疑。

"致远"开始冲向日舰时,还未倾斜,一直在不停发炮。"邓军门督率诸艺士,使船如使马,鸣炮如鸣镝","艺士"即舰上的技术军官。当时在海战附近观战的英国海军提督裴利曼德尔回忆说,"'致远'舰既受重伤,志与日舰同归于尽,于是鼓轮怒驶,且沿途鸣炮,不绝于耳,直冲日队而来"。但都没有提及在舰体倾斜后,仍然喷射着怒焰的这门十管格林炮。有英勇无畏的指挥官,就有英勇无畏的炮手,虽然无从知晓十管格林炮手的姓名,但他们同样也应该无愧是中国海军的军魂!

11毫米的口径,在今天来看,至多也不过是机枪的火力,但它不停止地射击无疑是代表了一种精神。如果不是舰体爆炸,它一定不会停止射击……

究竟是什么原因使"致远"发生爆炸,使"致远"撞击日舰的壮烈之举没有成功?

电影《甲午风云》表现的是"致远"被"吉野"发射鱼雷而击沉。《清史稿·邓世昌传》中载:"('致远')欲猛触'吉野'与同尽,中其鱼雷,锅船裂沉。"《辞海》中"邓世昌"条也明确指出是被日舰鱼雷击中。这大概是来源于海战中代替丁汝昌指挥的亲历者刘步蟾，他在战后的报告中明确指出："倭船以鱼雷轰击，'致远'旋亦沉没。"刘步蟾是亲眼所见"致远"冲向日舰，他的说法无疑具有权威性。清人姚锡光后来所撰《东方兵事纪略·海军篇》中也说是"中其鱼雷，机器锅炉迸裂，船遂左倾，顷刻沉没……"这遂成为后世所采用"被鱼雷击中导致沉没"的主要依据。

但据中日作战双方其他亲历者的记载，却并非认定是鱼雷所击，而是遭日舰炮击才导致沉没。

例如，与刘步蟾同在"定远"舰上的丁汝昌，事后向朝廷奏报即云"皆由敌炮轰毁"，一些参加过海战的北洋舰队军官事后向上级呈文时也说是被日舰炮火击中"致远"，如"镇远"舰枪炮官曹嘉祥等呈文称："譬如'致'、'靖'两船，请换截堵水门之橡皮，年久

▶描绘黄海海战的版画

破烂，而不能整修，故该船中炮不多时，立即沉没。"水师守备高承锡呈文时称："……'致远'皆因无甲，数中炮即透入机舱，进水沉没。"

观战的英国海军提督也说："……日炮毕萃于舰（"致远"），独中深渊之祸。"参战洋员"定远"舰副管驾戴乐尔（又译泰莱）事后也回忆："为敌炮所沉者三舰。其中有一为忠勇之邓君所统之'致远'舰。"

日本方面的记录也印证是炮击导致"致远"爆炸沉没。日本《日清海战史》载"致远"被日舰"纽状火炮连弹装入快炮袭之，密如下，三点三十分遂沉没，中炮后舰体之倾斜益甚，螺轮翘于水上，虚转于空中，终挟全舰人员俱沉。此时，然有声如裂帛者，恐即其汽锅之爆裂也"。

另外，日本舰队的战术是与北洋舰队保持距离，避免与北洋舰队近距离拼搏，其考虑之一是当时鱼雷性能差，同时怕被北洋舰队炮火击中引爆导致舰毁失去作战能力，故在开战前日本联合舰队各舰均将鱼雷掷入海中。不仅是日方，北洋舰队一些参战舰亦如此，"镇远""靖远"等均将准备发射的鱼雷速射出或沉入海中。北洋舰队各舰装备的发射管中均装有鱼雷，抵近敌舰皆可以发射，但第二发鱼雷则置于发射台，极易被敌炮击中引爆。故近年来日本和西方研究史料还有一种假设："致远"舰上的鱼雷发射舱被日方炮弹击中，鱼雷被引爆，则导致舰体爆炸沉没。但迄今没有史料证明"致远"是否在开战前将鱼雷沉入海中，更有可能的是保存鱼雷以便抵近"吉野"相机发射。此次对"致远"的打捞，发现有鱼雷引信，但完整的鱼雷至今未发现，只能有待时日再进行打捞，或许会有新的发现来佐证。

前引《日清海战史》日方分析，"致远"舰内涌进海水太多，浸漫进锅炉舱引起爆炸导致舰体沉没，也不乏一种可能，比鱼雷击中的说法更具有科学性。笔者倾向赞成上述观点："致远"航速过快，本身水线下就有两个大洞，涌进的海水才是致命的罪魁。当然，导致"致远"沉没之谜，仍然需要更准确的史料证据，特别是考古发掘的新发现来破解。

至于为何有鱼雷击中和炮击两种说法，恐与当时海战中混乱场面有关，据丁汝昌、刘步蟾事后报告中称"炮烟弥漫，各船难以分清"，舰只"烟雾中望不分明"，对"致远"如何被击中，自然叙述有误。"致远"舰官兵绝大部分牺牲，已无可能提供真实战况。记载中仅生还7人，但至今没有发现来自他们的直接叙述资料。

同样的日本方面的叙述，也应该存有误差，"当猛战时，两军旗帜俱毁，各不能辨其孰为敌舰，其略可认识者，仅在船之颜色形模"，中日双方舰体的涂装是完全不同的，北洋舰队如"致远"采用的是黑色维多利亚涂装，开战前才涂成灰色伪装，日舰则采用白色。其实还是可以分辨的。当然，如此纠缠混战于炮火硝烟之中，误记是极有可能的，但更不排除夸大战功的嫌疑——发炮击中对方当然值得炫耀了。

还有一种说法认为，"致远"并非撞向"吉野"，只是全力向日本舰队的"浪速"等几艘舰只冲击，并无固定对象。其实，这是细枝末节，"致远"无论是冲击"吉野"，还是"浪速"，抑或其他日舰，都不重要，重要的是："我们中华民族有同自己的敌人血战到底的气概！"这就是日本从明治维新到侵华战争的一百多年以来，以蕞尔弹丸小国，欲亡我中华灭我种族的狼子野心必不能得逞之原因所在！

笔者一直耿耿于怀的是：日本在二战中战败后，中国驻日代表团军事组首席参谋林汉波少校在日本费尽周折索回"镇远""靖远"船锚，他可能不知道"致远"的十管格林炮也被日本掠去，否则他一定会不遗余力让这门悲壮的格林炮回到祖国的怀抱……

9月17日这天，恰逢邓世昌45岁生日，舰上的军官厨房为他精心准备了菜肴。12时许，北洋舰队发现日本联合舰队逼近，按海军条例，管带邓世昌下令先升起"立即起锚""站炮位"等一系列信号旗语，后降下均为长度一丈二尺（4米）的大清国旗及海军军旗黄龙旗及提督旗，升起更为明显的一丈八尺（6米）至两丈四尺（八米）

▶ 邓世昌纪念馆

的作战旗,作战旗,迎着海风猎猎飘扬,"致远"全速劈波斩浪,邓世昌在战前已下战死之心,他的生日成为他的殉日,当时邓世昌该会是什么情怀呢?

令人遗憾的是,至今也没有甲午烈士的纪念碑和姓名碑,这何以面对不昧的英灵?"致远"殉国烈士姓名大多湮没,仅留存有姓名者除邓世昌外共48位军官和水兵,其中有英籍洋员佘锡尔。

邓世昌的后代也没有辜负先世的英名,继承了父亲的遗志——据记载:邓世昌长子和三子分别服役于清朝广东水师和民国海军(二子早殁),后代中有六人参加过1937年至1945年的抗日战争。

"致远"舰和邓世昌,这是一个在中华民族抗击外寇历史上,永远令人心潮澎湃、血脉贲张的名字,值得永远铭记。

丁汝昌的结局

黄海大战后,北洋海军仍有实力,但由于客观条件限制,手握北洋舰队直接指挥权的丁汝昌不敢再战,一直坐等全军覆没。可以说,北洋海军最后战败于刘公岛,丁汝昌是应负主要责任的。

在北洋海军的高级将领中,丁汝昌是最具争议的人物,几次受到朝廷的严厉处分,被申斥,被夺黄马褂、顶戴,革职留任,引起朝野之间奏章弹劾,甚至吁请处之以极刑。终于引起光绪皇帝的震怒,"褫职逮问",要下诏狱。幸因李鸿章、北洋海军将领、陆军将领及洋员集体向朝廷说情,才得以暂带职指挥刘公岛保卫战。但光绪皇帝不依不饶,仍然指示:一俟战事结束,必须逮捕入狱。甲午海战中,死难将领"皆

▶ 丁汝昌,1886年,丁汝昌被醇亲王校阅北洋海防时赏赐拍照

被恤，汝昌以获谴，典弗及"，至1910年海军部成立，他的老部下请求赐恤，朝廷才开复官级。

丁汝昌似乎对部下很宽厚，因而受到将领们的尊重。大东沟海战后，"汝昌鉴世昌之死，虑诸将以轻生为烈，因定《海军惩劝章程》，李鸿章上之，著为令"。按清律，武将失地即为死罪，如轻生、逃跑，家属还要受牵连。战死或自杀才能受到朝廷的典恤。甲午海战中，北洋海军军舰即为将领所不能失之地，故将领自杀战死极其惨烈悲壮。丁汝昌目睹部下与舰共赴死，感慨万端，故在海战后制订章程，向朝廷说明海军与陆军之不同，而且培养一个海军舰长极不易，请求放宽处分。由此可见他是有仁慈之心的。

陆军出身终成海军统帅

古语说"慈不带兵"，从丁汝昌被任命北洋海军统帅的那一天起，甚至之前被提名时，就有人认为他并不适合，迄今还有他是海战外行的言论；对北洋海军及刘公岛战役的失利，一般也认为他负有直接责任。北洋海军将领绝大多数是科班甚至留学出身，唯独他没有经过近代海军的训练。丁汝昌父母早亡，家境贫寒，曾帮人放牛放鸭、摆渡、学徒，是个苦出身，他只有三年私塾的求学经历。

丁汝昌原名丁先达，《清史稿》上说他"初隶长江水师"，那是旧式木船水师，不是近代意义上的海军。而之前，他基本在陆军服役。《清史稿》上没提他的陆军戎伍生涯，丁汝昌早年参加过太平军，虽然按丁汝昌的说法，他是被掠入伍，但是这个说法不太使人信服，太平军的组成以穷苦人居多，大多是赤贫者，以丁汝昌困苦孤身的境地，极有可能是扔下锄头主动投奔的。他1854年加入太平军营伍，辖属太平军程学启部。程学启也是农民，连私塾都未读过，是安徽舒城人，丁汝昌则是安徽凤阳人，后迁入庐江。二人出身相同，惺惺相惜，丁汝昌遂成为程学启的亲信。七年后，湘军包围安庆，策反了驻守安庆的程学启，程率丁汝昌等80余人加入湘军，成为曾国藩之弟曾国荃的部下。

后来程学启被李鸿章初创淮军时从曾国荃处要去，遂成为淮军第一悍将，被曾国藩誉为"此名将也"。战场上能拼命，有"爱将如命，挥金如土，杀人如草"的评价，苏州杀降几万太平军即他所为。

▶1906年，海军将领、威海绅民上书请求恢复丁汝昌提督身份，未获准。1910年，时任海军大臣载洵再次上奏，丁汝昌原官职获准开复。图为甲午战后重建的北洋海军

丁汝昌随程学启加入湘军后,也许是想洗刷"发逆"的经历,改名丁汝昌,还起了表字禹廷,也作雨亭。在攻陷安庆时立下头功,从此升任营哨官,赏千总。千总是清代武官职级,共分九品。丁汝昌被赏的千总,应是从六品,职级虽不高,但应是载名正式武官名册,总算有了出身。以上这段历史,《清史稿》丁汝昌本传一字未提,也许是不齿,也许是隐讳,堂堂大清北洋海军提督,居然原来是个"长毛贼"。"长毛贼"是清朝官方对太平军的蔑称,因太平军蓄发,书面用语是"发逆"、"发匪",丁汝昌本人也从不提及这段历史。

虽然程、丁二人经历差不多,但本质并不太一样。程学启原在乡间就不是本分农民,整天游手好闲,不务耕业。丁汝昌则是地道农户,很规矩。据说丁家在明初曾一度发达,但至清初家道中落,遂由凤阳迁到庐江。不过强将手下无弱兵,程是悍将,丁汝昌作战也很勇敢。

加入淮军后,程部编为开字营,淮军编制亦仿湘军,以营为单位。首领为营官,营的番号以营官姓名中的一个字命名,为何称开字营,并无程的名字?也许是从原名中而起。在进攻嘉兴时,程学启中枪阵亡,他曾在苏州杀降太平军,故时论谓其是"杀降不详",其余部由丁汝昌率领,从此崭露头角。

李秀成围攻上海,一夕数惊。在淮军东渡支援上海时,丁汝昌作战勇猛,被淮军名将刘铭传激赏,遂转入铭军,升任骑兵营营官,迁参将。参将是正三品武职,已跻身高级将领之列。丁汝昌追随刘铭传六年,多次参加与太平军、捻军的战役,因战功逐渐升副将、总兵加提督衔,并得到朝廷赐予的勇号"协勇巴图鲁"。在清代能升到正二品的总兵（加提督衔有可能是从一品）已非常不易了。《清史稿》只有寥寥几个字："从刘铭传征捻，积勋至参将。捻平，赐协勇巴图鲁，晋提督。"其实不是"晋提督"，只是加衔。

但"飞鸟尽，良弓藏"，1874年捻军被平定，朝廷本来就忌惮湘军、淮军的实力，也为节约军饷，开始裁撤日益膨胀的湘、淮部队，丁汝昌麾下的三营马队也进入裁撤名单之列。

湘、淮体制，兵随将转，将以兵立，无国家概念，兵只服从将帅。将帅没有了部队，即为光杆司令，无财源，也无升迁之望。丁汝昌大发牢骚，上书发泄，要求保留编制。引起他的上司刘铭传震怒，遂拟以其违抗军令治罪。丁汝昌得到消息，迅速孤身逃遁于巢县高林乡郎中村老家，暂避风头。

丁老家原在庐江石头镇丁家坎村。1864年迁入巢县。为何迁居？据说丁汝昌此时已升为参将，有人说"大将当避地名"，"丁（钉）在庐（炉）上"，非吉兆，故迁居而避凶取吉。

丁汝昌蜗居故里，心际是颇抑郁的。虽然刘铭传没有继续追究，但他终究丢了差使。出生入死征战了半辈子，他终不甘心。大约闲散数年后，丁汝昌终于耐不住烦闷，遂进京谋取差使，估计不免一番活动，终被有关部门启用，前往甘肃"差遣"，这明显不是肥差，也不是带兵的实缺。丁汝昌很失望，然后又想到了老长官李鸿章，遂由京赴天津，想恳请李鸿章想想办法，以便能得到较好的位置。

天津之行，让他意想不到。李鸿章正在为新成立的北洋水师物色统帅，却一直没有合适人选，忽然见到丁汝昌，遂征询其意，丁汝昌大喜，满口应承。

　　清代习惯，文武官员若有上司举荐职位，无论是否熟悉业务，均会一口应承。如容闳，是最早的留美幼童，美国耶鲁大学毕业。李鸿章极欣赏他引进"制器之器"，即仿造西洋船炮，建立清朝本国军事工业体系的理论。也许是因李鸿章的推荐，曾国藩曾亲自考察他，问："可否指挥部队？"但容闳觉得职位不适合自己，一口回绝。这令曾国藩非常惊讶，因为这太不符合官场惯例了。曾国藩对容闳说：在国内如我问百人，九十九人都会回答可以，你说不能，难道不想得到职位？容闳大概受的是西方教育，遂回答：不能接受不可胜任的职位，那会问心有愧！曾国藩被感动，遂派其赴美国选购机器，对李鸿章创立江南制造局起到了重要作用。

　　但李鸿章和丁汝昌都是国内官场的思维。因而，对丁汝昌来说，没有熟悉不熟悉业务之分，只需忠诚遵命即可。这个责任也许不该由李鸿章来负，举荐肥差，何乐而不为？

　　建设北洋海军这一近代化的海军，在清朝是一件大事。公平地说，清末的军事改革不易，需得到西太后的同意和以醇亲王为首的皇族集团的支持。另外，也应该承认李鸿章还是在一定程度上接受了西方军事理念，但西方军事战略思想优先考虑的要素是火力至上、主动攻击，再加上后勤保障，也包括量才使用军事将帅。对火力配备、军事配套设施，李鸿章还是很重视的，如采购战舰及修建旅顺、威海等地要塞。但主动攻击的理念，他没有完全接受，因为他把舰队当作自己的私产，一直有"保船"的思想。对将帅的选择，他也先以亲疏为标准，而不是用人唯贤。创建先进的海军是李鸿章朝思暮想的梦，可一旦条件成熟，他却开始了错误的选择。

李鸿章最早具有开化意识，他曾化装成士兵潜入外国兵轮考察，他的常胜军早就配备有先进的蒸汽兵轮，他还建立了中国第一支近代意义上的炮兵部队，也不顾曾国藩的反对，最先开始组建持有新式步枪的营队。但有了利器，还要用人得当。北洋海军决不同于当年的常胜军兵轮、炮兵和步枪营。

在此期间，李鸿章一直苦恼于海军统帅人选。据说他一度对严复寄予极大期望，严是留学英国时与刘步蟾、林泰曾、蒋超英同被英国教习誉为最出色的四位学员之一。据张佩纶记载：陈宝琛曾向李鸿章举荐过严复。张佩纶曾与李鸿章谈论起北洋海军最杰出的四位将领：邱宝仁、邓世昌、刘步蟾、林泰曾，他认为刘步蟾最优秀。另一位有开化思想的地方大员丁日昌曾向李鸿章建议，大胆起用船政学堂毕业生，但被李否决。但起用丁汝昌，李鸿章是要冒舆论的巨大风险。因为几乎没有人看好丁汝昌，清议派的中坚、后来成为李鸿章女婿的张佩纶虽不适合带兵打仗，但是作为战略家还是有一定真知灼见的，人也比较正直。尤其对人的评价，有其尖锐性和准确性。他曾劝李鸿章：起用丁汝昌，女流稚童也不会认可。对位高权重的李鸿章如此说，也算够尖锐苛刻的了，等于说李鸿章的识人标准还不如妇女和小孩子。另一员能吏——李鸿章非常倚重的北洋海军基地专家、旅顺海军基地的创建者、袁世凯的叔祖父袁保龄写信给张佩纶，说丁汝昌"浮而贪"，"恐不胜任"北洋海军统帅这一重要职务，他大概是希望通过张佩纶转达给李鸿章。以后的事实证明，袁保龄对丁汝昌的评价一针见血，丁汝昌的缺点以后显露无遗，对北洋海军的纪律管理和风气的影响颇为负面。而且，连外国人也有异议，当时被清朝聘为海关总税务司的赫德就曾说："丁汝昌这人与他作朋友相处，虽然极好，但究竟不是个军事人才，更不适于海军。"

以李鸿章的精明，他很清楚丁汝昌不能胜任，但他认为丁对他足够忠诚而且是老部下便于驾驭，能力则可以退居其次。丁汝昌的优势不在于内行与否，也不在资历和职阶，他能赢得李鸿章的任命，完全在于他不讲任何条件的忠诚度。这也是清代尤其是湘、淮军用人的惯例。能力固然重要，但忠诚更为重要。这也是李鸿章不用船政学堂毕业生的原因，仅懂技术，未历战场，决不堪重任，何况对闽人云集的海军，李鸿章一直心生警惕。如后来他任命完全不懂海军业务的老翰林吕耀斗为天津水师学堂总办，也是因为他是淮军出身。

李鸿章也不是傻瓜，他对丁汝昌肚子里有几两干货还是掂得出斤两的，但在李鸿章看来，外行可以转为内行，他自己当年不也是对洋务一窍不通吗？不也是通过实践历练出来了吗？因而，他一开始并未授丁汝昌实职，而是"留北洋差序"，就是临时负责，对其加以考验和历练。

丁汝昌于1877年加入北洋水师，正式被"命为海军提督"，是1888年，整整历练了十年。十年中丁汝昌经历过数次大的军事行动和重大海事任务，皆不辱使命，亦有可圈可点之处，使李鸿章对其青睐有加，终于认可。

当然，这几次行动和任务，都不是真刀真枪的海战。但毕竟结果圆满。比如1879年，李鸿章命令丁汝昌去英国执行订购超勇、扬威两舰的任务，他顺利带舰归国，得赐"西林巴图鲁"勇号，职级也擢升正一品。1882年，丁汝昌参与外事活动，率舰东渡朝鲜，"莅盟"朝鲜与美国互通贸易的签约仪式。三年后，朝鲜壬午兵变，他奉命率北洋济远、扬威二舰赴仁川、汉城平乱，与吴长庆

▶《伦敦新闻画报》刊登的清朝海防要塞插图

设计约见亲日派的大院君李昰应，快刀斩乱麻，以极快速度连夜将其押送保定监禁。这次军事行动，体现了北洋水师的快速反应能力，李鸿章和朝廷极满意，赏他穿黄马褂，这是清代文武官员的极高荣誉。李鸿章评价他"才明识定"，以西法创练水师，堪大用，也就是说，已认可了他管理北洋水师的能力。1883年，在李鸿章的保举下，朝廷正式实授丁汝昌天津镇总兵兼北洋水师统领。这是丁汝昌人生的一大步。清朝总兵武职实缺很难，官员可以有总兵的职衔，但不一定有实职。丁汝昌不仅有了实职，还有了具体的差使，可谓双利兼得。

自1883年丁汝昌实授北洋水师统领后，他多次督率北洋水师舰队进行巡视朝鲜釜山、元山、永兴湾及符拉迪沃斯托克（海参崴）、日本长崎等地域的军事行动，包括平时水师操练、校阅及海军基地建设，都未出纰漏，进而得到朝廷和李鸿章的赞赏。

1888年,北洋水师正式建制成军,以《北洋海军章程》制定为标志,此后无论向朝廷奏文或内部行文,都称"北洋海军"。丁汝昌也被正式授以"北洋海军提督"官职,朝廷特加兵部尚书衔,以示大清海军提督威仪。虽已改称北洋海军,但从上到下习惯仍称北洋水师。直至1894年甲午之战突起,丁汝昌一直受到李鸿章和朝廷信赖,也是他人生极为风光煊赫的时期。

当然,在这六年中关于他称职与否的议论从未停止,他的部下,那些留洋归来的管带,以刘步蟾为首的"闽党",大概从未在心里真正尊重过他。他之所以口碑不错,不是因为称职,而是因为他宽厚的性格。所以《清史稿》说:"军故多闽人,汝昌以淮军寄其上,恒为所制。"当年北洋海军上下流传着一句口号:"不怕丁军门,就怕琅副将"。"军门"是清代对提督的尊称,"琅副将"指受聘于北洋海军、负责技战术业务训练的英国海军上校琅威理,清廷授其副提督衔海军总查,后升至提督衔,故有"副将"之称。琅威理是典型的职业军官,治军极严,故海军官兵对他敬畏有加,对丁汝昌反而并不畏惧。由此可以看出丁汝昌确实宅心宽厚,也由此带来治军上的一系列弊端。

上行下效　败坏风气

北洋海军正式成军后,一直有舆论指责其军纪松弛。

这里以丁汝昌而论,他自己正应了袁保龄评价他"浮而贪""恐不胜任"大军统帅的评语。"浮"指什么?性格?办事浮躁?不肯踏实钻研业务？袁保龄虽未明确分析，但"贪"却是一针见血。迄今没有证据显示丁汝昌贪污公款，李鸿章向朝廷保举时说丁汝昌"守身廉洁笃实"，但那个年代，上级借婚丧嫁娶、年令节贺，接受下级馈赠，却是公开而半合法的，丁汝昌恐怕也不能免俗。否则不能解释他在生活上的奢华，他甚至养了一个开支不菲的戏班。另有人查到日本《读卖新闻》曾报道：丁汝昌1885年曾于香港买下3万英镑生命保险，但因自杀无法理赔，如果属实，这也是一笔巨款。虽然日本媒体往往爱造谣，极不可信，如章太炎批评日本学界，惯与"捏造事实"，"只有日本人，最爱变乱历史，并且拿小说的假话，当做事实。"如造谣北洋军舰水兵在短炮上晾衣裤、香港军纪涣散之类。日本曾绘制《日清战争锦绘》，公然宣称丁汝昌投降，等等。但有一点是肯定的，丁汝昌的奢靡生活光靠他的俸禄是远远不够的。钱从哪来？光靠部下送礼恐怕也不够。正史当然不会揭丑，倒是野史能记载其中奥秘。《北洋海军章程》明文规定，海军总兵以下官佐必须常年住舰，不准在基地建造官衙、公馆及私人寓所。丁汝昌按规定，可以驻节提督公所，但据说他不仅另起公馆，居然还在刘公岛基地大盖铺房，出租给部下大赚其钱，收益颇丰。所以丁汝昌以堂堂的提督身份，居然常常去看戏、逛窑子、喝花酒，这本身已违反清代对官员的风纪规章了。清代明文规定：官员不准去青楼瓦舍、歌台戏院，违者会受到处分，《大清律》规定："凡官吏宿娼者，杖六十"，严重的甚至丢掉乌纱帽。丁汝昌这些不检点的行为，对北洋海军的影响是很严重的。在琅威理时期，军纪尚严。琅威理本人对此深恶痛绝，惩罚甚严，故风气尚可。

待琅威理去职，自丁汝昌以下，大肆放纵，因为再也无人监管了。

不少军官或自建馆寓，或租赁丁汝昌之铺房，公然离舰登岸，竟形成"一船有半"的恶劣现象。据说琅威理在职时，已然存在，只不过他去职后，更公开化而已。

比如方伯谦，最恶劣不堪、寡廉鲜耻，他虽为"闽党"成员，但与丁汝昌关系尚好，贪财好色、胆大妄为，视军纪为无物，居然在北洋海军各基地如刘公岛、威海、烟台及福州、上海等地均建有公馆，迎娶数房小妾，甚至在服丧期间还公然纳妾。萨苏先生曾著文，他看到2014年发现的方伯谦被军前正法后的档案材料，妻妾们变卖方伯谦名下的房产居然有28处！同时还有一份财产诉状，揭示方伯谦在威海房产共60处，还有其他如福州、上海、烟台等地的房产。他哪儿来的如此购房银两，引得不少人推测其来路。

这样的败类完全玷污了北洋海军的名誉，实在是可耻、可恨，这与丁汝昌的纵容大有关系。关键是丁汝昌本身毫无统帅的表率，既不能以身作则于前，亦不能威权监管于后，使北洋海军的军纪愈有沦丧之虞！甚至有传闻丁、方二人同逛青楼，这些丑闻李鸿章不可能不风闻，但他并未予以重视，因为有言官已揭露北洋海军水兵在香港巡视中上岸赌博，结果不了了之。长崎事件，起因也是因为风传水兵上岸嫖娼，与日本警察发生群殴。最后从丁汝昌到李鸿章，完全没有认真对待，基本未予处置。

当然，嫖赌现象并非整体北洋海军所好，言官的揭发也许是个别现象，长崎嫖妓也许有日本媒体不怀好意的渲染，甚至造谣夸大。

但终归影响到军纪,也许因为丁汝昌、方伯谦等高级将领带头逛妓院,风气所染,必浸淫于士卒。所谓"上有所好,下必甚焉",实在是令人痛心扼腕!

英国人赫德说:"琅威理走后,中国人自己把海军搞得一团糟。"赫德的话也许言过其实,但确实道出了北洋海军所存在的歪风邪气。

北洋海军在建设刘公岛等处海军基地时,沿用西洋海军习惯,建造俱乐部,弹子房、酒吧、舞厅等一应俱全。但并不吸引方伯谦之流的眼球,逛妓院、吃花酒、养妾、听戏、酗酒……实为北洋海军的耻辱。当然,广大北洋海军官兵并非皆如此堕落,在战场上挂白旗的只有方伯谦等一小撮败类。

带伤不退的"顽垒"

一个沉湎于恬嬉的将领主官还能一心一意钻研业务吗?以丁汝昌而言,历来有两种评价。一种认为他完全是外行,对北洋海军的建设、风纪、训练有负面影响,在甲午海战、刘公岛保卫战中有负职守,对北洋海军的覆灭有不可推卸的责任。还

▶刘公岛戏楼(王晓光 摄)

有一种客观评价认为丁汝昌对北洋海军的建设还是付出了一定的心血。逐渐由外行开始熟悉业务，尤其对北洋海军的后勤保障付出过心血，是不能将丁汝昌全盘否定的。

丁汝昌对于海军作战和训练应该是不熟悉的，先是聘用洋员琅威理等人，后由刘步蟾对北洋海军整体的军事训练负责，自己似乎只分工于基地建设和后勤保障事务。按现在军事观点来看，他较为合适的职务应该是舰队副司令或海军基地司令。

相比于他的日军对手和自己的部下们，丁汝昌于海战确实是外行。日本联合舰队司令官也是由陆军出身转为海军，与丁的经历相似。自1866年，意大利、普鲁士与奥地利在亚得里亚海丽萨岛附近首次上演铁甲舰海战以来，甲午海战是世界海战史上首次进行铁甲舰队战役级的大海战，这场大海战改变了中日两国的走向。如以成败论英雄，丁汝昌是失败者。黄海大海战实际上是由刘步蟾代替指挥的。

丁汝昌自黄海大东沟海战受伤后就未直接参与海战指挥，但他拒绝水兵们搀他进舱，而坐在甲板上镇定微笑，鼓励水兵们奋勇杀敌。一个舰队司令临危不惧，对全舰官兵起到激励士气的莫大作用。当时丁被震落甲板，碎片压住左腿，《中国近代史资料丛刊·中日战争》第三册中记载：丁汝昌"左脚夹于铁木之中，身不能动，随被炮火将衣焚烧，虽有水手将衣撕去，而右边头面以及颈项皆被烧坏"，这是战后李鸿章致朝廷的战事汇报。当时在舰上的洋员戴乐尔也在战后回忆录中描述了丁汝昌的受伤和从容镇定。

丁汝昌受伤后，水兵们将他搀扶进舰艏楼，过程中有两名救护他的水兵当场中弹牺牲。可能是水兵的牺牲提醒了他身为提督的职责，他坚决拒绝水兵们要搀扶他进入舰艇主甲板下的医疗室治伤，坚持坐在舰艇楼内督战。这是一处通道，水兵们不断从此运送炮弹，戴乐尔记叙："提督坐一道旁。彼伤于足，不能步立。惟坐处可见人往来，见辄望之微笑并作鼓励之语。"当时戴乐尔也受伤了，在医疗室包扎完伤口正好看见负伤的丁汝昌在激励水兵的士气。他很感动，"用半通之华语与英语，互相勉励……表示同情、崇敬，且钦佩之握手，凄然前行，心中犹念及不幸之丁提督所处地位之可哀。"戴乐尔的感受，相信"定远"的官兵们也同样感受到了。丁汝昌之所以受到官兵的爱戴，并不完全是因为待部下宽厚，还因为他勇敢的军人素质和表率，毕竟身经百战，尽管他有缺点，但他毕竟不同于方伯谦，方伯谦怕死，战场上挂受伤旗临阵脱逃，他的部下对其非常鄙夷。

戴乐尔何以"凄然"？何以有"可哀"之感，因为之前北洋舰队丰岛海战失利及北洋舰队引起争议的军事部署，清流派大肆攻讦，引起光绪厌恶，诏谕革职，"戴罪自效"，即是说丁汝昌已被褫夺北洋海军提督职务，而是以戴罪之身临时指挥作战。

丁汝昌如果在受伤后躲进甲板下，等于放弃职守，将会给清流派以更大借口，清流派本身即想将淮系势力彻底逐出北洋海军。丁汝昌虽然看不到双方激战，但他不愿退缩。战后统计，"定远""镇远"仅大型炮弹就分别被击中159弹和200余弹，正如日本战报所悲叹："定远、镇远不负盛名。坚甲顽垒无法击沉！"日本当时大概不知道，定远甲板上还有一座带伤不退的"顽垒"丁汝昌！

黄海上波涛汹涌，硝烟翻卷，炮火撕破空气，发出刺耳轰鸣，"定远"舰上落下大大小小一千多发炮弹，它没有沉没，仍顽强地与对手拼死战斗。丁汝昌的心情一定非常复杂，在镇定从容之下，内心有战胜敌人的渴望？有对革去职务的悲凉？实际上，丁汝昌负伤后，北洋舰队对敌作战的战术指挥由左、右翼总兵执行，大部分军舰仍视"定远"为旗舰，整个战役并未因丁的负伤而混乱。只有方伯谦，带动吴敬荣的"广甲"舰脱逃，造成舰队整体乱阵，使双方战舰比例失衡，使北洋舰队少了两艘战舰的作战能力，还撞伤了"扬威"舰。

"保船制敌"贻误战机

丁汝昌本身并不以知兵而名，在淮军时从未指挥过大战役，更不精通近代海战。他太平军的出身，使他一直小心谨慎。在李鸿章"保船"方针的影响下，丁汝昌多次出巡无功，被震怒的光绪革职"戴罪立功"，从此他更加谨小慎微。丰岛海战前，丁汝昌没有控制大同江，受到李鸿章的斥责。黄海大东沟海战中，丁汝昌带伤不退，他是抱定必死之心的。战后李鸿章认为"以北洋一隅之功，搏倭人全国之师，自知不逮"，坚持"守口"不战的方针。这更影响了丁汝昌。

李鸿章的分析不能说没道理，但也有视北洋舰队为家底的思想作祟。当时日军开始登陆作战，清军转为全面防御。李鸿章在当时提出了"多筹巨饷，多练精兵"的持久战战略，但未被清廷采纳。慈禧不愿打仗影响祝寿，光绪抱负很大，但他没实权，只是名义上的武装部队统帅。他只能迁怒于丁汝昌，他曾与清流派商量以清流派人士取代丁汝昌的职位，但为之已晚，且阻力重重。

日军在海军护航下开始登陆后，竟未受到北洋舰队的任何阻击。在花园口登陆后日军推进实际很缓慢，但丁汝昌率舰队由威海抵旅顺，竟未敢袭击日本登陆部队。日军占大连湾后，丁汝昌竟率队又回威海，李鸿章曾予以严斥。丁汝昌又回旅顺，但一天之内又返回威海。数日后旅顺即失守，进而辽东半岛大部失守。这时李鸿章亦被"革职留任"。旅顺有北洋海军大修厂和弹药库、煤库，在日本进攻旅顺前，丁汝昌专程赴天津见李鸿章。力主海、陆夹击保护军港，被主张"保船制敌"的李鸿章斥责。由此可见李鸿章不敢战，丁汝昌未得允许也不敢主动

▶ 航拍刘公岛全貌（王晓光 摄）

攻击。疲于往返，最终丢掉军港基地。

此时，清廷最高统帅部估计日军必会逼山海关攻取北京。所以在京畿屯兵计200余营约10万军队，山东半岛部署40余营约2至3万人，且散落成山至登州500里长之地段。荣成仅4营1400余人。实际日本却是虚晃一枪，兵锋直取山东半岛。

当时只有威海卫守将戴宗骞是聪明人，他向李鸿章提出了"宁力战图存，勿坐以待困"的良策。即陆、海军皆可出奇兵袭击。但李鸿章怕出击有失，仍取防守之势，令陆、海军"效死"坚守。1895年1月20日，日军2万人登陆荣成湾，1400守军不战而退。这时李鸿章才明白"守定不动之法"误了大事，他于23日急电丁汝昌"出海拼战"，"即战不胜，或能留铁舰等退往烟台"。此时若按李鸿章的电示办，或尚可挽回危局，保存北洋舰队。但丁汝昌却拒不执行，回电表示"惟有船没人尽而已"，他认为"屡催出口决战，惟出则陆军心寒，大局难设想"。这一拖便失去了宝贵的7天，日本陆、海军攻占南帮、北帮炮台，至此陆上据点皆失。日军利用南帮炮台终日炮轰北洋舰队，日本海军则完全封锁了威海基地和围住了北洋舰队。

当李鸿章知南帮炮台失守，再次急电丁汝昌，令他"挟数船冲击……勿被倭全灭"，或"事急时将船凿沉"，但丁汝昌竟仍然拒绝执行，又失去了宝贵的7天时间。2月5日至6日，日本鱼雷艇连续攻毁北洋数舰。7日，又全部俘获突围的北洋十余艘鱼雷艇队。9日，"靖远"被击沉，"定远"失去战斗力被丁汝昌下令炸沉，刘步蟾自杀。10日，丁汝昌才下令将剩余舰艇炸沉并研究突围，但为时晚矣。

在一片大乱之形势下，不得不服毒自杀。余存的10艘舰船和大量军械皆被敌所获。

现已查明，以丁汝昌具名的降书是洋雇员伪托的。丁汝昌大节不亏，但优柔寡断，不知兵不善战，而且拒不执行正确的命令，最终成了断送北洋舰队的直接责任者。

以今天的军事常识来看，大东沟海战中日双方互有胜负，日本"聚歼清舰于黄海"的战略完全失败，北洋舰队主力舰未被击沉，若重整旗鼓在威海卫和刘公岛保卫战中仍可有所作为。但丁汝昌完全乱了方寸。多种内外因素使他身心俱疲，不堪主帅重任。

密谋换掉海军提督

最致命的是光绪与清流派密谋，由珍妃、瑾妃的师傅文廷式奏请起用徐建寅为特使，"查看"威海布防。名为"查看"，实则欲加之罪。徐是有名的火药技术专家，已由珍妃之兄志锐出面保奏，先于11月10日到达北京。这完全是清流派的预谋，企图以徐取代丁汝昌。7月24日，即丰岛海战爆发前一日，张謇写密信致翁同龢，提出北洋海军高层人事变更的谋划："丁须即拔，以武毅军江提督代之，似亦可免淮人复据海军（丁常与将士共博，士卒习玩之，亦不能进退一士卒）。惟非水师，恐与驾驶事不行，转为士卒所轻，则左翼之林泰曾，右翼之刘步蟾似可择一。若论者有词，可以策励，似林逾于刘。"11月10日军机处即发表徐为特使，同时以"统带师船不能得力"之名

▶位于紫禁城隆宗门内的军机处(朱小平 摄)

革去了丁汝昌的兵部尚书衔,摘除顶戴。旅顺失守后,清流派发起攻击。20日,以"救援不力"罪,丁汝昌被革去本职。27日,都察院60多名言官联衔上奏,请诛丁汝昌,罪名有旅顺失守、"镇远"触礁等等。12月12日,属清流派阵营的山东巡抚李秉衡的上奏更具杀伤力,请朝廷对丁汝昌明定典刑。五天之后,朝廷正式谕旨丁汝昌交刑部治罪。并谕李鸿章更换海军提督,意图推上徐建寅。只是由于李鸿章与北洋海军、陆军将领和洋员的反对,光绪才允许丁汝昌戴罪暂留,但特别在谕旨中注明"俟经手事件完竣,即行起解,不得再行渎请",即是说,在海防战事结束后,丁汝昌仍然会被押解到刑部治罪。这样严厉的口气对丁汝昌的心理打击可想而知。尽管李鸿章在向威海海陆军将领转发谕旨电报时,特意对上述谕旨解释:"查经手事件所包甚广,防务亦在其内,应令丁提督照常悉心办理,勿急交卸。"但丁汝昌的心里已然忧惧失措。

清流派的计谋在李鸿章和海陆将领的反抗下没有成功,但丁汝昌心里的阴影却挥之不散,他随时都可能被押赴刑部,被处死的可能性亦极大。作为攸关北洋海军和基地的统帅,逢此局面,遑论个人安危,他根本就不被朝廷信任,或胜或败,前途都是莫测。

战前,丁汝昌曾致陆军守将戴宗骞函,足可窥见他此时心境:"……汝昌以负罪至重之身,提战余单疲之舰,责备丛集,计非浪战轻生不足以赎罪。自顾衰朽,岂惜此躯?惟以一方气谊,罔弗同袍,骖靳之依,或堪有济。然区区之抱不过为知者道,但期共谅于将来,于愿足矣。惟目前军情有顷刻之变,言官遑论列曲直,如一身际艰危,又多莫测。迨事吃紧,不出邀击,固罪;既出,而防或有危,不足回顾,尤罪……"

上述完全不是一个大战在即统帅的正常心态。"浪战轻生",战与不战均是"罪",他的心情可想而知。看来,丁汝昌以死"赎罪"之心从那时就已萌生了。过去对丁汝昌威海、刘公岛保卫战的失败之因,很少有人从丁汝昌的心态分析,笔者以为这封信足以证明丁汝昌已无心指挥战斗。

陆军断援　外线溃败

保卫刘公岛,光依靠海军舰船、陆防、海防炮台不行,还必须有陆军的支援。

北洋海军威海基地自己有陆路驻军,可指挥的绥军、巩军、护军等一万余人,负责守卫威海基地和刘公岛。其他驻防在烟台、登州、青岛、青州、兖州、曹州等地的淮系嵩武军、八旗等陆军近三万人,但不能被北洋海军所调动。依清末的海防军制,北洋大臣李鸿章有权管辖沿海各省包括山东一带沿海防务,但海防部队只是名义上听从调遣,若要调动部队,还要得到行政区划上的各省将军、总督、巡抚的同意。山东的陆军,李鸿章实际上是没有权力直接调动的,李是北洋大臣、直隶总督,与山东巡抚平级。山东对于保卫威海、提供兵员、战事支援极为重要。大学士倭仁之子、原山东巡抚、旗人福润,与李关系融洽,福润是主张加强海防部署的,与李配合一直很默契。但1894年8月13日,清流派干将李秉衡受光绪秘密召见,意图取代李鸿章,8月16日,谕旨将已是安徽巡抚的李秉衡与福润对调。李秉衡曾在李鸿章属下任官,受过处分。后来投靠张之洞门下,成为清流干将,受到越级提拔。这个被翁同龢吹捧为"文武将才,真伟人"的干将,一直对丁汝昌有敌意,他曾巡视到威海,但大敌当前,他竟不与丁汝昌见面洽商海防大计,也一直推托募兵等具体措施。李确有文才,上奏的电文议论慨然,辞藻华丽,但就是无任何实际行动。李甚至听从张之洞的建议，派密探打入北洋海军内部，搜集把柄，以备打倒丁汝昌和李鸿章之用。

从上到下，都基本知道日本的下一步必然进犯威海卫。依靠自身

▶刘公岛东弘炮台全景（王晓光 摄）

力量，威海军港防务主要由北洋海军及所辖陆军担任，陆军守护南北帮和刘公岛炮台。据史料可知，丁汝昌制订的是防守战略，应付日军进攻分别预备有三种作战方案：

方案一

日本：少量军舰进攻威海；

北洋：全舰队主力出港反击。

方案二

日本：主力舰队进攻威海。

北洋：各舰于南北两口水雷线与岸炮共同反击。

方案三

日本：陆军登陆威海后路。

北洋：各舰赴威海湾近岸，以炮火支持岸炮反击。

这三种布防不能说不周全，但是完全建立在被动挨打的思路上。因为丁汝昌也明白，舰队停在军港里，依赖的保护是炮台，如果"两岸全失，台上之炮为敌用"，北洋海军的下场就只能是"誓死拼战，

船沉人尽",这是丁汝昌所担忧的后果。两军相争,一方主帅若存此念,那真是太消极了。

丁汝昌侥幸期望李秉衡能抵御日军的登陆。但他完全没有看透李秉衡的居心。李秉衡的防务部署,根本就不屑于威海,而是极力保护他自己驻地的烟台。李秉衡曾派出由修河民夫组成的五营河防军应付,但宣传得天下皆知。结果就是,数百公里海岸线上,竟无作战陆军守卫。

而且,陆军将领戴宗骞一直主张积极出战,与主张退守的丁汝昌"彼此均有意见,遇事多不面商","……负气相争,毫无和衷筹商万全之意"。一些将领如刘体芳都看出来了,甚为忧虑。以今日眼光看,戴对日军的战斗力不是很了解,仅凭血气之勇;而丁汝昌对日军战斗力较为熟悉,却无死战之心。但大战将临,二人意见相左,又无可协调,这已为威海卫保卫战失败埋下不祥的预兆。

另外,即便李秉衡抛弃党派之隙,全力调动部队支援保卫威海卫和刘公岛,但部队的战斗力实在令人扼腕。事实证明,面对日军的登陆,清军将领并非不战,但部队实力确实悬殊,战术明显落后,火力明显不足。也有的部队往往一触即溃,甚至有一支部队仅因掌旗兵中弹,军旗倒下,全营即一哄而散。尽管个别战斗有所斩获,但总体是溃败,甚至不战自撤、不战自散。

炮台尽失　孤岛危悬

外围防线的溃败，使北洋海军威海卫基地只能依靠自己单薄的防守部队，南帮炮台首先成为第一道屏障。其海岸和陆路炮台，共有克虏伯要塞炮120毫米至280毫米20余门、75毫米行营炮约20门，但缺乏抵御对方步兵进攻的机关炮，守卫部队仅有巩军6营约3000人，且弹药不足。

1895年1月30日，5时至8时许，驻守清军一千多人，终究抵抗不住日军一个旅团的攻势，被迫弃守。随后，日军利用大口径火炮轰击北洋舰队，"定远"刚修复的305毫米巨炮又被损，"广丙"舰帮代大副黄祖莲等阵亡。鹿角嘴、谢家所等陆路炮台相继失守，坚守清军全部阵亡。日本第六师团第十一旅旅团长大寺安纯少将，在摩天岭炮台正待摄影留念，被北洋舰队"来远"舰发炮击毙。从此日起，北洋舰队各舰与日军展开了十余天的炮战。丁汝昌坐镇"定远"，并指挥"来远""靖远""平远""广丙""济远"及鱼雷艇等开炮支援陆路炮台。

从现存往来电文看，李鸿章曾多次急催北洋舰队突围出去。丁汝昌为何不执行命令？现在分析，一是冲出去或许有保留北洋舰队剩余舰只的希望，但威海卫与刘公岛必丧敌手，因为守卫部队完全不能与强敌抗衡。于是竟出现如此荒唐的一幕，基地守卫部队主要将领、李鸿章的外甥张文宣，竟先致电李鸿章，反对北洋舰队突围，其后又急忙会见丁汝昌，坚决要求陆、海军"协力同心，死守刘公，以得外救。互相立约；若陆军先出，则水师轰炮击之；若水师先逃，则陆军开炮轰之，各无悔言"，这个愚蠢的协议束缚了丁汝昌的手脚，也束缚住了他的思维。

或许丁汝昌的心里清楚：即使他突围而去保存住了北洋舰队，但威海卫、刘公岛的失守必致他于死命，因为他还担负着保卫海军基地的职责。

张文宣是威海护军统领，这支部队是太平天国战争时李鸿章的亲兵护卫营，是李鸿章最嫡系和贴心的亲信子弟兵。原驻防旅顺，后调威海，参与刘公岛炮台修建后，就地驻防成为护军，共辖两营，甲午后又增募两营。作为李鸿章的外甥，他有着颇为权威的发言权，丁汝昌也不能不让三分。张文宣守地有责，他的目的很明确，要死大家一起死，所以他最终也选择服毒自杀。这让左右为难的丁汝昌作出了一个毁灭性的决定。

▶威海水师学堂（王晓光 摄）

丁汝昌最担心南帮炮台失守，因为南帮与北帮两座炮台是威海基地的重要屏障，失之则臂断其一。他曾将水兵派上炮台协助火炮操作，兼有督战之意。但丁汝昌却又向李鸿章汇报，与张文宣等商议放弃难守的外围龙庙嘴炮台,这引起戴宗骞的愤怒:"因甚轻弃?"他也向李鸿章告状,"淮军所至披靡,亦何足为怪?"一贯坚持积极作战的戴宗骞的这一番话,大获李鸿章欣赏,马上斥责"丁系戴罪图功之员,乃胆小张皇如是,无能已极","如不战轻弃炮台,即军法从事"!

丁汝昌无奈,只好恢复龙庙嘴炮台防守。但面对日军第二师团近万人的进攻,南帮炮台只有守军约3000人,清军顽强抵抗,曾三次击退日军,在1月30日,外围沦陷,摩天岭炮台失守。自指挥官周家恩以下,守卫清军全部壮烈牺牲。

丁汝昌也许是无奈和愤慨,在龙庙嘴、鹿角嘴、南帮陆路炮台相继失守的消息刺激下,加上李鸿章对他的斥责,居然下了一道违背军事常识的命令——北洋海军精锐的海军陆战队全线出击,去夺回失守炮台。但只凭借配备毛瑟枪的三百名队员,全部战死,根本未发挥应有的作用。如果丁汝昌将陆战队布置在尚未失守的北帮炮台,或许还能发挥一些作用。

一臂已断,北帮炮台岌岌可危,李秉衡依然玩弄权术,拒不派兵支援。

1月31日,日军分头向北帮炮台迂回。羊亭河之战,清军不敌日军火力,全线撤退。威海通向烟台的陆路被日军断绝。这一天,丁汝昌来到北帮炮台与戴宗骞共商防守之计。但倚赖的巩军统领刘超佩已负伤入医院。北帮仅剩的一营绥军新募兵全体溃散。支援北帮的"广甲"舰随后逃往烟台。这艘舰的管带即是在海战中随方伯谦逃跑的吴敬荣，非常奇怪的是方伯谦被军前正法，吴却只受到一般性处分。其恶果是关键时刻，他再次逃跑。

戴宗骞扼腕长叹，炮台内只剩下十几名亲兵，面对虎视眈眈的日军两个师团，他无兵可以抵御。北帮炮台共有大口径克虏伯要塞炮10门，一旦被攻陷，被日军利用，火力完全覆盖刘公岛，其危害大于南帮炮台失陷，对北洋基地而言完全是毁灭性的。可丁汝昌决定弃守，他从军事角度分析利害得出的结论是：无力防守，与其被日寇利用，不如毁弃。

戴宗骞坚决反对丁的提议，丁汝昌派人将他羁押回刘公岛。也许是戴宗骞一直内疚于威海陆路的失守，也许是作为军人不战而弃阵地的耻辱，戴宗骞于2月1日晚回到刘公岛，吞金自杀。

2月2日晨，"镇远"的水兵登上北帮炮台，将炮位、火炮全部炸毁。上午日军进入威海卫城和北帮炮台。至此，陆路全部被日军占领，北洋海军的物资、弹药补给被切断。因日军占领城内电报局，北洋海军与基地的对外联络的电报也全部中断。陆、海两方面均被日军控制，大口径火炮均可从南、北帮炮台喷泻到刘公岛。

听到这些令人沮丧的噩耗，丁汝昌于深夜紧急召集军事会议，参加者有张文宣、北洋威海营务处提调道员牛昶昞、已升任左翼总兵的刘步蟾及各舰管带，包括北洋海军总教习马格禄等一干洋员。

会议得出的结论是：刘公岛、日岛、黄岛、东口、东泓、旗顶山等共有各类火炮约70门，还有舰队火炮，依托东西海口布设的水雷等坚守待援，将希望寄托于李秉衡等外围陆军的解救。

2月3日，日军发起进攻，几次被击退。但"定远"被鱼雷击中，刘步蟾命令砍断锚链，以避沉没，驶往刘公岛东南岸坐滩搁浅。在海水不断涌入的险情下，"定远"继续发炮，丁汝昌则移督旗于"镇远"指挥作战。2月5日，"来远"中雷倾覆。"宝筏""威远"相继中雷失去战斗力。刘步蟾被迫率水兵弃舰到达刘公岛，据说见到丁汝昌，竟跪倒放声大哭："今唯一死谢之！"

2月7日，李鸿章密使送信命令突围。但此日黎明，日军总攻开始。北洋舰队反击，但不少炮弹虽击中敌舰，却因多为实心弹，对敌舰损毁甚弱。同日，鱼雷艇队出港，搭载丁汝昌密使李赞元赴烟台求援的"飞霆"号也同时出港。过去一直认为是擅自脱逃，现在经过考证，鱼雷艇队不是逃跑，是佯攻掩护密使小船驶往烟台。因敌我悬殊，迫不得已逃往烟台，但大部艇船被日军俘获。这样的结局丁汝昌完全没有料到，大为震惊和恼怒。但这一消息却在刘公岛引起混乱。陆军士兵极为愤怒，因为原来海陆两方有约定，不得擅自突围。士兵们于深夜聚集于海军公所，丁汝昌、张文宣赶至，好言抚慰，制止了类同哗变的危险。但弹尽粮绝的险况，使人心崩溃，不断有军民绝望自杀。

鱼雷艇队出港护送信使遭致全队溃败被俘，是丁汝昌指挥刘公岛保卫战最大的败笔之一。北洋海军鱼雷艇与日本鱼雷艇技术参数大致相同。日军"第二十二"号与"福龙"都为希肖船厂出品，但吃水，航速等都低于"福龙"。

2月5日、6日，日军鱼雷艇连续对刘公岛发起偷袭，只有"定远"击毁、击伤数艘日军鱼雷艇，北洋鱼雷艇队始终未予反击。最终被日方发射鱼雷击中"定远"。

当日军第二师团在旅顺方向登陆时，一直害怕北洋鱼雷艇队阻击，只能冒险用小船运兵，共15天完成登陆。而鱼雷艇队和北洋舰队一直未见出击。北洋鱼雷艇队不属于舰队管辖，直接由丁汝昌指挥，居然在保卫战中未发挥任何作用，直至溃败被俘。其恶果是"来远""威远""宝筏""靖远"被日军鱼雷艇击沉，"定远"被击伤。丁汝昌被称为"外行"真是名副其实。

同日，李秉衡为断绝救援，发电朝廷，造谣说北洋海军已全军覆灭，导致清流派言官开始起草革职李鸿章、正法丁汝昌的奏折。李鸿章方寸也乱，竟然在毫无调查的情况下，认为丁汝昌"带'镇远'、'靖远'各舰艇冲出，寡不敌众，迟不如速，亦必被击沉"，提出"引咎"请旨罢斥。

直至2月9日，在鱼雷艇队掩护下搭乘"利顺"轮求援的信使李赞元才到烟台。

刘公岛不知道李赞元到了烟台，2月8日，北洋舰队一部分官兵离开军舰上岸，不到一小时，陆军也纷纷离开炮台，连同百姓，又围聚在海军公所门前，要求丁汝昌放一条生路。

此时的丁汝昌不是激励部下誓死抵抗，或率部突围保存力量，竟然许诺，若11日援兵不到，"届时自有生路"。

第二天，日军继续进攻，发起炮战，丁汝昌亲登"靖远"，率"平远"驰至日岛附近，配合刘公岛炮台反击。丁汝昌大概想一死解脱，居然来到舰首210毫米主炮炮位旁，昂首挺立督战。水兵们看到提督在无任何防护的甲板上镇定自若，皆受激励，尽管伤亡严重，但仍与日舰炮战了一个多小时。但最终"靖远"被击中，下沉后，丁汝昌被救到救生船上，涕泪横流，

▶刘公岛博物馆门前的残炮（王晓光 摄）

悲伤长叹："天使我不获阵殁也！"他想阵亡解脱，他从未想到军事上的万全之策，他所能做的只是毁船。

9日下午，丁汝昌又决定炸毁搁浅的"定远"。"广丙"用鱼雷先击毁"靖远"，随后用炸药炸毁"定远"。在天降的大雾中，极度悲愤的刘步蟾吞鸦片自杀，实现了他战前的遗言："苟丧舰，必自裁！"这个噩耗再次冲击北洋海军的军心。

同夜，日军鱼雷艇队再次破坏威海湾东的防材，造成破口进一步扩大。令丁汝昌短暂喜悦的是，一直与外界中断联系的刘公岛，迎来李鸿章的密使。但密电只是7日李鸿章的突围命令，形同一纸空文，对刘公岛的危急无任何作用。

丁汝昌急忙给李鸿章致信，除报告一周战况外，乞求援军务必于10日、11日到达。同时写信给朝廷原定驰援威海的淮军陈凤楼，乞求"望贵军极切""日来水陆军心大乱，迟到恐难相见"，悲凉之情，溢于纸上。他将希望寄托在当年剿捻战争中的老战友身上。但他不知道，陈凤楼的8营马队于9日已到潍县，被居心叵测的李秉衡留

▶ 军机处办公用品（朱小平　摄）

于莱阳、海阳一带驻防，名为"防备"日军，实则断绝救援。10日，朝廷不知是愚蠢，还是清流派的计谋，又以日军"窥窬京畿"，"沿海地势平阔，须有得力骑兵"为由，将8营马队悉数调到天津。旌旗迤逦，马蹄声远，含泪翘首以望的丁汝昌还蒙在鼓里，他所祈盼的援兵再也见不到了。

李秉衡的阴险不仅如此，山东的精锐主力被他不发一兵一卒，连朝廷另外发遣的五营云贵苗兵也被他扣住。这支部队由抗法战争名将丁槐督率已到达黄县，李秉衡下令暂驻，以加强登州防卫为名，实则保护他自己。他还煞有介事地要求丁槐在此招募训练20个营后，再去救援，他对截留陈凤楼也是打着与友军会合、集训之后，再去救援威海的幌子。李的所谓计划广告天下，令人眼花缭乱，各种部队会合、训练、谋划救援之类，貌似慷慨激昂，实则不发一兵。

以清朝陆军与日军素质相比，尽管陈凤楼的淮军有作战的老底子，丁槐的苗兵有与法军作战的经历，但真正交战，火力不足、缺乏弹药的这两支部队，是否能与日军抗衡，实在是难说。但有一点是可以预测的，假设两支部队能到达威海陆路，与日军交战，胜负另论，但对刘公岛苦苦坚守的海军、陆军官兵，必是极重要的激励，军心必将振作，奋起而战，恐怕绝不至于落到瞬间涣散瓦解的地步。

以"自杀"求"一身报国"

2月10日，日舰纷纷补给装煤。据记载，丁汝昌一直立于军舰和炮台上，翘首威海陆地，望眼欲穿。而此时北洋海军似乎在束手待毙，居然毫无反击。

派往日本求和的特使张荫桓、邵友濂二人被日本拒绝，予以驱逐。这是朝廷于1894年12月定下的计划，以期保存北洋海军。但其实日本在未覆灭北洋海军前，是决不会停战和谈的。

这一天，得知日本拒绝和谈，光绪召见大臣，"声泪并发"，但几位大臣的进言，翁同龢在日记中说是"余以为特梦呓耳"。

2月11日是日本的纪元节，历史上神武天皇即位日。日军发起总攻，日方原以为北洋舰队士气已然低落，战事必唾手可得。讵料北洋舰队和守岛护军却极为顽强，极高的炮火命中率令日军大为震惊，"葛城"号被击中，但可惜又是实心弹！但已令日舰丧胆，第三舰队迅速撤离。在随后发现未受重伤后，又卷土重来。但领队舰"天龙"又被刘公岛炮台实心弹击中，大副毙命。"大和"舰也被击中，但可惜都是实心弹，未被击沉。不堪北洋舰队猛烈的炮击，日舰最终撤退。

但丁汝昌并不乐观，日军的暂退必将带来更猛烈的进攻，弹药将尽，水粮几无，军心涣散，水兵和陆军士兵又以丁汝昌允诺的援军期限哭求。丁汝昌几次下命令炸毁"镇远",但已无人听命,丁汝昌束手无策,无计可施。现在史料已证明,日本联合舰队是在1月25日送达的劝降书。这封劝降书丁汝昌应该是看到的,只不过他根本不予理会。但此时此刻,丁汝昌心有何想?据卢毓英《卢氏甲午前后杂记》记载:丁汝昌曾咨询留学英国的部下陈恩焘,询问西洋海军逢此绝境该如何处置?陈将外国海军投降之例告之,"丁之意遂决"。丁心中"之意"是何种"遂决"?"定远"军官卢毓英所写《卢氏甲午前后杂记》这本未刊野史,尽是孤证,几难令人相信。即以劝降书为例,日方记载有中、英两种文本,内容却差异颇大,英文是公文,中文几乎是私信。我倒宁愿相信丁汝昌是被洋员和属下僚属假托投降。因为丁汝昌心里非常清楚清朝对于失地官员的苛刻处罚。投降不仅个人名誉尽失,也会给家族带来灭顶之灾。丁汝昌其实非常清楚,刘公岛保卫战无论胜负,他都会被处以刑罚。他不知道,来刘公岛的信使返回烟台后,军情已达朝廷,但从上到下没有驰援的急令,只有清流派在撰写奏折,挞伐李、丁二人。李鸿章收到刘体芳转来的丁汝昌告急电后,一无筹措,只将电文交到总理衙门而已。丁一直有自杀的打算,他何用投降自辱名节?卢毓英的品行也是有问题的,他怕战败受辱,买鸦片以备服毒。但买完回来后又大抽而尽,称"今朝有酒今朝醉,明日无钱明日愁",他的回忆录怎敢令人相信?

也许丁汝昌为断绝水粮、弹药将近的将士们,以一身担当降名,可保全数千人的性命?

2月12日,丁汝昌向老长官李鸿章写好遗书后,取鸦片服下自杀,殁年59岁。他在向营务处道台牛昶昞交代后事后，留言："只得一身报国，未能拖累万人。"也许当年在太平军的经历，让他想起了石达开、李秀成的故事？但太平军将士并未得到保全，全部被残忍杀害。即使北洋海军水陆几千将士生命得以保全，但耻辱岂能避免？事实上投降后，北洋海军建制被一笔勾销，军官、士兵绝大部分被遣散。投降并未保全北洋海军！而短短不过十余天，战事结束硝烟未尽，即2月25日，水兵被发饷陆续遣散。本来刘体芳负责遣散事宜，想保留军官，送天津听候发落。但李鸿章一口回绝："今船失则官亦虚悬，均应斥革，令其各回原籍。"不知丁汝昌死后若有知，对他的老长官的冷漠该作何想？

遗书、遗言都是不太可信的，在封建时代，重要官员的遗书都要上呈朝廷，往往被改动、代写，以免犯忌，而得不到抚恤。野史的记载也须慎重引用，说丁汝昌将自己的官印磨掉一角，以防被人利用，这都不太令人信服。因为在11日晚间的军事会议上，丁汝昌曾提议突围至烟台，但无人响应。马格禄、牛昶昞予以拒绝，并离开会场。会后马、牛二人还派兵持械威逼丁汝昌向日军"投降"，被丁拒绝。夜至，二人又煽动兵民在丁住所门外呐喊、威胁。说明丁汝昌此时并未想到投降而抱有一线希望。

在之前的2月7日，洋员英籍副管驾戴乐尔、德籍教习瑞乃尔等三人，受英籍总教习马格禄、美国人浩威主谋推举，拜访丁汝昌、牛昶昞、马复恒，劝降。但丁汝昌坚决回绝，以自杀明志。10日，一部分护军士兵挟持张文宣至丁汝昌住所，胁迫投降，牛昶昞和各舰管带也赶来。丁汝昌只说:"你们想杀我可速杀之,我岂会吝惜这条生命?"瑞乃尔再劝"不若沉船毁台,徒手降敌较为得计"。据载,他当时是沉思良久,态度不明。虽未明确同意,但却同意"沉船"的提议,下令炸舰。丁汝昌的态度有些暧昧。

当然,丁汝昌是决心一死,他特请木匠打制棺材,还亲自躺进一试。但是他说"吾誓以身殉,救此岛民尔",无非是默认其他人代替投降,他对北洋海军的覆灭仅一句"誓以身殉",并不能推脱责任。

烟消云散的结局

与丁汝昌同日自杀的还有刘公岛护军统领张文宣、"镇远"护理管带杨用霖。张文宣在斩杀数名日军间谍后,也服毒自尽。杨用霖听到要投降的消息,悲愤不已,坚决不签署日方要求的不参与战事的保状。牛昶昞召集各将、洋员商议投降事宜,因丁、刘自杀后,杨用霖是护理左翼总兵兼署理镇远管带,等于是林泰曾的职位,是北洋海军武级职衔最高者,故牛昶昞推举杨用霖主持投降。但被杨用霖一口拒绝,高诵文天祥诗句:"人生自古谁无死,留取丹心照汗青",返回舰舱,举枪自杀!杨用霖是唯一北洋海军军人用手枪自杀者,异常壮烈。杨用霖值得大书特书,他完全是自学成才,未经任何海军学校学习,一步一步靠磨炼擢升为海军高级将领。他擅长英语和驾驶,曾被琅威理、严复等赞其日后必为海军名将。连光绪皇帝都知其名,在欲将丁汝昌治罪时,特向李鸿章提出三人供选用替代提督之职,其中便有杨用霖。对北洋海军心存敌意的钦派查验北洋海军特使徐建寅，对诸如刘步蟾、林国祥、邱宝仁等将领评语颇恶劣，对杨用霖的评价却是"朴诚可用"。杨用霖被任命为"护理左翼总兵"，但未将用其才，没有发挥军事指挥才能。这位在黄海海战中为防止有人降旗投降，亲自将军旗钉死在主桅杆上的猛将，自杀后依然端坐于椅，手枪握于手中，至死都没有躺下，保持了北洋海军军官的尊严。卢毓英是这样描述的："（杨用霖）端坐于官舱，自饮手枪，灌脑而卒。其船诸将忽闻官舱有声如雷，急入视之，见其独坐椅上，垂首至胸，前视之，已亡矣。血穿鼻孔而出，滴落胸襟，手内手枪犹拴而不释。"杨用霖自戕的枪声是北洋海军发射的最后一发子弹，真实记载是杨用霖死后，北洋海军再未曾向日寇发射炮弹和开枪抵抗。

现在证明所谓丁汝昌致日军统帅伊东佑亨同意投降的复函，是牛昶昞所写，在事后朝廷究查时，牛昶昞、马复恒坚持投降是丁汝昌决定的，是丁汝昌委派程璧光送降书才自杀的。议降、投降的过程令人倍感耻辱，本文不再细述。

1895年2月14日下午2时，牛昶昞、程璧光登上日军"松岛"舰，缴上刘公岛陆海军官兵名册，总计5124人。其中：北洋海军军官183人，军校生30人，水兵2871人；刘公岛护军等陆军军官40人，士兵2000人。所有军人都签署了"永不参与战事"的保状！

2月17日中午日军登岛，举行"捕获式"，接收"镇远""平远""济远""广丙"等11艘舰船，编入日本舰籍。大量火炮、军械被运回日本。直至1898年5月24日，威海军港一直被日寇占领。

甲午海陆之战，北洋海军牺牲将士1400余人。陆军将士至今没有详尽准确的统计。日本方面统计为13488人（含北洋海军），其中非战斗死亡约12000人。清军自己则估计约为25000人。

中方在威海、刘公岛之战中的北洋海军主官丁汝昌、刘步蟾，主力舰"镇远"护理管带杨用霖，及陆军主要高级将领戴宗骞、张文宣全部自杀，日方阵亡军衔最高者为旅团长大寺安纯少将。

4月9日，朝廷颁谕，刘步蟾、张文宣、杨用霖、黄祖莲从优议恤。

4月28日，颁发上谕，将投降的北洋海军领将和文职官员林国祥、叶祖珪、邱宝仁、李和、牛昶昞、马复恒等革职查办。

朝廷下旨，丁汝昌不予抚恤。据说朝廷特令他的尸骨不准下葬。他在老家的魏夫人听到夫君自杀凶耗后，即服毒殉夫。柏拉图说："只有死者，才知道战争的结局。"北洋海军覆灭的结局，丁汝昌一定想到了，但他会想到夫人的殉死吗？至此，自1888年正式建军的北洋海军烟消云散，刘公岛悲歌画上了终止符。

"既生瑜,何生亮"
——刘步蟾与林泰曾

读过《三国演义》的人,大约都知道"既生瑜,何生亮",《三国演义》虚构成分多,正史《三国志·吴志·周瑜传》评价周瑜却是"性度恢廓",并非心胸狭隘之人。研究北洋海军史料多了,很多人物都很熟悉,特别是刘步蟾与林泰曾的关系,会生出"既生瑜,何生亮"的感慨。

比如北洋海军中的一对名将——刘步蟾与林泰曾,同时也是一对小同乡、同窗、儿女亲家,分别担任大清朝视为"国之重器"的北洋海军巨型铁甲巡洋舰"定远""镇远"的舰长,又同为北洋海军的高级将领——分别任左、右翼总兵,几乎类同于现代海军舰队主管训练、作战的副司令或参谋长。在外人看来,二人应是北洋海军提督丁汝昌的左膀右臂——丁汝昌是长江水师和淮军马队出身,而刘、林二人不仅毕业于福建船政学堂,还留学英国并上舰实习,带舰回国,与二人相比丁汝昌就显得很外行。《清史稿》中记载，"汝昌故不习海战，威令不行"。与丁汝昌同时期的日本海军大臣西乡从道、桦山资纪也是陆军出身，如果黄海海战胜了，丁汝昌也许就不会被称为外行了。桦山资纪当时就在"西京丸"上指挥了黄海海战，但后世专家评论他的海战指挥却乏善可陈。而丁汝昌所在的"定远"曾一炮击中"西京丸"，虽连续穿入甲板和机器间爆炸，但威力较弱，使桦山资纪苟其性命。

《清史稿》中丁汝昌有传，而北洋舰队管带级的人只有邓世昌、刘步蟾入传，林泰曾没有单独立传，是附在刘步蟾之后，所以行文起始是"其林泰曾……"在封建时代，"宣付国史馆立传"是崇高的荣誉，所谓"留名青史""千秋不朽"是也。但中国历代大多是后朝修前朝史，故而"一字之贬，严于斧钺"，真正是盖棺论定的。

不知这几位的传记是否为一人所撰？读《邓世昌传》，笔尖带有感情，抑扬顿挫，从头至尾无一字是贬。而《刘步蟾传》文字与邓传相比，不仅篇幅少得多，竟以春秋笔法予以谴责："顾喜引用乡人，视统帅丁汝昌蔑如也，时论责其不能和衷，致偾事。"这就隐隐然有曲笔了。"偾"为毁坏、败坏之意，意指刘步蟾对北洋海军整体建设及战败负有责任。

▶ 林泰曾

▶ 刘步蟾在英国地中海舰队"马那杜"号实习时留影。他是免试进入格林威治海军学院，直接上舰实习

"闽党领袖"评价各异

总体来看，史书对刘步蟾还是充分褒扬的。"幼颖异"的刘步蟾，考入福建船政学堂——"卒业试第一"，1872年，会考闽、广驾驶生，"复冠其曹"，成为船政学堂毕业生中的佼佼者。后上船服役，在巡历台湾海岸时，用心测量记录，竟成为有关台湾地势、风土的专家。1875年，赴英国入格林威治皇家海军学校学习"枪炮、水雷诸技"，并上英国铁甲舰"马那杜号"实习驾驶。光绪十一年后，赴德国受命监造"定远""致远"舰，并上舰实习，1888年，又赴英国领回四艘兵舰。

《清史稿》中对他的评价是"颇能奉其职"、"通西学，（北洋）海军规制多出其手""然华人明海战术，步蟾为最先"。平心而论，这些对刘步蟾的评价基本公允。如郭嵩焘出使法国时，曾询留法学生罗丰禄：留学船政学生如何？答：林泰曾、林永升、叶祖珪办事精细，而胆略不及刘步蟾。据其他史料记载，是刘步蟾奉丁汝昌之命草拟《北洋海军章程》，但据周馥记录，为他与丁汝昌、林泰曾、总理水师营务处道员罗丰禄等人拟议而成。看来制订章程或非并一人、或前后数人拟议，但刘步蟾参与应无异议。

当然，以上说法似乎也并不能完全概括他的功过。从各种野史来看，刘步蟾的形象要鲜活得多，缺点也披露得多，在洋员的回忆文章中甚至被描述得很严重，牵扯到个人品质。

首先，他被认为在北洋海军中结成帮派，以福建籍军官划框框，结成所谓"闽党",以他的才干和威望,众望所归自然成为领袖。而他则以这种"领袖"地位和"闽党"势力,挟制丁汝昌,其中亦不乏架空之图。

刘步蟾和"闽党"将领并不把提督丁汝昌放在眼中,闽党中唯有方伯谦大拍丁汝昌的马屁,颇为李鸿章和丁汝昌所赏识。刘步蟾抑制丁汝昌所依赖的洋员顾问和技术专家;尽管他负责北洋海军的日常训练,但前世后代都有观点苛责他影响了北洋海军的发展壮大,甚至影响了北洋海军的作战水准。丁汝昌亦对他无可奈何。连李鸿章也对这位闽党军官集团领袖有所耳闻,心存戒意。早在李鸿章当年致函船政大臣黎兆棠,请其推荐海军军官,就得到了刘步蟾"气质稍浮",且不认抱养父母"天性殊薄"的印象。刘步蟾赴德国实习时,留学生监督李凤苞就向李鸿章打小报告,虽极为赞赏刘的能力,但也转述了洋顾问日意格的看法:刘"明敏而轻躁,恐易偾事",看来《清史稿·刘步蟾传》中所用的"偾"字是有来历的。李鸿章回信说:刘"屡经严切教诫,近稍谨饬""该生轻躁诚所不免,晤时望加训迪",看来对刘的缺点,李是心知肚明的。丁日昌对刘步蟾的评价是"近粗",与其它"稍浮"、"轻躁"的评价相同。鉴于刘步蟾能力颇强,有人认为他有意取丁汝昌而代之。外籍洋员对他更是印象不佳,甚至有深恶痛绝者。

例如原英国皇家舰队少尉泰莱,先被聘任清朝海关巡逻舰长,后于1893年放弃优渥待遇主动加入北洋海军,被清朝任命为汉纳根的顾问。在黄海大东沟海战中,泰莱即在"定远"舰上,后来他回到英国，撰写了被中外甲午海战专家视为重要史料的回忆录《中国记事》，主要记叙在北洋海军服役往事，特别是在大东沟海战的目睹经历。

泰莱认为刘步蟾有野心，借闽党要挟丁汝昌，刁难丁汝昌所倚重的外籍技术洋员，处心积虑加以排斥，向英籍总顾问琅威理发难，将其逼走。这件事引起北洋海军洋员们的反感。

由于泰莱的个人情感所致，他对刘步蟾的描述不免感情用事，有过于诋毁之嫌，如他竟说刘步蟾"为一变态的懦夫"，这就有失英国绅士的风度了。由于他是大东沟海战的亲历者，他的回忆录对后人影响很大。如依据他的回忆录在影视中塑造刘步蟾，也有失偏颇。

刘步蟾因为才干出众，性格上又锋芒毕露，敢言直言，自视甚高，所以"行高于人，众必非之"也是很自然的，在清朝官场军界互相倾轧、排挤、攻讦的风气下，纯属正常。尤其李鸿章、丁汝昌及北洋海军一直成为清流派攻击、抨击的目标。如旅顺失守后派到威海视察防务的朝廷特使徐建寅，下车伊始的第一天就对林泰曾自杀后升为左翼总兵的刘步蟾评判为"言过其实，不可用"。徐为清流派，本对丁汝昌就有看法，所以在他的眼里，李鸿章、丁汝昌麾下的高级将领当然都是不可信任的。

"中国海军的关羽"

相比之下，林泰曾的负面评价几乎没有。林为左翼总兵，为北洋海军第二把手，比刘步蟾右翼总兵地位高。《清史稿》中林泰曾的传附在刘步蟾之后，很简短，仅71个字。除了官衔、籍贯、学历、职务、封号、死因，即是对他的评价"战大东沟，发炮敏捷，士卒用命，扑救火弹甚力，机营炮位无少损"，很有惜字如金的意味，但也未免太简略了。作为北洋海军的二号人物，"知人论世"，这71个字怎么能概括林泰曾的一生呢？

相对于刘步蟾的"幼颖异"，林泰曾的童年孤苦伶仃，十分凄惨。尽管他的祖父是林则徐的弟弟，他的姑丈是福建船政大臣沈葆桢，但他童年父母双亡，寄人篱下，靠寡嫂抚育，备尝辛酸白眼，所谓世间冷暖，他从童年到少年便饱尝。他的这段人生经历对他性格的形成起到了重大作用。尽管他后来成为北洋海军的二号人物，翎顶辉煌，异常风光，但他内向懦弱、谨慎不决的性格却贯穿了一生。所以丁日昌对他的评价"近柔"非常准确。

林泰曾在16岁时，命运倏忽改变，姑丈沈葆桢伸出援手，让他进入沈葆桢创办的中国近代海军的摇篮——福建船政学堂学习，学业优良。后被派至英国留学，与他在船政学堂的同班同学刘步蟾等同批赴英。回国后在北洋舰队服役，后又赴德国接收铁甲战舰，任"镇远舰"管带，并擢升北洋海军左翼总兵，位居丁汝昌之下，刘步蟾任右翼总兵，虽然两人的官阶都是正二品武官，职级却屈居林泰曾之后。林的带兵风格是从不当众斥责部下，因而受到官弁的敬重。

刘步蟾的能力、才干、谋略是在林泰曾之上的，但由于沈葆桢的保举，每逢官阶晋升，林泰曾一路顺风，扶摇直上。这引起刘步蟾的气愤。刘与林的性格正好相反。1872年，在福建船政学堂爆发了一次"哄堂"。不到15岁的后学堂学生刘步蟾，不堪洋教习非礼虐待，与邱宝仁带头反抗。中方提调夏献纶惩罚刘、邱二人到船局挑土。刘步蟾的同学们大为愤慨，向丁忧在家的船政大臣沈葆桢请愿，沈站在了学生一边，将洋教习逊顺撤职。后洋监督斯泰塞格引咎认错，这场学潮才告平息。由此可见刘步蟾少年时代就有着敢作敢为的性格。他任右翼总兵时更加雷厉风行，手腕

▶ 19世纪70年代初，福建船政学堂第一期学生合影（局部），第一排左起第二人为林泰曾，第三排右起第二人为刘步蟾，均着水师军官制服，只是袖口未缀军阶

强硬，开始不断抨击林泰曾胆小怕事、犹豫不决、不堪重任等等，动辄中伤奚落，大造舆论。在业务上也不予配合。二人的矛盾日益加深，由于刘的闽党领袖身份，加上林的性格使然，使林在舆论人脉上也处于不利地位。在船政学堂第一届学生合影照上，二人的面相截然不同：刘步蟾虎视鹰扬、气宇轩昂，林泰曾则忠厚温润，显文弱之气。

丁汝昌有忠厚长者之誉，刘步蟾经常搞小动作要挟他，相比之下他感觉林是忠厚老实的。但他并没有利用二人的矛盾从中渔利，反而居中说和加以调解，最终促成刘步蟾之女嫁与林泰曾之子，让二人成为儿女亲家。丁汝昌以为从此天下太平，左、右翼二总兵可以相安无事，共襄戎机。但秦晋之好难以消弭二人之间的矛盾，刘步蟾的积怨不是靠联姻就可以消除，林泰曾对刘步蟾的恶劣印象也并未改变。

从以后来看，刘步蟾的襟怀不如他的亲家，在大东沟海战中，林所率的"镇远"去护卫"定远"，而刘步蟾在林遇到危难时却不仅袖手旁观，还进行谴责恐吓。

因"镇远"触礁事件，林泰曾羞愧自杀。《清史稿》说是"镇远""驶还威海，舰触礁受伤，愤恨蹈海死"。野史记述他则是吞服鸦片自尽。说法不一，但却都是自杀。寥寥数字，不足以描述当时复杂的情况。真正促其自杀的原因，与刘步蟾有很大关系。

按说，大东沟海战林泰曾挺身而出护卫"定远"，使"定远"赢得喘息时间扑灭大火，避免被日本联合舰队继续围攻甚至击沉的险境，刘步蟾应该一泯恩仇，抛却私怨，与儿女亲家携手共渡艰危。但刘步蟾又是怎样回报林泰曾的呢？

在海战中丁汝昌因受伤，率舰队回旅顺后伤情严重，"无能自主"，向李鸿章请求休息疗伤，同时报请从林泰曾、刘步蟾二人中选一人暂代提督，以处理北洋海军的日常事务。按常规，丁汝昌应将仅次于自己的第一副手林泰曾报请代提督职务。但丁汝昌没有这样做，是从大局出发？还是不愿意深化二人的矛盾，将人事问题推给李鸿章裁决？

李鸿章经过考虑，很快向朝廷请荐刘步蟾为代理提督人选，称其"经此战阵，稍有阅历"，对林泰曾则只字未提。朝廷谕旨很快下达，在黄海海战第五天，即同意李鸿章的建议，明确刘步蟾的代理职务。李鸿章大约未必喜欢有沈葆桢背景的林泰曾执掌北洋舰队，但李鸿章对刘步蟾并不放心，在发给丁汝昌和旅顺军港船坞工程总办龚照玙的电文中，特意叮咛："若刘步蟾等借修理为宕缓，误多大计，定行严参。

禹庭（丁汝昌的字）虽病，当认真督促，勿为若辈把持摇惑。"字里行间可以看出李鸿章对刘步蟾有警惕之心，怕丁汝昌被刘"把持摇惑"。可见当年曾国藩向朝廷保举李鸿章称为"才大心细"确非虚誉。

当时，"定远""镇远"等回到旅顺抢修，因维修能力不足，

▶ "镇远"舰局部

又因发现日本"浪速"等舰9月23日至25日连续三天窜至威海湾外、大连湾、旅顺口等处窥测侦察，丁汝昌即率"定远""镇远""平远"等舰回到威海以补充弹药、煤料，准备按李鸿章的指示再出海游弋，以牵制威慑日本舰队。

镇远触礁：国之重器损一臂

1894年11月14日，丁汝昌下令北洋舰队从旅顺军港起锚，驶回威海湾基地。按惯例，舰队各舰从刘公岛西北出入口入港。

刘公岛原本有两个出入口，但甲午战争发生后，丁汝昌下令，为防止日本联合舰队偷袭，在东西两个出入口海面大量布设铁链、木排、水雷等，并将东出入口封堵，只留西口作为航道供舰只进出，在水雷防护线内空出600米左右的通道，两边各设置浮标以利辨识。

按北洋海军惯例，旗舰"定远"首先入港。但为避开水雷区，

靠近了刘公岛一侧通道，军舰掀起的海浪将浮标推离了原有位置。浮标漂浮至礁石群上，时值清晨，海水退潮，据后来测算，礁石上的水深仅6米左右。

"定远"入港后，依次是"镇远"进入通道。遗憾的是，"镇远"上的瞭望兵没有发现浮标已偏离原有位置，"镇远"依然按习惯贴近浮标进港。北洋舰队各舰从旅顺出发前，均补足燃料，像"定远""镇远"这一级别的铁甲巨舰，吃水量均已超过6米。"镇远"不幸触礁，左舷舰底部被划破进水。林泰曾下令水兵堵漏抽水，并令信号兵以旗语报告丁汝昌。

丁汝昌起初没有意识到问题的严重性，他尚在"定远"舰上，即令信号兵旗语问讯"镇远"损伤程度如何。"镇远"答复是"漏水"。丁汝昌接到答复才吃了一惊，慌忙从"定远"舰上下来，乘小火轮赶到"镇远"。他看到这艘巨型铁甲舰竟已经侧倾，虽然"镇远"设计的底部是双层底结构，但丁汝昌还是当即下令"镇远"驶往浅水海域，防止进水过多沉没倾覆。从这点看出丁汝昌并非外行，林泰曾犹豫不决的性格显露无遗。也许，丁汝昌还未将此次触礁事故想得很严重，他同时下令各舰紧急抽调水兵到"镇远"协助抽水，采取补救措施，以避免漏水过多出现危险。

但是，这次"镇远"触礁不是在和平年代，大东沟海战硝烟未散，日寇舰船环伺于外，朝野奏议汹涌于内，旅顺、威海敌情迫在眉睫，北洋舰队必须做好决战准备，而"镇远"的触礁必然影响整体战斗力，如同古代军前帅旗被风吹断一般，主力战舰阵前受伤绝非吉兆，也必然影响北洋舰队整体军心。

当时,"镇远"的受损情况还未得到全面勘查,丁汝昌于当日将"镇远"受伤情况上报李鸿章。李鸿章随即下令威海军港尽快予以修补。丁汝昌报告的只是表面现象,李鸿章根据报告也只能做出进港修补的命令。但他可能忘记了:战舰若底部划伤漏水,应进入干船坞检查、修补。旅顺敌情严重,才致使所有舰只回到威海,而威海无干船坞设施,无法对"镇远"进行修补。再拖回旅顺,则危险更大,极易受到日本舰队的攻击。所以李鸿章的这道命令等于无的放矢。

▶李鸿章

作为"镇远"管带,又是左翼总兵,林泰曾的态度又是如何呢?没有准确史料证明林泰曾做了什么,他的性格决定了他很可能是一筹莫展。心痛、懊悔、焦虑……他当然负有责任,也不可能将责任推给将浮标冲走的"定远"。他内向的性格决定了他只能忍受、内责,换了别人也许可以推卸,而懦弱的林泰曾则不可能诿过于人。

重创"松岛"号的意义

且不说林泰曾长年管舰,视舰如生命般爱惜,在大东沟海战中,林泰曾指挥的"镇远"是立下功勋的,首先是保护了旗舰"定远",使之免于被重创、甚至击沉的厄运。"镇远"的战绩值得夸耀,尤其是用305毫米克虏伯主炮两发炮弹重创日本联合舰队旗舰"松岛"号，值得大书特书。

从海战战术史的角度看，"镇远"的这次炮击值得载入世界海战史册。当时"镇远"距"松岛"约1700米，305毫米大口径火炮两发两中，极为精确，由此可见北洋舰队炮手训练有素。但可惜的是，第一颗炮弹没有爆炸，只是穿透"松岛"左舷炮甲板，再向上穿透右舷主甲板。这极有可能是实心弹。第二颗炮弹则威力巨大。据当时在"镇远"上的美籍洋员马吉芬在《鸭绿江外的海战》中回忆，那是一颗被北洋舰队视为珍稀的90磅黑火药大口径的高爆开花弹。命中位置与第一颗实心弹几乎相同，击毁左舷第4号120毫米速射炮，同时引爆存放在主甲板下第一层甲板的大量速射炮炮弹，巨大的冲击力撕裂"松岛"左舷船壳，穿透主甲板两侧，留下大洞，舰体发生倾斜，海水涌入。分队长海军大尉志摩清直以下28名官佐水手当场毙命，重伤68人，其中不治亡命者又达22人，给日军造成了极大杀伤。编制现役官兵为355人的"松岛"号，10门速射炮被毁坏近一半，作战人员几乎伤亡殆尽，完全失去了战斗力，舰队指挥官伊东佑亨只好命令军乐队等充当炮手。半个小时后，"松岛"号被迫放弃指挥权，升起"不管"旗，逃离战场。

这一炮打出了"镇远"的威风，据《日清战争纪实》第7篇《黄海海战"松岛"舰内之景况》

▶ 参加黄海海战的日本舰队指挥官伊东佑亨

真实记载:"松岛"号上的日军"皆抽泣不能自持","受伤的水兵们还不断询问着'定远'、'镇远'",可见惊恐之状。

由此可见,战前对北洋舰队"定远""镇远"有着敬畏、恐惧心理的日本水兵,终于领教了"镇远"巨炮的精准和威力。日本史料记载"松岛"号舰体和官兵伤亡的惨况极其恐怖和血腥,惨不忍睹,这里从略。其实,虽然林泰曾因其性格被刘步蟾瞧不起和嘲笑,但在日本却受到尊重和敬畏,被誉为"中国海军的关羽""中国海军的岳飞"。林泰曾和他指挥的铁甲巨舰"镇远",在黄海的万顷波涛中,岿然屹立,不为日本舰队万矢齐发的猛烈速射炮火所撼动,据战后统计,"镇远"被日方击中炮弹一千余发,但"镇远"仅一炮致其酋首之舰无力应战,仓皇逃遁,打出了大清北洋海军的军威,壮哉!

后世很多甲午海战史专家均认为"镇远"只用一发炮弹即命中"松岛",但日本方面关于大东沟海战的史料如《廿七八年海战史》《黄海海战"松岛"舰内之景况》等权威著作,均记载"镇远"是两发炮弹连续命中"松岛",致其丧失作战能力。直打的"松岛"上10门速射炮毁近一半,炮手基本阵亡,伊东祐亨只好命令军乐队员等充当炮手。相比而言,日本方面的史料应该是可信的。倘若第一发炮弹也是高爆弹,"松岛"号的命运就应该是葬身海底了。

▶描绘"松岛"号上日军作战的图画

弹药不足是北洋舰队的致命伤,"镇远"如有充足的炮弹,"松岛"是逃离不了战场的。

对"松岛"的攻击,不仅仅是"镇远"。在此之前,北洋舰队与日本联合舰队相遇后,"定远"利用重炮射程远的优势,以150毫米口径舰炮率先发炮,击中"松岛"320毫米主炮,炸伤炮手。约一个小时后,由福建船政局自主设计制造的近海防御型铁甲舰"平远"号,用260毫米克虏伯后膛炮击穿"松岛"左舷,炮弹将其鱼雷发射管、"松岛"主炮击坏,使"松岛"遭受沉重一击。"平远"的第二发炮弹击中鱼雷室,炸死鱼雷发射手二人。"松岛"号主炮为320毫米加纳式后膛炮,是"松岛"上唯一的巨炮,"平远"舰的排水量比"松岛"号差不多少一半,以小博大,奋勇出击。"松岛"主炮被击坏,使"定远"及北洋舰队大大降低了威胁。"平远"功不可没。但"松岛"仍然未丧失战斗力,使其丧失战斗力和旗舰功能的应是"镇远"的重炮一击。

重创、击退"松岛"的意义,后来的专家们很少进行分析。

日本为何建造"松岛"?就是以"定远""镇远"为假想敌,时速比"定""镇"快2节,配备320毫米口径巨炮,以压制这两艘北洋舰队主力舰的305毫米主炮,"松岛"也因此成为日本联合舰队的旗舰,被寄予厚望。在大东沟海战中,伊东佑亨坐镇督战,对北洋舰队威胁极大。"超勇""扬威""致远""经远"相继沉没,"济远""广甲"临阵脱逃,只余"定远""镇远""来远""靖远"与日舰战斗。日舰"比睿""赤城""西京丸"等虽被北洋舰队炮击受伤逃离战场，但仍由"松岛"率领的9艘日舰围攻"定""镇"等舰，气焰愈发嚣张。一些日舰上的官兵居然在狂嗥："击沉'定远'！"

海战战场上最活跃的即为"松岛"，"定远""镇远"等舰也将"松岛"作为重点炮击对象，它被"定远""来远""镇远"先后击中，丧失战斗力，放

▶黄海海战中的"松岛"号

弃旗舰的总体指挥。伊东佑亨也"满目惨然"地逃往"桥立"舰，日本官兵的军心也受到极大影响。

毫无疑问的是，"镇远"重击"松岛"，瓦解了敌方斗志，等于加速海战终结。日方看到北洋舰队"效死用命，愈战愈奋，始终不懈"，又见"定远""镇远"二舰如中流柱石一般岿然，日方"松岛"舰上腹部受重伤的三等水兵三浦虎次郎，在火炮甲板内透过巨大的残破口，望见岿然屹立的铁甲巨舰"定远"和"镇远"，不禁喃喃哀鸣："'定远'舰怎么还打不沉啊！"

而在现场观战的英国舰队司令菲利曼特尔则赞叹："（日方）不能全扫乎华军者，则以有铁甲舰巍巍两大艘也！"

日本水兵的哀鸣如英国海军司令对"定远"、"镇远"的赞叹，

也成为了日方指挥官心中的"结局"。日本人浅野正恭所著《日清海战史》一书所分析:"盖此二舰(指'定'、'镇')之弹药消耗殆尽,幸'松岛'已损,而此二舰得以全命徐退也……成为此战之结局"。浅野的评论和分析并不客观,行文有些扭捏,明明是"松岛"被重创,丧失作战力,首先退出战场,何来"定""镇"二舰"得以全命徐退"?他有一点说对了,"二舰之弹药消耗殆尽",否则"松岛"就不会是"已损"的幸运了。"结局"是没错的,但真正原因是日本舰队眼见"定远""镇远"二舰不可撼动,自己舰只多遭重创,旗舰"松岛"瘫痪,指挥系统紊乱,不得不退出战场,放弃了"聚歼清国舰队于黄海"的战略目标。"镇远"重创"松岛"改变了战局。这是以前治史者所遗忘的,就连正史《清史稿》对林泰曾"镇远"炮击"松岛"的作用也只字未提,只有"发炮敏捷"四个字的模糊评价。

▶《于黄海我军大捷》,是日本画家为甲午海战绘制的宣传海报,渲染日本西京丸号战舰发炮击中北洋海军定远舰,指挥台站立标注"桦山军令部长",右侧标注"靖远沉没""定远大火""镇远……",还从左至右标注出参战的日本战舰严岛号、秋津洲号和扶桑号

原因何在？这就牵扯到前面谈到的"镇远"击中"松岛"的炮弹，究竟是一发还是两发？而且按当时官方奏报：击中"松岛"的炮弹是"定远"发射的。这有北洋大臣李鸿章向朝廷上奏的战报为证："丁汝昌同各将介，誓死抵御，不稍退避。敌弹霰集，每船致伤千余处，火焚数处，一面救火，一面抵敌。丁汝昌旋受重伤，总兵刘步蟾代为督战，指挥进退，时刻变换，敌炮不能取准，又发炮伤其'松岛'督船，并合击伤其左侧一船，白烟冒起数丈。"这份奏报整体上是没有问题的，缺憾是对"镇远"及"平远"的功绩只字未提，且用了耐人寻味的"合击"二字，"松岛"不能"取准"的原因，是之前"定远""平远"击伤"松岛"主炮，李鸿章在奏报中只突出丁汝昌、刘步蟾，确乎有失公允。

后来的史料如池仲祐所著的《海军纪实》等，也渲染了"定远"击中"松岛"的说法，影响甚深。尤其日本联合舰队司令长官伊东佑亨，在战后向其大本营报告中，明确指出："'定远'榴弹，射中我前部炮台，炮台及其近傍蒙受重大损害且火灾大作"，伊东是陆军出身，在海战方面是外行，致命的弹着点都说不清楚，"镇远"击中的位置应是舰体左舷第4号炮位。很可能他连"定""镇"两舰都分不清，因而他的说法不可尽信。"定远"击中的炮弹是150毫米炮弹，"镇远"击中的是305毫米高爆弹。因为其他日本人所撰史料，都认为是"镇远"致命一弹击中"松岛"，除《日清海战史》，颇具权威的是由日本海军大将竹下勇主编的《近世帝国海军史要》，其中《日清战役》一章明确记载："下午三时半，'镇远'号发射的三零五毫米炮弹命中'松岛'号舰首炮塔，引起堆放在附近的大批炮弹爆炸……受伤很重，不堪继续履行旗舰职能……"其中又将弹着点记错了，但总的叙述是正确的。

▶《海战捷音》，刊于1895年出版的《点石斋画报》，画面上北洋舰队济远舰、广乙舰在开炮，日本吉野舰上挂起清国龙旗乞降。甲午海战清朝无官办报纸，只有民办传媒，致使常有不实消息误导民众

最可信的是"镇远"上的洋员泰莱的回忆，他在《甲午中日海战见闻记》中明确指出"镇远"炮弹"其一射入日舰'松岛'之腹内，轰之，惟未沉之"。关键是这种致命的炮弹，对北洋舰队来说，稀如珍宝。据泰莱回忆：他在战前随汉纳根至旅顺军港查核弹药库存，发现只余三枚，速电李鸿章请筹办。答复是本国不能制造，外购亦为时晚矣。所以北洋舰队奉命出航时，这三枚巨弹一分为二，"定远"上载一枚，"镇远"载二枚。而中日两舰队交战时，是刘步蟾发令首发射出一枚，未击中日舰，且震坏舰桥使丁汝昌坠伤，这是后世专家所公认的。"定远"已无此种巨弹，击中"松岛"的均为150毫米炮弹。所以，综上所述，击中"松岛"致其丧失旗舰功能，必为"镇远"所射中的一弹。所以奏折中林泰曾和"镇远"的功绩被掩盖且移花接木，颇为不公。

丁汝昌、刘步蟾对海战奏报，是如何斟酌执笔？心理如何活动？林泰曾对海战的奏报有何看法？今天已无从得知。

但林泰曾一定是心里极不平静，胆小懦弱的性格使他不会去争辩。但"镇远"触礁带给他的震撼，恐怕比击中"松岛"那发巨弹的威力还要大。大东沟海战后，李鸿章和北洋海军高层，无不认为以日本海军种种动向，还会寻衅再战。而李鸿章分析，很可能兵锋指向威海。被视为"国之重器"的"定"、"镇"二舰的存在，对日本舰队仍有极大的威慑，舰之不存，或二损其一，必将使北洋舰队处于极端危险的境地。所以"镇远"触礁的噩耗传开，北洋舰队上下皆弥漫着不安情绪。这种情绪对林泰曾形成巨大压力，林泰曾的性格决定了他的人生悲剧将不可避免，他的人生之路也走到了尽头。

"长刀"殒命

在"镇远"触礁当日夜里，林泰曾服毒自杀，《清史稿》记载他是"蹈海"，应是不准确。噩耗传来，北洋海军上下"死之日，知与不知，咸为扼腕"！

林泰曾未留下只言片语，是"镇远"触礁导致自责、悔恨、愧疚而自裁吗？似乎顺理成章。但"镇远"触礁原因及受损程度的最后检测还未开始，一向遇事犹豫不决的林泰曾，缘何如此决绝果断？

没有林泰曾自杀原因的官方报告。李鸿章上奏光绪，只简单说是"患疾轻生"。只有一部野史《卢氏甲午前后杂记》，为北洋海军

"广甲"管轮军官卢毓英所著,记录了林泰曾自杀前的活动。

因"镇远"触礁无计可施、惶惶不安的林泰曾,夜访亲家刘步蟾,问计于这位足智多谋的同僚——如何处理"镇远"触礁。林去见刘之前,大概充满了希望,同乡、同窗、袍泽、戚谊之情,一定在他的心中泛起涟漪。

但事与愿违,据此书记载,面对亲家林泰曾的求援,刘步蟾不仅不施以援手和温语安慰,反而大声训斥:"'镇'、'定'两船系国家保障,朝廷多次明降谕旨,谆戒保护,尔奈何竟将裂坏,更有何面目见人耶?"林泰曾听后感受可想而知,据说回去以后彻夜难眠,

▶ 甲午海战中日军占领大连湾和尚岛清军炮台

次日清晨吞服鸦片自杀。

这本书曾被很多人引用，是一部手稿未刊本，有没有抄本不得而知，按版本学的术语说应称之为孤本，从史学考证的角度来看即为孤证。关于林泰曾受刘步蟾训斥一说，并不见于其他记载。其真实性或许存疑。这样的描述未免将刘步蟾说得太不近情理，刘步蟾对丁汝昌也有偏见，但在丁汝昌最危难之际，刘步蟾的表现却是大义凛然，使之前人们猜测他一直想替代丁汝昌的想法不击自破。

在旅顺失守后，清流派开始掀起风浪。11月26日，朝廷下旨以"救援不力"之罪，将在威海布防和维修"镇远"的丁汝昌"革职"，这是否应看作光绪皇帝与查看北洋海军特使徐建寅的密谋？因为11月16日光绪与徐建寅密谈，同日对李鸿章不满的以翁同龢为首的军机处，急发两道谕旨，除特命徐建寅为特使查看北洋海军，另一道谕旨即为以"不能得力"，革去丁汝昌兵部尚书衔，摘除顶戴花翎，"革职留用"。仅相隔十天，又被"革职"，但这次却来者不善。11月27日，安维峻等60多名监察言官联衔上奏，以旅顺失守、"镇远"触礁为由，请求朝廷处死丁汝昌。12月12日，清流派的干将、山东巡抚李秉衡上奏丁汝昌"丧心误国"，请诛杀之。五天后的12月17日，光绪正式下谕旨将丁汝昌交刑部论罪。仅过了一天，12月18日，又明确更换海军提督，以徐建寅等三人选替，这三人中，徐建寅是有名的火药技术专家，其他二人为"平远"管带李和、"镇远"护理管带杨用霖，而光绪和清流派真正内定的人选其实是徐建寅。同时下旨令刘步蟾暂行管理北洋海军。虽然是清流派欲夺取北洋海军领导权的阴谋，但刘步蟾心里很清楚，并没有火中取栗，证明他不是一个利欲熏心、落井下石的小人。

从李鸿章以下连上奏章，反对冤屈丁汝昌而临阵失将。由于丁汝昌一向以温和的性格受到部下爱戴，威海陆军将领联衔致电申冤请留。刘步蟾亦率47名海军将领联名辩诬，请留丁汝昌布置威海防务，同时洋员也以辞职抗争。由此可见刘步蟾在大敌当前时的态度，这些海军将领的电报是很有分量的，电文中有一句"众心推服"的话，可能对光绪的决策起到作用。23日，光绪不得不下令丁汝昌"暂留"，"俟经手事件完竣"。虽然留下待防务结束后"即行起解，不得再行渎请"的尾巴，但毕竟暂时保住了丁汝昌的地位，作为此时北洋海军的二把手，刘步蟾是有功的。

刘步蟾对丁汝昌尚如此，何以对林泰曾如此绝情？何况"镇远"在海战中还保护了"定远"。依刘步蟾的性格，极有可能不顾情面，批评林泰曾，但刘的训斥果真能导致林羞愧而死吗？

林泰曾自杀一定还有更深层的原因。甲午海战前，林泰曾提出与日本舰队决战的战略构想，他建议举全舰队以扼制仁川港，"一决胜负于海面"，连日本人川崎三郎在《日清战争史》中也认为这一谋略颇有见地。但与李鸿章"避战保船"战略相悖，被拒之。在丰岛海战前，一些洋员雇员流传林泰曾想"开缺"（辞职），但被李鸿章拒绝。这是林泰曾因建言未被采纳而久郁心中的心结吗？

大东沟一战论功行赏，林泰曾没有被特别褒奖，在代理提督的提名上被冷落，这些无疑都会影响他的情绪与心理。加上触礁事件，更是雪上加霜。派系的矛盾使林泰曾不知会被怎样落井下石。

事实是，林泰曾自杀后竟引起轩然大波。作为北洋海军的二号人物之死，光绪看到李鸿章的奏报，回复的谕旨大加指责，上升到怀疑奸细通敌破坏"镇远"的高度。李鸿章辩解是林"向来胆小""内疚轻生"，非"奸细勾通，用计损坏"。光绪一向对李鸿章淮系的盘根错节有疑问，指责李鸿章用"胆小"的林泰曾是"用人不当"。李鸿章则推脱是沈葆桢保奏启用"出色之人"林泰曾，言外之意沈葆桢的保奏，最终是经皇帝照准，光绪也有责任。看到李鸿章的辩解，光绪自然哑口无言。由此可见，林泰曾之死显露出北洋海军的派系矛盾和人事管理的复杂，只是光绪对这些情况并不了解。若是雍正或乾隆，李鸿章恐怕就百口莫辩。

丰岛海战后，北洋舰队各舰救生艇一律卸除，只留下一艘小艇，昭示自舰长以下全体官兵与舰共存亡。在大东沟海战中，林泰曾在大副杨用霖协助下，指挥作战，"积尸交前"，万矢如雨，林泰曾不曾畏惧，这样一个经历过血战弹雨的军人，何以轻生若此？

大东沟海战结束后，对参战有功将领予以褒奖，以刘、林二人为首的"定""镇"两舰军官，分别得到奖赏和升迁。但刘、林二人是有区别的，林仅赏换"霍伽助巴图鲁"封号，而刘除赏换"格洪毅巴图鲁"封号，还以记名提督简放。不言而喻，丁汝昌对刘在海战中"尤为出力"的评价起到了关键作用。林的战绩未得到全面评价。李鸿章《奏请优恤大东沟海军阵亡名员折》中只是简单说"'定远'、'镇远'苦战于后，故能以寡敌众，转败为功"，"而邓世昌、刘步蟾等之功亦不可没也",一个"等"字,林泰曾的战绩被悄然隐去。连一位普通的"镇远"舰炮务官、德籍洋员哈卜门在海战中受伤,还被授参将。林泰曾有何感想?今不得而知。

"既生瑜,何生亮",有人曾经设想,刘、林二人,若以刘为主,而林去军事院校当"总办"(校长),则悲剧就不会发生。然而历史不可假设。林泰曾具备军事才干,在大东沟海战之前已引人瞩目了。在朝鲜战事期间,林率兵舰运送陆军快速抵达,引起朝廷重视。其快速反应能力显示北洋海军的重要性,革新了旧有的军事理念。由此朝廷才下大决心,加快北洋海军购舰及其建设的步伐。林泰曾对北洋海军的发展和军事理念的更新,功不可没,值得大书。林泰曾的军事才干在他的对手日本海军方面,被一致赞誉和敬畏,这是缘于林泰曾与日本海军名将东乡平八郎的对决,使其对手心服口服。

1894年6月15日,林泰曾率北洋舰队分遣舰队派赴朝鲜,日本海军见有机可乘,出巢奔袭。东乡踌躇满志,以为大功告成,讵料贴近北洋舰队时,却发现林泰曾已调度各舰严阵以待,狂妄的东乡只好下令升起致敬旗,向同在英国留学的林泰曾问候。智勇双全的林泰曾从此被日本海军盛赞之为"长刀"。林泰曾这次的对峙,因未有开战授权,只能被动防御以威慑对方,如果有权先发动攻击,东乡平八郎的命运可想而知。

▶日本联合舰队司令官东乡平八郎

此后，林泰曾立即上奏高层，建议北洋海军"举全舰队扼制仁川港"，先发制敌，以与日舰"一决胜负于海上"，或收缩以防日本以优势兵力再偷袭北洋舰队单薄的分遣舰队。可惜这个很有见地的建议未被李鸿章接受，因他还幻想和谈消除危机，林泰曾被斥责"慌张"。长刀不出，遗憾于后。

林泰曾的英语极其出色，是北洋海军将领中的佼佼者。他随丁汝昌赴英接"超勇""扬威"二舰时，曾出席造舰之市纽卡斯尔市议会举办的宴会。陪行的北洋海军军官池仲祐在《西行日记》中绘声绘色的介绍了林泰曾的风度：林受邀以英语致辞，大获四百多名嘉宾的热烈掌声。次日，当地报纸载文称赞林的演说"辞令之善，音调之纯，诚所罕见，足使胜会生色"。

刘步蟾最终在刘公岛"定远"被炸沉后，也选择了吞服鸦片自杀。林泰曾被伊东佑亨誉为"中国海军的关羽"，而日本海军中将小笠原则誉之为"中国海军的岳飞"，称誉不同，但都体现出日本海军将领对林泰曾的敬畏。刘步蟾则被伊东称其为北洋海军中的"张飞"。关、张结义，至死不渝。伊东给他们二人冠以"关羽""张飞"的称谓，真是令人感慨莫名。若有黄泉，二人相见，该是怎样一幅场景呢？他们大概也不会想到，正史《清史稿》将林泰曾传附在刘步蟾传之后，一时瑜、亮的恩恩怨怨，最终比肩青史留名。

刘、林二人无愧于军人本色，不成功便成仁，但军人未战死海疆，总是令人扼腕，林泰曾为之自杀的"镇远"舰的结局，则更令人唏嘘。

"镇远"身后事

1895年2月9日,丁汝昌决定炸毁"定远",避免落入日寇手中,舰体被装入350磅炸药炸沉。当日下午,与"定远"相依15年的刘步蟾吞下鸦片自尽。战前誓言:"苟丧舰,必自裁!"真是一语成谶。12日,丁汝昌自杀。同日,水兵出身的"镇远"继任管带杨用霖拒绝投降,用手枪自杀。想起他在大东沟海战中,为防范投降,亲手将北洋海军军旗钉死在桅杆上,真正是无愧铁骨铮铮的北洋海军军人。

2月11日,丁汝昌几次动议用鱼雷轰沉"镇远",但无人动手。

2月12日,日本联合舰队接受威海北洋海军守军代表、"广丙"管带程璧光的降书,即在修复后的"松岛"号上举行,这是对北洋海

▶ 被日军缴获的"镇远"

军的羞辱，但"镇远"再也不会向它的敌人发射炮弹了。

2月17日，日本联合舰队占领威海卫港，俘获"镇远""济远""平远""广丙"及六"镇"（东、西、南、北、中、边）共10艘北洋海军舰只。"镇远"被编入日本海军，参加过后来的日俄战争。"镇远"虽编入日本舰队，却居然仍保留原舰名以示侮辱！1915年退出现役被拆解。

2月17日，林泰曾的灵柩随他的亲家刘步蟾及丁汝昌、戴宗骞、沈寿昌、黄祖莲等灵柩，由"康济"号练习舰由威海卫送至烟台。作战英勇的"镇远"舰定员331人，除林泰曾、杨用霖自杀外，仅知大东沟海战舰上阵亡官兵有姓名者，有三副池兆宾等14人。其他弁官、水兵于2月25日，被道员刘含芳发饷遣散。这艘曾昂首世界、威震海疆的铁甲巨舰，彻底烟消人散了。

"镇远"舰的身影，永远消逝在历史的烟云里，但它的遗迹仍然散落在世间。"镇远"的两具铁锚，一具于1945年被驻日军事代表团钟汉波少校索回国内，现存中国人民军事博物馆。另一具至今存于日本冈山一家神社，两具铁锚上皆有弹痕，可见当年海战厮杀的激烈。

另据旅日作家萨苏先生调查，"镇远"遗物尚在日本的有：305毫米实心弹两枚、船钟两枚，散落在美国的有舰上海图和桌上饰物各一件，2011年在拍卖会上拍出"镇远"舰洋员马吉芬所用佩剑、军服等。

中国是二战胜利的战胜国，"镇远"遗物没有全部索回，这是一个令人锥心的遗憾。"定远"的遗物也远未索回。"定远"炸沉后，被日军破拆，所有设备、钢铁、甲板、木料等均被运回日本做为战略物资。日本留有一册详细破拆物资表册。这同样令人有锥心之痛！1973年，日本政治家河野谦三访华，面对接见他的周恩来，谈起他在日本小田原高等学校上学时，呼唤学生上课的那口钟即是"镇远"的船钟。河野回国后便将这口钟命名为"和平之钟"。

笔者读了这则史料，心头宛如山堵，"和平"二字，就可以抹去日本军国主义百年来对中国的伤害吗？就可以消弭种种奇耻大辱吗？

钟声不再，英灵不昧，万顷波涛之外，"镇远"包括"定远"遗物何时可归故国？

北洋海军将士殉国录

在黄海大东沟海战和威海保卫战中，北洋海军最高司令官丁汝昌，两位副手兼主力舰"镇远"、"定远"舰长林泰曾、刘步蟾及超过5名舰长、2名大副，包括海军基地卫戍陆军2名最高长官戴宗骞、

▶德军的"皇帝"号战列舰在日德兰海战中开火的画面

张文宣，均自杀殉国，这在中外海战史上也是极其罕见的。第一次世界大战期间，在日德兰大海战中，英德双方参战官兵达10万人，共损沉舰船25艘，德方阵亡2545人，英方阵亡6097人。在第二次世界大战中美、日展开中途岛大海战，双方损沉航母5艘、战舰3艘、战机330余架，日方伤亡3500余人，美方伤亡307人。美国太平洋舰队在夏威夷的珍珠港受日本攻击，损沉舰艇40余艘、战机328架，主力舰"亚利桑那"号上1177名官兵全部牺牲，总计死亡2300余人，与北洋舰队阵亡官兵人数相差近半，但这三个海战战例，都未曾出现像北洋舰队如此众多主官，以自杀的惨烈方式殉国的现象。

也许是宿命，北洋舰队的名将们，战死者少，其结局多以自杀而令人扼腕。丁汝昌、黄建勋、林泰曾、刘步蟾、邓世昌、林履中、杨用霖、林永升、戴宗骞、张文宣等等，或沉海，或服毒，或饮弹，演出了一幕幕悲壮的挽歌。真正的军人何尝不想战死沙场？但愿望与归宿往往并不相符。

如北洋海军最高长官丁汝昌，一生身经百战，在与太平天国、捻军作战的枪林弹雨、刀光剑影中，未曾殒命。他的顶戴花翎是从死人堆里获得的。在大东沟海战中，"定远"发炮震塌了飞桥，他跌落受伤，但他坚决不下火线，坐在甲板上鼓励水兵们奋勇作战。如蝗虫般的日舰炮弹没有击中他。在威海保卫战中，他决心战死，登上"靖远"舰督战，拒绝部下劝阻，矗立在舰首210毫米主炮炮位旁指挥。"靖远"舰甲板无任何遮护，舰首的位置又是最危险的区域。舰上的水兵原有些慌张，因为"靖远"为配合刘公岛炮台反击日舰围攻，驶到日岛附近海面与日舰进行炮战。对面的日本联合舰队第三游击队"天龙"等5艘战舰，包括外海的日本第一、二游击队战舰都向"靖远"等疯狂炮击，炮弹如骤雨一般倾泻。在丁汝昌的鼓励下，水兵们顽强还击，炮战持续了一小时余。日军占领的南帮炮台两颗240毫米炮弹击穿"靖远"甲板，在舰艏附近撕开了两个裂口。舰体渐渐下沉，丁汝昌悲痛不已，决心与舰同沉，管带叶祖珪也愿与舰同殉，但都被部下持拥上小艇。从舰艏上方落下的两发240毫米炮弹，穿入舰艏下的甲板进入舰体，又在下舷撕开口子，丁汝昌幸免阵亡。但他却悲痛流涕，长叹道："天使我不获阵殁也！"他太渴望阵亡以挽名誉，但老天不给他这个机会，在投降派们的围攻下，1895年2月12日服毒自杀，时年59岁。守岛护军统领张文宣与丁汝昌同日服毒自杀。

在"镇远"结束大东沟海战后，入军港时舰体被礁石划破入水受损失去战斗力，林泰曾于1894年11月15日极度内疚后也服毒自杀，时年44岁。

"定远"被日舰击中搁浅后，为避免资敌，刘步蟾与丁汝昌下令用炸药炸沉"定远"。目睹"定远"沉入海中，刘步蟾即于1895年2月9日舰沉当日服毒自杀，时年43岁。永远告别了从德国伏尔铿造船厂铺设龙骨时开始，已与其相伴15年的"定远"……他在战前即立誓："苟丧舰，必自裁"，2月5日，"定远"被日军鱼雷艇偷袭，搁浅坐滩，刘步蟾不甘心，一度指挥用舰炮反击，"定远"主炮下转动设施、弹药库等均没于海水中，最终失去作战能力，被迫弃舰撤至刘公岛，刘步蟾一见丁汝昌伏地大哭："身为管带，而如此失着,实有渎职之罪,今唯一死谢之!"年仅43岁!

与其他将领自戕或悲愤,或内疚,或激昂相比,性格刚强不驯的刘步蟾,死得反而是最从容不迫的。"定远"被水雷炸毁后,刘步蟾来到"定远"军官卢毓英住处,见到"定远"枪炮大副沈寿堃正书写清人邓汉仪诗句:"千古艰难惟一死,"刘遂朗声接诵:"伤心岂独息夫人?"吟毕坦然出屋而去。"息夫人"是春秋战国时典故:楚文王灭息国,俘国君夫人,与其生二子,但夫人从此不同楚王置一言,以气节寓志。刘步蟾诵此诗句,当借此抒发己之志节。也可窥见他是爱读诗文的,有儒将气度。当晚他即服鸦片自杀。当晚他即服鸦片自杀,大约是吞服鸦片量不足,辗转反复,极其痛苦。他的自杀令人哀痛而惋惜!

负责保卫海军威海基地的绥军将领戴宗骞已于1895年2月10日晚,在北帮炮台失守后服毒自杀。他曾与丁汝昌激烈争论决不能弃守北帮炮台:"守台地,吾职也。兵败地失,走将焉往?吾唯有一死以报朝廷耳!他何言哉!"

2月13日,继任的护理左翼总兵兼"镇远"舰署理管带杨用霖拒绝向日军投降,以手枪自杀殉国。

在大东沟海战中第一位自杀殉国的舰长是"超勇"管带黄建勋。"超勇"是清朝向西方购买的第一艘大型巡洋舰,第一任管带是林泰曾。大东沟海战约半小时后,"超勇"起火渐沉,黄建勋落水,他拒绝前来救援的"左一"号鱼雷艇抛出的救生绳,沉海自尽,时年43岁。大副翁守瑜在指挥官兵扑火无效后,将欲投海,"左右援之,参戎(参戎是对大副的尊称)曰:全舰既没,吾何生为?一跃而逝!"时年31岁。

在海战中重伤的"扬威"舰被逃跑的"济远"撞至搁浅,因无法再与日舰作战,悲愤不已的管带林履中跳海自尽。

"经远"管带林永升在海战中头部中弹牺牲后,大副陈荣驾驶重伤失火的军舰驶往浅水区自救,在军舰沉没前蹈海自尽。全舰官兵大部殉国,仅16人被救。

海战中北洋舰队牺牲官兵总计714人,其中沉海的"超勇""扬威""致远""经远"官兵达660人。受伤官兵108人。牺牲职衔最高者为提督衔记名总兵邓世昌。

在大东沟海战和威海保卫战中自杀成仁的高级将领丁汝昌、林泰曾、刘步蟾、张文宣、戴宗骞、林永升、黄建勋等人,其过程都无疑义,正史、野史的记载基本吻合。唯独邓世昌之自沉殉国,或与正史记载略有出入。

▶描绘黄海海战的绘画

野史和正史记载的邓世昌拒救自沉,基本一致,只不过繁简有别。但"致远"幸存水兵们的说法,却与史载略有出入。

"致远"去撞沉"吉野",若干研究者都认为在技术上不可能存在。但无论"致远"去撞击日军哪艘军舰,将士们视死如归、杀身成仁的英雄气概都毫无疑义。"致远"幸存水兵共有7人,对当时状况,各叙不一。以至于姚锡光所著《东方兵事纪略》中记"遂鼓快车向吉野冲突"几成为孤证。姚著此书是甲午海战的第三年。不知所叙是否采纳了幸存水兵的说法。因为姚锡光在甲午开战时,正在山东巡抚李秉衡衙署任职,他并非亲历者,应是参阅了中外各种史料。但是,他的记载却成为从《清史稿》到《辞海》几乎众口一词的标准案本,以至于从教科书到《甲午风云》等影视文学作品,无不采用"撞沉吉野"之说。不妨引《东方兵事纪略》中所言:"致远弹药尽,适与倭舰吉野值。管带邓世昌……遂鼓快车向吉野冲突。……而致远中其鱼雷……"《清史稿·邓世昌传》《辞海》几乎照抄。其他如《清稗类钞·邓壮节阵亡黄海》云:"致远中鱼雷而炸沉",它成书更晚,恐怕也是人云亦云。

除"撞沉吉野"说外,姚锡光这段不长的文字中,"中其鱼雷"说也广为后世所采用,这也是谬传,与事实不符。由此引发邓世昌在"致远"沉没坠海的一些不同的记载,当年海战后出版的《点石斋画报》图文报道《仆犬同殉》称:"有义仆刘相忠随之赴水""所养义犬尾随水内,旋亦沉毙。"清人池仲祐《邓壮节公事略》中记邓世昌所豢养爱犬"衔其臂不令溺,公斥之去,复衔其发,邓按爱犬入水,同沉于海。"

但池仲祐是私史，仅是一家之言。正史《清史稿》则记为："世昌身環气圈不没，汝昌及他将见之，令驰救。拒弗上，缩臂出圈，死之。"当时在"镇远"服役的洋员马吉芬后来也写了回忆录，他的根据是幸存水兵的叙述。水兵们对当时战况说法各异，也许是因为在舰上岗位不同、视角各限，导致对同一事件有不同的说法。但马吉芬发现唯有对邓世昌沉海的细节述说一致。邓世昌所养烈犬，性格凶猛，每不听邓世昌管束。邓沉海后，先抓住一条船桨或木板，但猛犬游过来冲撞邓世昌，致使其与桨板脱手才与犬共溺亡。水兵们还一致述说邓世昌不会游泳，才无法逃生，这在今天看来可能有些不可思议。邓世昌是福建船政学堂毕业，又多年领舰，是标准的海军军官。笔者注意到一个细节，大东沟海战中自杀的将领包括邓世昌在内，皆是投海自溺。按常理，若一个会游泳的人，似乎是没办法投海自沉的。有名的美国电影《马歇尔》中情节，一个游泳选手跳水自杀，但本能驱使她终游上岸。北洋海军的军官们真不会游泳吗？

北洋海军招募的水兵，大多为山东半岛的渔户，会游泳自不成问题。将领多为船政学堂毕业。本来招收学生时，设想是福建省本地生源。但当时科举考试仍是读书人和贫家子弟的进身之阶，船政学堂这种新式军校闻所未闻，一般读书人报名稀稀。福建报名者多为贫寒出身的少年，但名额差之甚远，不得已学堂扩大招生地域，转向广东、香港招生，因粤港之地多商人子弟和洋学堂学生，受西洋风气影响，易接受新鲜事物。

▶ 刘公岛上的北洋海军忠魂碑（王晓光 摄）

邓世昌隶粤籍，时在香港，学过英文，遂报名成为首届学生。笔者查阅了若干史料，船政学堂分前后两学堂，前学堂教授法语，后学堂教授英语，前者以制械造船为主科，后者以驾驶管轮为主科。课程约为三类，第一类为算术、几何、动静重学、水重学、电磁学、光学等自然学科。第二类是文科，外语、音乐等项。第三类是船政大臣沈葆桢特别下令增加的传统义理类，如圣谕、孝经、策论等。学期三年。之后再实习训练两年，学生出海登船，学习有关天文、测量、风浪、沙线及驾驶、管轮、海上作战等科目。包括操作重炮、小型武器、水兵匕首、划船训练，都在演练之内。但却未查到是否有游泳训练之科目。封建时代武官讲威仪，船政学堂学的是先进科学，但学生着装还是传统袍褂，也许实习科目包括船政学堂中并无游泳训练项目？否则不能解释邓世昌不会游泳，另外两位船政学堂毕业的海军军官、"超勇"管带黄建勋、"经远"管带林永升及"经远"大副陈荣、"超勇"大副翁守瑜也是投海自沉，似乎有不谙水性的可能。当然，清朝对守城有责的失地武官，是以流放直至死罪惩罚。舰即如城地，邓、黄、林等皆为血性之人，舰沉则自裁。若会游泳，也必会选择其他方式殉国。

据王恩溥先生考证，福建船政学堂无体育课程设置，曾受到英国教官的批评。之后，成立天津、江南、威海、广东等海军学堂，才意识到体能训练的重要性。全面开展体育课程，除步兵操法、劈剑刺枪、拳击、棍棒技击、跳栏、足球、木马、竞走、体操、登山等外，均有泅水、游泳项目。

至于邓世昌受伤沉海，抱不抱住木板或木桨，大约都是人的本能。他抱必死之志，在下令开足马力撞向敌舰前，曾大呼"今日之事，有死而已"。《清稗类钞》中"邓壮节阵亡之黄海"一章中赞叹："观此则知邓早以必死期矣！"这符合邓的性格，"邓在军中激扬风义，甄拔士卒，有古烈士风。遇忠孝烈事，极口表扬，凄怆激楚，使人雪涕"。邓世昌在平时训练中行事就坚毅果敢。《航海琐记》记载：他在率"致远"从西班牙归国时，遇巨浪狂风，戎衣尽湿。尽管他不会游泳，但坚不避退，亲操舵轮，转危为安。驶入地中海，因水兵添煤过多，致烟筒起火，邓世昌沉稳"令开火门、塞灰洞，火立止"。

与他相类似的还有黄建勋。池仲祐《海军实纪·黄镇军菊人事略》（"镇军"是对一定品级武官尊称，"菊人"是其表字或别号）中记载：黄建勋慷慨侠义，性格沉默，但却出言耿直，"不喜作世俗周旋之态"，这与邓世昌性格相似。黄建勋是福建永福人，15岁入船政学堂第一期学驾驶，后留学英国。先任"镇西"管带，他与邓世昌同有"古烈士之遗风"，殉国时比邓小3岁。黄建勋、林履中在海战中皆临危不惧，从容赴义，可歌可泣。只不过邓世昌壮烈之死，受到皇帝的直接褒彰，谥号"壮节"，举国痛悼，名闻遐迩。

其实，像邓世昌、刘步蟾、黄建勋、林永升、杨用霖等成仁取义、有"古烈士之遗风"的北洋海军将领甚多，只不过正史是帝王将相的历史，如《清史稿》，对北洋海军将领，只入传丁汝昌、刘步蟾二人，林泰曾的小传还附于刘步蟾之后。很多牺牲的将领都逐渐被遗忘了，连其事略都湮没无闻、无从查考。如在大东沟海战中壮烈牺牲的北洋海军将领徐景颜，由于清末古文家林琴南曾作《徐景颜传》，才使我们有所了解。

据林琴南所述，知徐景颜为苏州人氏，进修于天津水师学堂，才华超群，25岁已经是正三品衔级的参将，成为丁汝昌副手。徐景颜是一位精英儒将，在水师学堂"习欧西文字"，"每曹试，必第上上"。博通史学，"治《汉书》绝熟，论汉事，虽纯史之史家无能折者"，由此看，徐景颜无疑是治史专家。更儒雅聪颖，"筝琶箫笛之属，一闻辄会其节奏，且能以意为新声"，是一个极有音乐天赋的雅士。徐景颜爱国爱家，感情丰富细腻，非一般武夫可比。大东沟海战前夕，徐景颜曾回家告别妻子，"辄对妻涕泣"，而"意不忍其母"，"母知书明义，方以景颜为怯弱，趣（催促）之行。景颜晨起，就母寝拜别，持箫入卧内，据枕吹之，初为徵声，若泣若诉，越炊许，乃陡变为惨厉悲健之音，哀动四邻。掷箫索剑，上马出城。是岁遂死于大东沟之难"。林琴南以凄怆之笔，为后人描摹了大义凛然、又情感丰挚、最终成仁殉国的海军将领徐景颜的画像，包括他大义明理的慈母。林琴南的文笔脱胎于先秦两汉唐宋古文，深得古史传精髓，优点是感人至深，缺点是仅突出细节，对人的介绍过于简略。"以参将副水师提督丁公为兵官"，参将只是衔级，不是实职，"三公"是林琴南在《徐景颜传》中还简介了海战中殉国的林永升、杨用霖两位烈士。究竟任何职务？是舰上军官，还是提督衔衙门职官？是否随丁汝昌上舰督战阵亡？均不得而知。"来远"舰大副有名徐希颜者，也在大东沟海战中阵亡，是守备衔级，应与徐景颜不是一个人。但若无林琴南之记录，后人则不可能知北洋海军有如此精英之士。

北洋海军将领生前死后，尤其威海之战后，多受时人诟病甚至污蔑，故林琴南于传后愤慨疾呼："恒人论说，以威海之役，诋全军无完人，至三公之死节，亦不之数矣。呜呼！忠义之士又胡以自奋也耶？"

不胜战，毋宁死！以邓世昌为代表的北洋海军军人，以大无畏的英雄气概和赴死精神，使对手永远为之敬畏。邓世昌的家族宗祠在广州，今已辟为邓世昌纪念馆。抗战时，日寇侵占广州，烧杀掠淫，气焰甚炽。惟不敢冒犯邓氏宗祠，凡日寇官佐路经宗祠时，皆止步敬礼，有的日寇军官还偷偷溜进宗祠顶礼祭拜。《史记》上说"人固有一死"，《史记》上还说"贪夫徇财，烈士殉名"，除方伯谦、吴敬荣、牛昶昞等一小撮贪生怕死、投降外寇的败类外，以邓世昌为代表的1405名（含威海保卫战牺牲者）殉国北洋海军官兵，青史留名，永垂不朽！

"镇远"署理管带杨用霖在大东沟海战中任"镇远"大副，协助林泰曾指挥作战，池仲祐《杨镇军雨臣事略》记杨用霖"积尸交前，而神色不动，攻战愈猛"。他并亲自转舵，横向出击卫护"定远"，在林泰曾自杀后接替他的职务。拒不向日寇投降，在自杀殉国前曾慷慨长啸"人生自古谁无死，留取丹心照汗青！"

1919年，北洋政府海军部调查统计北洋水师牺牲官兵共1405人，大部分姓名已不可查考。仅知除管带外，在大东沟海战中阵亡的舰上军官（武官六品千总衔以上）计有：

舰名	职务	姓名
"定远"	管带	陈如昇
"镇远"	三副（千总）	池兆瑸
"致远"	帮带大副（都司）	陈金揆
	鱼雷大副（守备）	薛振声
	驾驶二副（守备）	周震阶
	枪炮二副（守备）	黄乃谟
	总管轮（都司）	刘应霖
	大管轮（守备）	郑文恒、曾洪基
	二管轮（千总）	黄永猷、孙文晃
"经远"	鱼雷大副（守备）	李联芬
	枪炮二副（守备）	韩锦
	驾驶二副（守备）	陈京莹
	船械三副（千总）	李在灿
	船板三副（千总）	张步瀛
	总管轮（都司）	孙姜
	大管轮（守备）	卢文金、陈申炽
	二管轮（千总）	刘昭亮、陈金镛

续表

舰名	职务	姓名
"来远"	大副（守备）	徐希颜
	三副（千总）	蔡馨书、邱勋
	大管轮（守备）	梅萼、陈景祺
	二管轮（千总）	陶国珍、陈天福、陈嘉寿
"济远"	帮带大副（都司）	沈寿昌
	二副（守备）	柯建章、杨建洛
"超勇"	驾驶二副（千总）	周阿琳
	总管轮（都司）	黎星桥
	大管轮（守备）	邱庆鸿
	二管轮（千总）	李天福
"扬威"	管带（参将）	林履中
"广丙"	帮带大副（守备）	黄祖莲
"威远"	大管轮（守备）	陈国昌
	二管轮（千总）	黎晋洛
"左一"鱼雷艇	大副	吴怀仁
"左二"鱼雷艇	大副	倪居卿

清代武官分九品，上述阵亡的军官皆为中级将校，是北洋海军军官的精英。虽殉之于国，英雄无悔，但仍令人无限惋惜！

在海战中牺牲的把总、头目、实习生、水兵、工匠（包括两名洋员）有姓名者还有约300人。其他把总以下武官、士官及水兵阵亡1000余人，大部分姓名无可稽考。

今中国人民解放军海军,各种不同种类军舰,均以省、自治区、直辖市、大中城市、州、县、湖泊等分别命名。训练舰则以人名命名,第一艘入现役的是"郑和"号,第二艘即被命名为"世昌"号。在中国数千年历史长河中,涌现出何止千百计的名将?唯有邓世昌的英名入选,这是北洋海军牺牲英雄的无尚荣光!

万里海疆,沧溟永镌:永不消逝的军魂!

"像蜀锦一样绚烂"

——北洋海军陆战队

这是一百三十多年前北洋海军一次小规模的战斗，几乎所有有关甲午战争的书籍都没有提及。按海军陆战队所规定的八项战术等级之一的"消灭岸上敌方目标"的小型登陆奔袭，是北洋海军陆战队唯一的一次登陆作战。

1895年2月13日，北洋海军战败，日本海军司令官伊东佑亨却命令联合舰队各舰官兵"停止娱乐"，不准举行庆祝活动。众多日本官兵感到匪夷所思。对日本来说战胜北洋海军，取得甲午战争的最终胜利，是不亚于对马海战之役击败沙俄海军的大胜利，伊东何以如此抑制情绪？对马海战的指挥官东乡平八郎是伊东的老部下，东乡离世，伊东曾亲题"东乡坂"纪念石碑。但伊东在日本的声誉却远逊于东乡，这与他对打赢甲午战争之后的态度，包括不准下属举行庆祝活动大有关联。

据考证，伊东之所以下这样的命令，源于那天他听到丁汝昌、刘步蟾、张文宣等人自杀的消息，而内心深受震撼，这道命令完全出于他对于对手的敬意。从甲午海战到威海、刘公岛战役，伊东目睹耳闻北洋海军军官、士兵宁死不屈的壮烈牺牲，作为职业军人，内心一次又一次受到震撼，他的敬意是发自内心的。在缴获北洋海军剩余舰船后，伊东还下了一道特别命令：北洋海军练习舰"康济"号留下用于运送丁汝昌遗体。

北洋海军陆战队在威海战役中，全部战死视死如归的凛然壮烈，也不得不使伊东动容。

对于北洋海军如邓世昌、林泰曾、刘步蟾、杨用霖等将领们的壮烈殉国，人们熟悉而敬仰。而对北洋海军普通水兵的英勇作战和壮烈牺牲，除王国成等少数水兵外，则大多湮没无闻，甚至被遗忘。而北洋海军陆战队，则是北洋海军下层水兵的杰出代表，尤其不应该被遗忘。

同样，人们知道北洋海军是清朝第一支近代化意义的海军舰队，但极少有人知道，这支舰队还配有一支专业和精锐的海军陆战队。北洋海军内部称之为"枪队"，直属丁汝昌管辖调动。在此之前的1880年，福建船政学堂学生曾组成少年洋枪队，由法国教官教授枪法。今存有照片，少年学生皆手持洋枪，但服饰并不统一，因而还不能算是真正编制的海军陆战队。

西方过去一直认为英国是海军陆战队的鼻祖，是因为英国国王卡尔二世于1644年正式组建海军陆战队。但也有人考证，英国是借鉴了法国，法国更早于1622年组建法兰西海军连，虽然那时还未称作海军陆战队，但已具备了海军陆战队的雏形。至拿破仑帝国时期，才于皇家近卫军中成立海军陆战营，由拿破仑亲授军旗。以后，海军陆战队成为法国殖民扩张的急先锋。

在中法战争中，法国海军陆战队与清朝军队有过多次交手和血战，最终被清朝淮军击溃。平心而论，法国海军陆战队还是颇具战斗力的，1882年4月25日，法军陆战队一个营，在三艘炮舰支援下攻占河内要塞。1883年5月27日，250名法军陆战队员，在6艘炮舰助攻下占领越北重镇南定。12月11日，法军发动进攻，连克越地山西、太原、北宁，援越清军主力五日内伤亡逾千人。

▶1880年，福建船政学堂学生组成少年洋枪队，皆持洋枪，右一和左二为法国教官。不少队员后来成为北洋海军的高级将领

1884年5月，傲慢的法国海军陆战队遇到了对手。6月23日，法军进犯谅山观音桥（越南称北黎），清军提督万重暄及黄玉贤、王洪顺三将率三千士兵，深沟壑垒、严阵以待。双方先谈判，但法军指挥官杜森尼竟野蛮枪杀两名清军谈判军使，引起清军官兵愤怒。法军悍然先发起进攻，战事胶着而激烈。最后法军伤亡严重，海军陆战营完全被打乱，伤亡五十余人，清军大胜。

之后，清军取得台湾沪尾大捷、镇海和镇南关大捷，也许仍有法国海军陆战队参加，但法军终无胜绩。

虽然清军取得战事胜利，但总计伤亡人数，清军伤亡多于法军，中法战争参战的数万清军士兵，多数未留下姓名。至今镇南关（今称友谊关）右侧山麓上，有1898年修建的"大清国万人坟"，多为无名墓碑。

这次胜利说明中国军队最早已接触到海军陆战队这一新军种。而1880年，清朝已开始建新式海军。于德国定造"定远""镇远"二舰，1883年，清朝于德国定造"济远"。中法战后，又于英国定造"致远""靖远"，于德国再造"经远""来远"，加上之前订购的"超勇""扬威"，以及陆续在国外订购的鱼雷艇共计十一艘，北洋海军基本成军。1885年成立海军衙门，确定先办北洋舰队，认为英国海军"最精最强"，装备先进。故建军之初，即完全以英国为蓝本组建，以《北洋海军章程》为标志，1888年正式成军。以后正式公文均称"北洋海军"，但人们习惯还是多以"北洋水师"而称谓。

北洋海军完全不同于旧式绿营水师，对于后勤保障尤为重视，如沿海军港、基地、船厂、学堂、军医院、军械所、鱼雷营、水雷营、支应局、煤厂等，皆纳入北洋海军系统。尤其军医、军乐队等设置，是清朝军队从未有过的。也包括组建了海军陆战队这一新兵种。

清朝的绿营水师是仿明朝制度，设内河及外海水师，负责江防、海防安全，名曰水师，实际非独立军种，乃附属于绿营，仍是陆军编制。战船皆木质帆船，重火器配属为明末红衣炮，小型火炮有百子炮、山炮等。士兵除刀戈，亦有排枪、三眼枪等。战斗力弱，跳帮、登岛，仅可对付海匪，但符合防守海口、缉捕盗贼的目的。

北洋海军所配属的海军陆战队，罕有提起，但已完全是按西洋军制配备武器，除佩刀外，一律毛瑟枪，配备登陆汽艇、舢板、移动速射炮，亦按西洋陆战战法训练。人数在二百人至三百人之间。而且服装迥异于北洋海军舰上水兵。1882年，由丁汝昌审定《北洋水师号衣图说》，这是清朝海军第一部参照西方海军军服而制定的旗徽服衔等图式。1888年正式成军后，又制定了更为标准规范的军服图式，其使用直至甲午战争。据美国哈佛燕京图书馆藏《清国北洋水师实况一斑》图式可见：北洋海军各舰水兵服夏秋为白色，春冬季为石青色（即蓝色），而北洋海军陆战队军服为红色，应是参阅了英法近卫军鲜艳的军服制式，因为如法国海军陆战队，隶属于皇家近卫军，其军旗即大书"法兰西皇帝亲授近卫军海军陆战营"字样，服制鲜丽而夺目。英国海军陆战队队服即为红色。

▶ 着夏季军服（宝纱面料）、头戴凉帽的北洋海军陆战队队员

北洋海军水手打破自明代以来"军户""军籍"世袭制度，皆为招募。而陆战队员，笔者推测为丁汝昌原来的亲兵小队组成。亲兵即标兵，始设于明朝嘉靖年间，总督、巡抚、总兵等均设标兵。清朝旧式绿营等，将领统率部队，皆有编制，而亲兵卫队则需自给军饷。亲兵一般由家乡宗族子弟组成，忠诚可靠。湘、淮部队无军籍，军饷更是完全自筹，不出于国库。故淮军裁撤，丁汝昌将家乡亲兵编入陆战队，甚有可能。另，《北洋军服图式》还列有"提督亲兵"服饰，不同于陆战队，与水兵服色相同，惟军服外罩马褂，亦配备毛瑟枪。也许亲

▶ 身着蓝色水兵服、外套坎肩的北洋海军提督亲兵

人物春秋 257

兵与陆战队各有编制，但均为家乡子弟则无疑。为何同为陆战队兵士，服饰不同？因北洋海军陆战队还兼有宪兵职责，包括警戒、灭火等特别勤务。每天须上舰，包括熄灯后，随值星军官执行巡视、纠察等任务。包括战时值班，即战时编组为战斗突击小分队，随舰队出征，执行跳帮、登陆突袭等任务。

北洋海军陆战队的战斗力在海战中似未得到验证。虽然这是一支袖珍的精锐部队，似乎也未进行过海上作战。1894年9月17日的黄海大海战中，日舰"比睿"在北洋舰队猛烈炮火轰击下，脱离舰队，妄图穿过北洋舰队阵形，从"定远"左侧通过。迅即遭到"定远""经远"等围击，舰体、帆樯、索具皆被炮击损坏，尤其"定远"一发305毫米炮弹击中左侧舷，贯穿后桅甲板爆炸，造成日军官兵50余人伤亡。后甲板彻底损坏，"比睿"慌忙逃跑。"经远"奋力靠近，并下令陆战队员接舷跳帮，以俘获"比睿"。但因航速不及"比睿"，以及"比睿"拼死在数分钟内发射1500余发炮弹，"经远"炮火不足以压制"比睿"，终致其逃脱。检验北洋海军陆战队实力的跳帮作战，终与其失之交臂。

在1888年9月北洋海军成军伊始，海军陆战队还有过一次成功的登陆作战。适逢台湾原住民起义，李鸿章令"致远""靖远"赴台驰援，海军陆战队组成突击队同往。由邓世昌亲自指挥登陆作战。当时300余清军被义军围困，陆战队受命抢滩登陆，60余名队员携两尊六磅行营炮奋勇突破义军阵地，在舰炮火力支援下，成功解救被围清军。在此役中，陆战队以少胜多，以阵亡一名副头目、伤八人的轻微代价，完成了抢滩突袭的作战目标。但公平讲，对手非训练有素的军人，加上"致远""靖远"舰炮威力，尽管对手人数众多，但面对精锐的北洋海军陆战队仍是一次非对称作战。

日本也建有海军陆战队，最早出现于19世纪七十年代日本内战中。侵朝期间和甲午战争都曾投入过战斗。在甲午海战时，北洋海军陆战队未发挥作用，唯一的一次与"比睿"接舷机会，其跳帮作战能力未能得到验证。也许丁汝昌和李鸿章一样，视陆战队为自己的"家底"，舍不得让其投入战斗。以法国海军陆战队的作战职责，有下列八类："在海上登陆作战中作为第一梯队投入战斗；在岸上进行侦察破坏活动，在登陆地段清障；排除水下设防登陆障碍，消灭岸上敌方目标，在预备登陆地区预先进行扫雷；负责炸毁停泊在锚地和基地的敌方舰艇等。"对照这些作战职责，北洋海军陆战队在台湾执行的抢滩突袭，似乎勉强符合"在海上登陆作战中作为第一梯队投入战斗"的作战职责。

北洋海军陆战队唯一的一次战斗，是突袭南帮炮台之战。这完全符合"消灭岸上敌方目标"的作战职责。陆战队英勇无畏的血性、视死如归的气概，令敌方刻骨铭心。这是丁汝昌在万般无奈之下，令陆战队投入的也是最后的一次战斗。结局是陆战队全部战死（包括负伤后自杀），是一次典型的自杀式奔袭。

刘公岛基地仰赖于南、北帮炮台拱卫，日军一开始就欲争夺二炮台。

1895年12月25日，日军三万余人兵分两路进攻南帮炮台。清军6000余人迎战。孙万龄部拒敌于白马河,激战小胜,但由于刘树德、闵德胜部未予配合,孙部被迫后撤。南帮炮台危急,丁汝昌、戴宗骞、刘佩超三位海陆将领推诿攻防之策,李鸿章非常不满,曾大加申斥。

日军于29日进攻威海南岸制高点摩天岭,守卫营官周家望率一营数百守军奋勇抵抗,全部牺牲。杨枫岭守将陈万清撤退,南帮炮台失去后路屏障。坚守南北帮炮台制高点虎山的刘树德、戴宗骞弃守。随之龙庙嘴炮台失陷,清军至此阵亡超过2000人,日方死伤近300人,旅团长大寺安纯少将被北洋舰炮击毙。

南帮炮台失陷,将会被日军用来轰击刘公岛基地和北洋舰队。李鸿章极为震怒,命将刘佩超及炮台守将就地正法。丁汝昌不得已,下令海军陆战队出击,希望夺回龙庙嘴炮台。

这是一次双方力量大为悬殊的出击,陆战队员只配备毛瑟枪,乘汽艇、舢板,估计这支袖珍部队都未必携带行营炮去作战。军官们仅有左轮手枪。但这支大无畏的部队,身着红色的军服,由刘公岛出发,乘坐小艇、舢板,劈波斩浪,向炮台迂回前进。抵达海岸后奋勇登岸,恰遇炮台上溃散下来的守军,也许被陆战队员的斗志所感染,也一同反身参战。日军发现了这支小部队,大为震惊。日军指挥官根本未料到清军居然会反扑。日本后来出版的《日清战争实记》一书有较为详细的记录和描述:"敌军拼死前进","似都有拼死的决心"。日军完全未曾料到清军已全线溃败后,竟还有如此强韧的战斗力。日军瞬间被陆战队员冲击得混乱不堪而败退。一名英勇的队员甚至翻越短墙,跃进日军师团指挥部。勇气固然可嘉,但作战兵员太少,寡不敌众。日军经短暂溃乱，重新集结，以优势兵力围攻。陆战队员不断战死，剩余队员被日军火力压制在海岸边，最后全部牺牲。日本方面有战斗场景方面的描述："使人感慨的是，有的中国兵知道不能幸免而自杀死去……登陆水兵几乎无一人逃脱。海岸上积尸累累，不可胜数。有的敌兵在海中遭到狙击，近40平方的海水完全变成了红色，像蜀锦一样绚烂。"

作为这些陆战队员的直接长官，丁汝昌知道他们全体阵亡之后，他的胆怯致使北洋海军全军覆灭，默许投降而自杀时，想到了这些不怕死的子弟兵吗？

战斗过程极其惨烈！所有的陆战队员连同返回参战的陆军守兵全部战死，伤者亦自杀！我相信，日方记载只是概述，而无细节。日本随军摄影记者拍摄下了陆战队员战死的场景，日本画家有感于中国士兵的壮烈，还专门绘制了油画《威海卫炮台之战》，表现了陆战队员用左轮手枪与日军血战的大无畏气概。

像"蜀锦一样绚烂"的海水早已消逝，毛瑟枪的硝烟早已流散，这些殉国的普通陆战队员的名字至今也无人知晓。

笔者去过威海，昔日的龙庙嘴战场早已开发为房地产，据当地人讲，房地

▶1909年8月29日，法国《小日报》刊登"中国新军"图文

产开发挖掘海滩时,赫然挖出牺牲士兵的骸骨和早已锈蚀的毛瑟步枪。不知是否有人将他们重新安葬或者修建纪念碑。

这些从丁汝昌家乡走出来随他征战的淮军亲兵子弟,大部分是汪郎中村人,有吃苦耐劳、当兵吃饷的性格和传统。入淮军,饷银略薄;而入北洋海军,则阖家小康。笔者没有查到陆战队员的军饷标准。按《北洋海军章程》,北洋海军军人的军饷是高于以往八旗、绿营和湘、淮军人的。以淮军士兵为例,月饷仅为银四钱。旧长江水师舵工、炮手、桨手分别为月支三两六钱、三两、二两七钱。北洋海军三等至一等水手,则分别为七两、八两、十两;三等练勇至一等练勇则为四两、五两、六两,笔者猜测陆战队员月饷应超过一等水手。因为从制服看,陆战队员着士官样式军服,饰有云纹图饰。北洋舰队编制序列正炮目月饷为20两,专业技工如鱼雷匠、电煤匠、洋枪匠、锅炉匠等均在月饷24两至30两之间。这些当差兵匠均着军服,袖口均有军衔标识,类同于今天海军的技术士官。陆战队员若比照士官待遇,那月饷应在20两左右。而当时自耕农一户年耕作收入折银也只有30—50两,陆战队员的饷银在穷苦的两淮,真是远超过小康农民的收入。北洋海军水兵月饷均由管带等主官向支应局领取包办,有可能克扣、贪污。但陆战队员是家乡子弟兵,沾亲带故,丁汝昌是不会冒名誉风险贪小利而忘大义,使敢死之士寒心、家乡父老物议的。按惯例,亲兵遇年节,老长官还会另有赏赐。所以当上一名海军陆战队员,收入足以养家。

令人感慨的是,队员们不以饷高而贪生怕死,这是亲兵忠诚信念起决定性作用。湘、淮军人或无清晰的国家概念，而只知忠诚于主将。而亲兵则视主将为恩主而誓死效力。所以，清末徐锡麟以安徽巡抚恩铭部属下，而将其刺杀后，不仅徐锡麟被恩铭亲兵杀死，死前还被徐的亲兵们开膛剖肚吃下泄愤。忠诚是子弟兵至高的准则，所以当刘公岛上水兵和护军闹事时，陆战队员们不会参加，还应负有弹压的职责。法国陆战队的军旗上赫然大书的是"英勇守纪"，而北洋海军陆战队员心中镌刻的则不只是"英勇守纪"，还有"忠诚"两个大字。还有则是淮军从军者的传统，当兵不仅吃饷养家，还以战死疆场为荣。一人战死，宗族为荣。有遗孤者，其宗族会合力赡养，无遗孤者，其家人父老亦会得到宗族合村的尊重。

战死的陆战队员悲壮，其远在家乡的妻子一样悲壮。当陆战队员们的灵柩到达故里，所有队员的妻子们皆自杀殉夫！包括时年45岁的丁汝昌之妻魏夫人！为了陪伴为家国赴死的丈夫，这些未必识字、未必懂得君国观念的农村妇女，皆与夫君一起赴死，一个月后合葬，皆与夫君相伴于九泉之下。至今巢湖汪郎中村陆战队员的坟茔仍然保存于世间，向后人展示着怎一种无畏、怎样的一种悲壮、怎样的一种惨烈！

我相信，这一样使欲亡我国家种族的敌寇为之动容、为之震慄！"民不畏死"，这永远成为中华民族不会亡国、不会灭种的一种意志、一种精神、一种境界！

军人战死之妻殉夫古已有之，北洋海军军人家眷中似乎亦有此风气。记得读冰心女士文，回忆她母亲曾身藏鸦片，准备一俟得到丈夫、"来远"大副谢葆璋阵亡噩耗,即服毒殉夫。谢葆璋历经黄海海战和威海之战而生存,笔者不知向日军投降的北洋海军将领中有无谢葆璋,如有,他何以面对?有愧乎?

史书未曾记下北洋海军陆战队全体队员的名字。这支视死如归的小部队,无一人退却,无一人脱逃,无一人投降,无一人苟活,无一人不战死!即便是伤者也剖腹自戕!

"像蜀锦一样绚烂",那冲锋时沾满红色鲜血的红色陆战队军服,将永远成为我们脑海中不可磨灭的记忆!

壮哉!烈哉!北洋海军陆战队员和他们的妻子们!

英雄水兵王国成

1885年,法国海军舰队于福州马尾偷袭清朝福建水师,福建水师战斗序列中的11艘舰船,在短短29分钟内被击沉9艘、击伤2艘,官佐水勇共796人牺牲。

这场海战的失利极大震撼了清廷朝野,继而引发第二次"海防大筹议",三年后的1888年,绵延千年的中国旧式水师历史宣告终止,拥有崭新近代化装备的清朝北洋水师正式更名"北洋海军",划入海防战斗序列。1891年,英国伦敦报载:清朝北洋海军军力排名世界第八,日本则为第16位。当时国际军事界还

▶ 英国《伦敦新闻画报》刊登的清军旧式水师兵船绘画,注明是"中国新式一等兵船"

有中国海军军力排名世界第六、第七，日本排名第14等不同排序。但中国近代海军于1840年至1888年，从无到有，革故鼎新，历经波折反复的48年，终于扬波海上，"雄视亚洲"。排名亚洲第一应该是没有任何异议的。

但在1894年9月17日的黄海大海战中，北洋舰队被日本联合舰队卑鄙偷袭，北洋舰队猝不及防。双方势均力敌，参战舰船各12艘。《中国军事通史》将北洋舰队赶来参战的鱼雷艇计入为18艘。在不及日本舰队速度及速射炮优势下，奋勇还击，共鏖战4个多小时，以阵亡将领87人，水兵1000余人，伤400余人，损失舰船四艘之代价（此据《清代通史》记载，也有考证认为是损失五艘），逼迫日舰以损失三艘（也有考证为损失四艘）、"赤城"号炮舰舰长坂元八郎太被击毙的失利而首先撤出战斗，日本联合舰队伤之官兵数字因日方有所隐瞒，至今未有准确统计数字，但最终结果是彻底摧毁日本大本营"聚歼清舰于黄海"的狂妄计划。这场海战，面对蓄谋已久的强敌，除了北洋海军是一支近代化舰队之外，北洋海军官兵的训练有素和英勇顽强的斗志、为国捐躯的英雄气概也成为击退日寇的重要因素。

在任何战役中，士兵的训练有素、精神面貌、勇敢无畏都是战争胜利极为重要的一个因素。

在中国漫长的军事史上，史书记载留名青史的都是那些赫赫有名的战将。即便黄海海战，人们也只熟悉名将邓世昌，甚至其他殉国之壮烈不亚于邓世昌的高级将领，只有少数研究甲午战争的书籍上有寥寥几笔，如黄海海战中慷慨赴义的"经远"管带林永升、"超勇"

管带黄建勋、"扬威"管带林履中，都是值得载入史册的。北洋海军的带舰将领，只要军舰沉没或再不能统舰杀敌，几乎必然是自杀成仁。如"镇远"号管带林泰曾，当"镇远"于1894年11月14日凌晨不慎触雷，在旅顺船坞失陷再无法修复时，即于当夜自杀。代舰长杨用霖于2月1日用手枪自尽。

与北洋海军将领相比，北洋海军阵亡殉国的水兵姓名却大多无记载。一部北洋海军的战史，却没有篇幅留给那些最底层的水兵，拿破仑率军翻越阿尔

▶ 1842年7月9日，英国《伦敦新闻画报》刊载清朝军队炮兵文章，插图中描绘的清朝火炮和炮手，其军服盔甲却并非清朝规制。可见作者是只凭想象

卑斯山后，在山上睥睨四顾道：我比阿尔卑斯山还要高。但如果没有众多的士兵，恐怕不可一世的拿破仑就不会说出这样的豪言了。

在黄海海战中，北洋舰队表现出的英勇气概和牺牲精神令人感佩，也幸亏有一些野史笔记包括奖功奏折等记录下来，使得历史留下了他们的姓名！

1962年出品的电影《甲午风云》中，有一位北洋海军"济远"号巡洋舰上的水兵王国成，至今让人们难以忘记。但很多人以为是编剧和导演为了剧情而虚构的人物，其实他是一位真实存在的北洋海军普通水兵。唯一虚构的是《甲午风云》将王国成说成是炮手，其实北洋舰队舰上水兵并无炮手这一编制，条例规定水兵必须会习操舰炮，逢到战事人人皆能操炮射击。

在我们过去甚至现在的教科书式的宣传中，一直让人认为封建时代的王朝、皇帝、官吏、军队都是腐朽的、不堪一击的，其实在清代历次反击外敌的战争中，广大将领、士兵还是能够做到英勇杀敌、杀身成仁的，并非只是望风而降、一溃千里。比如鸦片战争中，清朝无数文官武将，或殉国、或成仁，无一例外投敌叛降；通州八里桥大战，僧格林沁率数万蒙古八旗骑兵，冒着枪林弹雨，轮番冲击敌人阵地，直至全部战死；比如当八国联军侵略者入侵北京，那些英勇巷战而牺牲的八旗士兵等等，都是值得我们后人永远铭记的。

即使是甲午之战，陆路上一些战役还是取得了胜利的，如正定总兵徐邦道于10月22日曾率兵在土城子击溃日军先头部队，并以火炮轰击，大挫日军，击毙日军指挥官，挥师向北追过双台沟。如果不是该部官兵饥饿至极，友军再能及时予以支援，战斗应是大有可为。徐邦道是懂兵之人，在旅大守区六位将领中责任心最重，军事眼光最敏锐，可惜李鸿章先后任命龚照玙、宋庆、姜桂题为主将，其实龚是贪官，宋有勇无谋，姜是庸才，皆不足以服众。如起用徐邦道，辽东战役不致一败涂地。徐邦道统率的士兵作战是勇敢的，但

▶1844年7月6日《伦敦新闻画报》刊登《中国水勇》文章，所配插图更是荒诞不经

是没有后勤保障，没有友军支援，结局可想而知。徐邦道统领的部队据记载还是奉李鸿章命令，在军情紧急的情况下临时"募拱卫军"三个营，仓促中投入战斗，尚不足称之为精锐之师，但已经大挫日寇兵锋了。

　　王国成参加北洋海军的年代恰逢清朝兵制改革的年代。中国封建时代的兵制，历经征兵制、世兵制、府兵制、募兵制、卫所制种种衍变，到明末清初，由女真人建立了叱咤风云的满洲八旗兵制，其所向披靡的战斗力使得明朝的卫所军队及李自成、张献忠疾风暴雨式的"流寇"战法均黯然失色。然而清朝入主中原，八旗成为驻防，逐渐养尊处优，战斗力为之锐减。清朝遂建立汉人绿营常备军制，全国绿营含水师、京城卫戍约60万人，汉人"兵皆土著"，一入兵籍，终身不可更改。绿营分骑、步、守三种，另有"余丁"，收养绿营兵丁子弟，每月关饷银5钱，随时备拔补守兵（骑拔于步、步拔于守，依次出缺挑补）。绿营与八旗都具有世袭兵制的特点，可保证部队兵源稳定，剔除募兵制的随意性，在当时是一种革新。但绿营亦受八旗熏染，当兵吃粮，且荫及子弟，如刘坤一、张之洞《变法自强疏》中所批评的是"亲族相承，视如世业"，而无忧无虑。亦逐渐陈腐不堪。所以太平军兴，一败涂地。清廷不得已下诏急建团练，以曾国藩湘勇、李鸿章淮勇为代表及衍生出的防军制、练军制成为清朝军事主力。但其后也暮气日深，积习日重，因为练军皆为子弟兵，由将领自筹薪饷，只服从个人，并非看重国家概念。练军是"兵归将有"，与绿营"兵归国有"的制度相反。所以，北洋海军最先效法西方兵制进行全面革新，是在甲午之前，而非有观点认为是甲午战争之后。

北洋海军对士兵的招收完全不同于绿营。绿营实行"兵皆土著"即只用本地人当兵。北洋海军打破绿营世兵制之惯例，防止各舰管带私人招募，也防止市井无赖混入军旅，公开招收沿海纯朴青年渔户、船户，条件是年龄16岁—17岁，身高在1.53米以上，如果报名者在18岁以上身高要达到1.56米以上，并须自书姓名即要求略识文字，不能有犯罪记录。另须由练勇学堂长官或练船管带，并大副、医官共同察看——这是对身体状况进行检验。最重要的一点是最后要由父兄或保人出结，订立服役年限。这是完全不同于绿营世袭兵制，保证了基层士兵永远保持战斗力和年轻化。

王国成恰在此时逢北洋海军招收练勇——北洋海军的组成分为军官和士兵两个不同的独立系统。士兵包括弁目（类似于士官）、士兵（包括水手、各类当差兵匠）和练勇。练勇是备补兵员（性质类似于绿营的"余丁"），分为三等，招入后还须在练勇学堂和练船学习。遇有各舰水兵告假、革除、病故、战亡等缺，才能由练勇内挑补上舰。

王国成正好符合北洋海军招收练勇的条件，他是山东文登县人，1867年出生于贫困农民家庭。逢招收练勇时，他正好20岁。当时北洋海军招兵点在威海，他经人指点前去报考水手。据说王国成当时身体瘦弱，但以吃苦耐劳的品质被考官看

▶北洋海军所用灯具（王晓光 摄）

中，录用为北洋海军练勇。

王国成出身贫苦，在"好男不当兵"的旧时代，当兵吃粮也无非为改变生存状况。须知北洋海军在俸饷制度上，也与传统的八旗绿营有了非常明显的不同。所以，北洋海军招募水兵练勇时，吸引了众多渔民和农民子弟报名。

清朝发给士兵的银米称之为"饷"，因为按月发放，故又称为"月饷"。八旗兵饷据《圣武记·兵制兵饷》记为：前锋、亲军、护军、领催、弓匠、步军、炮手等，依次3两至1两共四等，岁支米分为48斛、36斛、24斛三等，待遇比绿营高。绿营章程规定兵饷分三等，马兵一等、战兵二等、守兵三等，月支米均为五斗，月支银分别2两、1.5两、1两。"余丁"则只每月支给"饷银"5钱。绿营水师水勇与陆军士兵同为三等，月饷相同。但实际绿营士兵、水兵所得比"饷章"规定更低，因按习俗尚有名目繁多的扣除，如军械费（士兵须自备军械甲胄）、衣帽费、房费等等，都要在月饷内扣除。长官随意克扣粮饷更是家常便饭。如果王国成到绿营当兵，最高级别马兵也不过2两。他被招入北洋海军为三等练勇，等同于绿营"余丁"，月饷不过5钱饷银，而王国成录为北洋海军初级练勇，月饷即达到4两。后来他相继被调补为三等、二等水手，月饷银已达到7两、8两（一等水手饷银为10两）。由此可见，北洋海军大胆在俸饷制度上全力改革，避免绿营积弊，提升军官尤其是士兵待遇，以加强官兵战斗力。《北洋海军章程》明确指出："盖以海军为护国威远之大计，不宜过从省减啬也。中国海军创设，饷力未充，未能援引（指英国海军待遇——笔者注）。但兵船

▶ 北洋海军军官与水兵合影。于照片可看出服饰并未全盘西化，仍然是着清朝旧式军服，仅军官服饰略有改变

将士终年涉历风涛，异常劳苦，与绿营水陆情形大不相同。不能不格外体恤，通盘筹计。"清政府最终批准了《章程》，也是下了大决心。因为兵饷在清朝一直是一个令人头疼的大问题，在历代也令中央政府不堪重负。宋代养兵160万，明代卫所之兵达300余万，创中国历代养兵最高纪录。清朝旗兵近20万，加绿营60万，士兵兵饷每年需1400万，竟占当时财政支出约一半。加上后来湘、淮、练、防诸军近百万人的粮饷开支，成为清朝政府严重的财政负担。当然，北洋海军成军后，海军经费也一直捉襟见肘，这也是甲午战败的原因之一。

从后来实际情况看，优厚的俸饷确实激励了像王国成这样的贫苦农民出身的水兵。须知他的月收入已超过当时普通农户或工人的中等年收入。

在1894年5月，北洋海军、南洋水师、广东水师举行三年一次大校阅，王国成由于学习成绩合格，被调补"济远"舰为三等水手。在校阅中更由于他操练突出，又被提升为二等水手。7月，日本挑起对中国和朝鲜的战事。清廷调派"济远""广乙""威远"护送增援朝鲜的陆军。王国成立下为国尽忠之志，他对舰上的水兵兄弟们说："咱们吃了几年饷，是效命的时候了。"他旋步行90里，归家与妻子告别，次日即归舰赴朝。在护送完陆军登陆朝鲜返国至丰岛海面时，日本舰队早已预谋偷袭伏击。日本舰队以三舰率先开炮，北洋舰队三舰亦操炮还击，此即为丰岛海战。但"济远"管带方伯谦贪生惧死，不去救援"广乙"而擅自脱逃。但仍遭日舰"吉野"尾追，方伯谦下令升挂白旗和日本海军旗，但"吉野"穷追不舍欲俘获"济远"。此时"济远"尾炮负责作战的水手已中弹牺牲，管带也无射击命令，王国成气愤至极，挺身而出，操纵大炮并高声呐喊："谁帮我送炮弹？"同舰水手李仕茂大声回应上前帮助填弹。王国成英勇镇定，连发四炮。除第三炮未中外，三炮连续击中"吉野"舰桥、炮室和舰中。"吉野"燃起大火，掉头逃跑。但方伯谦仍拒不下令转舵追击，斯时舰首大炮完好，如转舵猛击，"吉野"必沉无疑。王国成连发击中"吉野"舰的位置，有的记载名称略有差异，但其中三炮均击中"吉野"重要部位，是毫无疑义的，"吉野"正是被击中三发炮弹引起大火而丧失斗志仓皇遁去。也使得"济远"不仅避免被"吉野"俘获，而且反败为胜。

▶ 甲午海战图

鉴于王国成和李仕茂的英勇,使"济远"化险为夷,并击伤"吉野"。尽管按北洋海军条令,擅自开炮必受严厉处分,但北洋海军提督丁汝昌传令嘉奖击伤日舰有功军士时,特以王国成、李仕茂为首功,各赏银500两。按丁汝昌补定的《海军赏恤章程》,兵勇阵亡者才恤银100两,可见王国成与李仕茂的赏银是破格之奖。电影《甲午风云》中基本真实反映了王国成、李仕茂英勇沉稳炮击"吉野"的过程。只不过电影虚构了李仕茂的小妹成为王国成的未婚妻。但虽然是虚构,却非常有意义,因为这条情感线引出民众对日寇的仇恨和对以邓世昌为首的北洋海军爱国军人的坚决支持。王国成也并未像电影描述的在黄海大海战前被邓世昌调到"致远"舰上当炮手,最后追随邓世昌沉舰牺牲。王国成在甲午海战后仍然活着。现在没有史料证明王国成是否仍然在黄海海战中的"济远"号上服役。"济远"号在黄海海战中见"致远"沉没,管带方伯谦又下令掉头逃跑,以致在战后被军前正法。刘公岛之战北洋海军基本全军覆没,清廷明谕将北洋海军武将"一并革职,听候查办"。署理直隶总督王文韶又奏请朝廷将北洋海军武职自提督以下"三百十五员名","各缺自应全裁","并将关防信钤记一律缴销",至此北洋海军应当从建制上被一笔勾销。剩余水兵等亦被遣散。据《中国海军之谜》记载王国成亦回家务农,用战

▶英国《伦敦新闻画报》刊登的清军军官和士兵的绘画

功赏银购地40亩，本来可享小康，但其妻却因疴逝世。王国成无子，仅遗一女，后到旅顺谋生，1900年客死于此地。

当然，王国成只是"济远"舰上众多英勇官兵中的存活者，更为众多的为国战死捐躯的爱国士兵战绩无以记载！

"济远"上英勇作战的不仅是王国成等水兵，除方伯谦外，英勇牺牲的军官们同样令人敬仰。

丰岛海战伊始，"济远"开始应战发炮还击，日舰也炮击"济远"。大副沈寿昌在指挥台被弹片击中头部，当场殉国。沈寿昌是当年容闳携往美国留学的120名幼童中的佼佼者，亦为北洋海军高级将领中唯一一名上海籍人。

"济远"二副柯建章在前炮台被另一发炮弹弹片击中胸部。天津水师学堂毕业的上舰练习生黄承勋见此状况，立即奋勇登上炮台，召唤炮手继续填弹射击。随之弹片将他手臂炸断，两水兵欲抬他去包扎医治，但他摇头说："你们各有自己职责，不要管我了。"言毕气绝而牺牲，年仅21岁。在前炮台发炮还击日舰而壮烈牺牲的还有水勇正头目王锡山、管旗头目刘鹍以及其他水兵，前炮台牺牲的水兵尸体累积堆塞，以至火炮都无法转动。可惜史籍没有记下"济远"牺牲的众多水兵的英名。更没有留下"致远""经远""扬威""超勇"等舰上众多水兵英勇战死者的英名！但他们是自明代以来中国军人抗击日寇伟大而英勇爱国精神的缩影，无名的他们将永远镌刻在中国人民英雄纪念碑上！

甲午战争中的黎元洪与段祺瑞

曾亲历黄海大海战的外国人马吉芬在战后曾以惋惜之情写道："震撼东亚之中国舰队，今也已成过去，彼等将士忠勇，遭际不遇，一误于腐败政府，再误于陆上官僚，与其所爱之舰，同散殉国之花。"时隔一百多年，以今天的眼光来看，马吉芬的观点也还是比较公允的。

当时的政治体制因循守旧，加上西太后内心不愿与日本开战，政治领导层主战、主和两派互相攻讦，连主战的光绪皇帝也不能完全左右军事大局，军队派系坐山观虎斗，南洋、广东两水师基本上见死不救。再加上战争的偶然性——北洋舰队的几发关键炮弹未击毁日本主力军舰甚至旗舰要害，致使战争的结果竟为之改写。但不能改写的是广大北洋舰队官兵的英勇牺牲精神。因为甲午战争最终失败，而殃及池鱼，受到主和派及举国上下一致抨击。使得后人只知邓世昌等少数殉国将领，而致使奋勇杀敌捐躯的北洋舰队广大爱国官兵默默无闻。

其实甲午海战中不仅是邓世昌"致远"等舰在英勇杀敌、同仇敌忾，即使是战后被正法的方伯谦为管带的"济远"舰，广大官兵也是无比英勇、誓死作战的。

历史上的民国总统黎元洪和民国执政段祺瑞都是充满着争议的人物，但他们二人均出身北洋系统，分别毕业于北洋系统的水师学堂和武备学堂。亦皆为技术军官。黎元洪曾在北洋舰队"来远"舰服役，段祺瑞曾在北洋岸炮兵营任教官。在甲午海战和威海卫之战中，两人均作战英勇，这段光荣的历史竟长期埋没无闻，极少被人提到。

▶ 段祺瑞

熟悉甲午海战历史的人皆知：真正在海战中未受一炮而临阵脱逃的是"广甲"舰。当然，"广甲"隶属于广东水师，1891年参加海军大校阅，因朝鲜局势异常紧张，故朝廷谕旨"广甲"等广东、南洋参加校阅舰只暂不南返，与北洋舰队为输送清朝陆军赴朝的运输船护航。

黎元洪当时即在"广甲"服役。他出身军人家庭，其父为游击，清军一名低级武官。1883年19岁时考入北洋系统的天津北洋水师学堂，该学堂为中国最早的海军士官学校，是李鸿章于1880年7月奏设。学堂设管轮和驾驶专业。黎元洪入校20天后，其父逝世，遗言嘱他求学上进，谨慎处世，学成报效国家。这激励黎元洪终身不忘，愈加发奋。在五年课业中，品学兼优，受到严复、萨镇冰的赏识，在学员中也威信颇高。

1888年，黎元洪毕业，赏六品衔把总，先入北洋舰队"来远"

人物春秋　277

舰服役，两年后又调入广东水师"广甲"舰，在军中唯以读书为业余爱好。清朝全国海军大校阅后，以功绩擢千总补用，第二年升为二管轮，赏五品顶戴。在黄海海战中，管带吴敬荣不思参战，畏敌如虎，竟下令"广甲"脱逃，是否有狭隘的坐山观虎斗的门户之见，今天没有史料证明。但事实证明，广东水师、南洋水师与北洋舰队分别隶属张之洞、沈葆桢、李鸿章，本来就各将舰队视为家底，互为分庭。威海卫之战，南洋、广东二水师均坐视不救，就是最有说服力的证明。

黎元洪是技术军官，在北洋海军等级森严的制度约束下，其发言权不如作战军官。"广甲"舰没有像"济远"舰那样主动开炮还击。"广甲"一路狂奔，至大连湾三山岛一带搁浅，后被日军发现。贪生怕死的吴敬荣竟抛弃舰只和全体官兵，乘小艇再次逃跑，这就证明：吴敬荣绝对是贪生怕死之辈，如果黄海海战的脱逃还可以有门户之见保存实力的借口，再次脱逃实为广东水师的耻辱。黎元洪等十数名官兵在主官脱逃、无法作战的情况下，决定凿船自沉，乘救生艇逃生。但日舰逼近，狂妄地命令"广甲"舰官兵投降，黎元洪等官兵互相激励后跳海。黎元洪本不会游泳，但因身穿救生衣，故在海上漂泊三个多小时后方漂到岸边。

▶黎元洪

黄海战后，凡脱跑、作战不力的将领均被军法严厉处分。率先脱逃的方伯谦被军前正法，但随后逃跑的吴敬荣却从轻判为"革职留营"。有传说为方伯谦与丁汝昌有隙，吴敬荣与丁汝昌有乡谊，所以吴的罪名只是"跟随"脱逃。也有可能吴敬荣是广东水师将领，北洋海军不便得罪，故得以网开一面。但决意"士有蹈海而死"殉国的黎元洪却被判有违军法监禁数月，出狱后一直没有重新启用。甲午战后，北洋海军被众口铄金，千夫所指，李鸿章更成为被攻击的头号替罪羊。故北洋海军除战殁者外，自提督以下300多名各级武官，全体被革职裁撤。黎元洪军籍隶属广东水师，最终也未归队。无奈之下，只好投张之洞"南洋新军"，一路擢升，直到被推为都督。作为无路可退的青年军官，若无爱才的张之洞大胆提拔，其终生坎坷也未可知。更不可能有他日后在北洋政府贵为总统的顶峰履历。

与黎元洪有大致相同经历的是民国执政段祺瑞。他的祖父是淮军记名总兵，父亲在家种田，家境中落，他17岁时步行两千余里投靠威海军中做管带的族叔段从德，分在营中任司书。1885年，他考入天津武备学堂，两年后以"最优等"学绩毕业，被分派至旅顺口监修炮台。一年后经严格考核，以第一名入选德国柏林军校留学，学习期间还被保送至著名的克虏伯炮厂实习半年，成为清朝早期军事留学生中的佼佼者。但段回国后并未受重用，1890年回国任职于北洋军械局，后又在威海随营教习任上五年。在威海卫之战中，面对日军的进攻，段祺瑞挺身而出，督领实习的学生军协守炮台，奋不顾身，英勇作战。这段历史也是鲜为人知。

段祺瑞一生当然值得圈点是非，尤其"三一八"惨案，难辞其咎。但其人最值得称道的是，晚年保持了民族气节，他避隐天津后，土肥原意欲拉拢他出山，在华北组织傀儡政权，被他断然拒之。"九一八"后，日方请其"调停"，亦被他予以驳斥，直呼"如今中国军队士气之高,不下于关东军"!他亲密的旧部将领王揖唐替日寇引其下水,被段祺瑞疾言厉色痛斥:"我是中国人,绝不做汉奸傀儡,就是你自己也要好好想想,不要对不起祖宗、父母和子孙后代!"当年袁世凯集会讨论"二十一条"时,众皆王顾左右而言他,唯有段祺瑞主张通电各省与日本决一死战!1933年避居南京,曾对记者发表谈话云:"日本横暴行为,已到情不能感理不可喻之地步。我国唯有上下一心一德努力自救,语云:'求人不如求己'。全国积极备战,合力应付,则虽有十个日本,何足畏哉!"1936年10月,段胃溃疡复发,旧部来访谈及长城内外国土将被日寇蚕食,段听后悲哀不已,病情转重,数日后不治而逝。日寇对其不合作之气节,甚为恼恨,在段死后曾在北京强买其后人房产、强购其后人任职的煤矿,以示泄愤。

  黎、段二人晚节可书,早年参加对日作战的英勇亦可表。由此可见,甲午之战中,不仅只有邓世昌等将领同仇敌忾,广大的北洋海军官兵同样宁死不屈,奋勇杀敌,只不过历史没有给予他们应有的位置和褒扬。

李秉衡其人

李秉衡，《清史稿》有传。对一般人来说是个陌生的名字。即便对清史有一定了解的人，也未必知其人。在事关北洋海军生死存亡的威海之战、刘公岛保卫战中，身为山东巡抚的他，未能全力支援。北洋海军的全军覆灭，李秉衡应负有一定责任。说他是日寇的帮凶，也许言重，但他客观上确起到了瓦解溃散，北洋海军军心的作用，应是无疑义的。

过去一些有关北洋海军的论著，很少提及李秉衡。提到了，也有两种截然不同的观点。

论个人操守，李秉衡似乎无可挑剔。他毕生以"名臣"自居，一生不纳贿贪财，体恤百姓和士卒，疾恶如仇，动辄

▶李秉衡塑像（关晓东 摄）

人物春秋

上劾不称职的官员，无所顾忌，正气凛然。翁同龢称赞他为"文武将才"，张之洞极欣赏他，竭力保荐。光绪皇帝青睐擢升他为封疆大吏。西太后也垂青他，委以保卫京师的重任。李秉衡未中过科举，但文采斐然，奏章电稿，语句华丰。论结局，他在抵御八国联军的通州保卫战中，践行"宁为国而捐躯，勿临死而缩手"誓言，兵败自杀殉国，成仁取义，称之为爱国将领，似不为过。

宦海沉浮　名贯天下

李秉衡，字鉴堂，祖籍是山东福山。但没有经过科举，"入赀为县丞"，后"迁知县"，由枣强知县升蔚州知州，1879年调任冀州知州。在张之洞的大力保荐下，他在官场上算升迁较快的。据《清史稿》本传载，他在冀州任上，还是能体恤百姓的，冀州民俗"重纺织，布贱，为酿金求远迁，易粮归，而裁其价以招民，民获甦"。两年因政绩擢永平府知府。后"部议追论劫案，贬秩"，李鸿章还为他说好话，"请免议"，但没有成功，受到吏部贬级处分。但李秉衡却赢得"北直廉吏第一"的好名声。李秉衡此时应受直隶总督李鸿章的节制，有一种说法认为李秉衡被劾，李鸿章事先有所知，并未认真对待，故李秉衡非常不满，所以转而投靠张之洞门下，成为清流派的一员有实力的干将。清流派本来就专与李鸿章作对，欲拔除李鸿章所掌控的淮军和北洋海军的指挥权。在甲午战争期间，李秉衡一直充当清流派的急先锋，不断奏劾淮军、北洋海军的将领，对丁汝昌犹疾呼"杀"之，对北洋海军性命攸关的威海保卫战，施以掣肘，断绝援兵，甚至与张之洞密谋在北洋海军内部安插两名坐探，以搜集材料，供向朝廷弹劾之用。李秉衡不仅受到清流派的拥护和支援，也受到军机处和光绪皇帝的信任。他的一封奏折甚至可以让丁汝昌被褫夺官职，险些被逮捕送入刑部大狱。

但李秉衡本人在官场上却又无可指摘，不仅端正，为官干练，还有政声，受到百姓、士卒的拥戴。

李秉衡被贬级后，张之洞却大力向朝廷举荐，"超授"浙江按察使，这是一省主管司法监察的主官，但未到任，旋被派往广西平乱，因功晋级。1885年，中法战事起，广西边防动荡，李秉衡被调龙州西运局，主持战时物资运输等事宜。当时财政匮乏，作战军队饷银不能及时发放，导致军心低落，各级官吏"无人过问"。李秉衡毅然整顿，"汰浮费，无分主客军，给粮不绝，战衅功赏力从厚"，他还创立医局，对负伤士兵关怀备至，"身自拊循之"，不以士兵位卑，鼓励他们杀敌报国。所以李秉衡极受士兵们爱戴，"护抚命下，欢声若雷动"，是说听到朝廷任命李秉衡署理广西巡抚，士兵们"欢声"拥护，可见众望所归。在中法战争中，名将冯子材主前线战事，李秉衡主后方保障，谅山之战之所以取胜，与李秉衡的后勤保障是密不可分的。但一般人只知冯子材大名，而不知李秉衡之付出。所以彭玉麟等大臣上疏朝廷：冯子材、李秉衡"两臣忠直，同得民心，亦同功最盛"，朝廷认可予以嘉奖，谕旨署理巡抚职，在代理期间，"整营制，举贤能，资遣越南游众，越事渐告宁"。由此可见才干确乎不凡。但他的实授巡抚一职却未实至名归，被朝廷另有任命，李秉衡大约非常失望，遂请病假而去。也许是不满，也许是负气，正史避而不书，只有简单的四个字："乃乞病去"。但有一件事是值得大书特书的，他与同是清流派的钦差大臣邓承修勘定广西边界，堪称是有利于国家的功绩。另外一件有利于民生的大事是重修灵渠，灵渠是伟大的水利工程，与长城齐名。李秉衡组织修复，规模最大，完善工程结构，直至今天，仍保持着完整形状。《重修兴安徒河碑记》称赞李秉衡是清代修渠贡献最大的一位名臣。看来翁同龢称他是文武全才是有一定根据的，关心水利民生从来是清官的本份，也无怪他"得民心"。

但李秉衡毕竟已名冠天下，加上朝廷重臣张之洞为他说项，未过多久，由张之洞保荐，他即出任安徽巡抚。李秉衡依附张之洞，还是缘于当年被吏部追查他在冀州知州任上办理一起劫案不力，吏部拟对其行政降级。在清朝，有对各级官员行政考核的制度，包括备案奖叙、加级，反之，则以降级、罚俸等处分。李秉衡在任上有加二级的

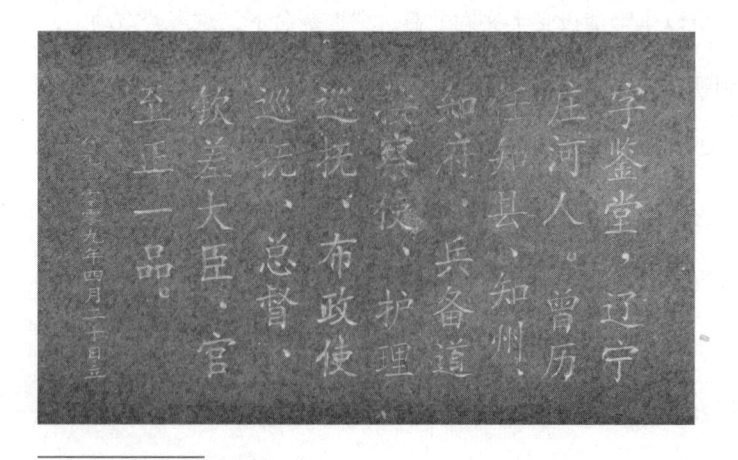

▶ 李秉衡塑像底座上的说明

记录，且已于1881年升永平府知府，冀州任上的劫案处理已是两年前的事了。不知是有人嫉妒，还是吏部有人借题发挥，连他的上司李鸿章"请免议"（即用加级抵降级），都未被吏部所准，最终得到降级的处分。很可能李秉衡认为李鸿章并不卖力，由此事李秉衡并未一蹶不振，反而因得到张之洞的赏识、举荐，在官场上如火箭般速度上升。李秉衡与光绪欣赏的徐建寅经历类同，徐本也是李鸿章的幕僚，在德国订造军舰时与李鸿章的另一亲信李凤苞不和，不满李鸿章倾向李凤苞，遂愤而倒向张之洞，成为清流派中的一员干将，差点儿替代了丁汝昌成为海军提督。李凤苞经手订购"镇远""定远"两舰，共费白银三百万两，所拿回扣竟达六十万两！在李秉衡眼里，对李凤苞这类与外国厂商沆瀣勾结，借购船中饱私囊的所谓"洋务派"，包括李鸿章，他一贯是深恶痛绝的。

在李秉衡受降级处分的第二年，深受朝廷重视的清流派重臣、已任山西巡抚的张之洞，郑重向朝廷上奏折举荐人才。在张之洞所认为的人才中，李秉衡被描绘成"德足怀民，才能济变，政声远播，成绩宏多，实为良才大器"，张之洞的奏折名《胪举贤才折》，张之洞的举荐是有一定分量的。后清流派领袖人物翁同龢也欣赏李秉衡，大赞其为"文武将才，真伟人"。观翁氏一生，似乎还未见其对人有过如此之高的评价。在恭亲王病重时，大臣于荫霖上奏内阁改组，力荐徐桐、

▶张之洞

李秉衡、张之洞、边宝泉、陈宝箴"五贤"入阁，可见李秉衡的声名。由于外有张之洞的大造舆论，内有翁同龢的极力褒扬，李秉衡先由张之洞罗至其下任山西平阳府知府，又升至广西高钦廉兵备道、护理广西巡抚，虽然短暂养病，但很快被擢为安徽巡抚。一切都是清流派张之洞的运作，使李秉衡终于成为清流派非常倚重的封疆大吏。清流派的最终目的是扳倒李鸿章，李秉衡成为这一策划的急先锋。

坐镇山东　断绝救援

1894年8月16日，在大东沟海战前夕，朝廷下谕，将李秉衡调任山东巡抚，原山东巡抚福润调任安徽巡抚。如果将这一互调看成是官场上的正常调动，则是大错特错了。

李鸿章虽身为北洋大臣，名义上可以管理、调遣山东等地海防和部队，但实际上在海防事务方面还需沿海各省满旗将军、总督、巡抚会商的大力配合。山东巡抚与直隶总督平级，但对于威海北洋海军基地、山东海防部队是最大的保障。李鸿章由于与原巡抚福润关系尚好，因而北洋海防事务的部署都得到了福润的支持。福润是旗人，但并不颟顸，也是主张大力筹措海防的。福润之父是著名的文华殿大学士、理学家倭仁，虽然思想上属于清流派，为人方正清廉，但被中外视为顽固守旧人士。福润则不尚理学清谈，以务实为准则，是标准的实干家。他以大局为重，与李鸿章配合默契，常往电商讨山东防务事宜。在他任上，坚决执行朝廷要求加强山东海防兵员的谕旨，大力募兵整军，海防兵力得以增强。这使得李鸿章颇为满意。故李鸿章与福润的合作如能延续，则北洋海军威海基地不至于瞬间土崩瓦解。

按清朝制度，一般四品以上官员调升须进京陛见皇帝，1894年8月13日，李秉衡到京陛见光绪皇帝，这次接见过程充满秘密气氛，光绪暗示李调职山东负有特殊使命，是为取代李鸿章，进而控制淮军和北洋海军的指挥权。

李秉衡口含天宪，有皇帝的撑腰，有翁同龢、张之洞等整体清流派的支持，他迅速到达济南，与福润交接印信，《清史稿》记他上任后"严纪律，杜苞苴"，福润前脚离任，李秉衡后脚马上下"逐客令"，撤换福润委任的一批军政官员和将领。同时，宣告巡阅查访登州等地海防，并将抚府移至烟台，号称"整饬海防"，但他不屑于与丁汝昌面商军务，在大敌当前之时，已属怪异。而且直到北洋海军覆灭，他始终不曾与丁汝昌见面，这个情况非常反常。

李鸿章、丁汝昌的个人操守都不值得敬重。留美幼童容闳回国后，分别在曾国藩、李鸿章幕下任职，但对这对老师和门生，容闳对曾国藩颇敬重，对李鸿章则鄙视。他在《西学东渐记》中说曾国藩"财权在据，绝不闻其侵吞涓滴以自肥，或肥其亲族"，而李鸿章多参股于洋务企业，如开平煤矿等，大捞特捞之外，亦不拒贿，容闳说他逝世时"有私产四千万以遗子孙"，不知容闳从何而来的统计数字。但梁启超在《李鸿章传》中则说："世人竞传李鸿章富强天下，此其事殆不足信，大约数百万金之产业，意中事也。招商局、电报局、开平煤矿、中国通商银行，其股份皆不少。或言南京、上海之当铺银号，多属其管业云"。而尤殊令人可憎恨者，李鸿章以国家大臣身份，代表清朝中央政府与沙俄谈判签订《旅大租地条约》时，竟然收受俄方贿赂55万两白银，这些劣迹在以"名臣"理念为价值观的李秉衡眼里，自是深恶痛绝。李秉衡毕生至死不纳贿，他对丑闻不断有"浮贪"之名的丁汝昌，当然厌恶鄙夷，对李鸿章派系的淮军、北洋海军都无好感。

从甲午战事初起，李秉衡就比较关注李鸿章指挥下的淮军如北洋海军的行动。一经发现问题，必揪住不放，上奏朝廷要求严惩。有闻必奏，甚至风闻，也决不放过。这也正是清流派倚重李秉衡的原因。当朝鲜战败回来的记名提督卫汝成被朝廷责成在天津募兵5营并马队总计三千人，从大沽乘船至旅顺驰援抵抗日军登陆时，李秉衡马上参奏卫部于途中抢劫民众。卫部属盛军（淮系），兵力雄厚，为李鸿章的嫡系老部队。其兄卫汝贵在平壤作战勇敢，但仍被清流派捏造参奏过"纵兵抢劫"，清流派屡劾淮系将领，不乏对李鸿章心存敌意，欲加削弱。

旅顺前敌营务处总办兼北洋海军船坞总办龚照玙，在日军围攻旅顺之际，于11月6日乘鱼雷艇离开旅顺前往烟台、天津筹粮和求援，也马上被李秉衡奏劾"亡命逃离"，不论李秉衡的奏参是否有感情色彩，但龚照玙身为旅顺最高长官，临阵离去，确引发旅顺部分官员、船坞工人和居民纷纷逃亡，这是授他人以口实、无可辩解的。事实上旅顺失守，朝野震骇。威胁奉天（今沈阳），更对北京形成威胁。事实上，日军山县有朋的第一军即有继续进攻奉天，破山海关进取津京的计划，而且已派"高千穗""西京丸"两舰游弋至秦皇岛洋河口侦察，寻找直隶平原决战的登陆点。只不过因气象、风力原因，加上伊东佑亨坚决认为应先登陆威海卫全歼北洋舰队，才放弃直取津京的计划。因旅顺失守，连李鸿章也知其利害，"愤不欲生"。从龚照玙放弃指挥离开旅顺的情节及严重后果看，李秉衡的严劾并不为过。所以，如瞿鸿禨等重臣无不交章严劾龚照玙，瞿鸿禨疾呼"龚照玙等败军辱国，罪当死"。旅顺失守后，李秉衡更火急"劾罢"丁汝昌官职，"以警威海守将"。

旅顺危急时，朝廷于11月4日下谕分调嵩武军4营、淮系登莱青镇总兵章高元部4营增援旅顺，但李秉衡认为本省防兵不足而不同意。李秉衡的山东巡抚不像其它省份要受总督节制，故李鸿章虽为直隶总督，却与山东巡抚平级。涉及山东军政事宜，直隶总督只能与山东巡抚协商。李鸿章无奈之下，只好以北洋大臣管辖口岸、节制海防的权力，利用属下东海关道刘含芳，绕开李秉衡调动淮系部队。由此可见李秉衡对李鸿章含有敌意，李鸿章再也不可能奢望上任巡抚福润在任时的亲密合作了。所以，爱憎分明的李秉衡不见丁汝昌是有原因的。但大敌当前，丁汝昌的防区和基地就在山东辖地，作为山东最高军政长官的李秉衡，本来就负有增援威海基地的义务，与丁汝昌共商退敌之策，应该是合理合情。故援明朝东林党之攻讦误国，诟病晚清清

▶李秉衡著抗击八国联军誓师文（关晓东 摄）

流派误国误事，似不无道理。

日寇必欲与北洋舰队决战，意在彻底围歼，形势岌岌可危。因"镇远"触礁，林泰曾负疚自杀，朝野为之哗然，清流派更是群情激愤。李秉衡迅速将火力对准丁汝昌。

2月12日，李秉衡上奏朝廷，以林泰曾之死发难，与之前清流派安维峻等60余人要求"诛杀"丁汝昌的联衔上奏相呼应，以丁汝昌"丧心误国，罪不容诛"，吁请付之典刑。

李秉衡的奏折产生了效力，本来丁汝昌因旅顺失守，已被革职留任。就在李的奏章递达5天后，即17日，朝廷再次谕旨将丁汝昌直接拿交刑部治罪。18日，再谕令更换提督。只不过由于从李鸿章到所有陆、海将领包括洋员请愿挽留，光绪皇帝恐军心涣散，才勉强允许戴罪留职，延期逮解。清流派欲诛杀丁汝昌的风潮才告暂缓。

除了撤换前任官员、弹劾丁汝昌外，李秉衡还制订编练新军的计划，号称保障威海基地。其实在日军逼近的危局下，这应该是李秉衡当务之急的军务大事。但最终只招募了几营新兵，无济于整体防御。一些属下官员曾建议李秉衡至少"增募三十营以塞登莱诸海口之请"，但遭到李秉衡拒绝，他的理由是：山东无名将可以练兵，也无军饷可以募勇。张之洞也曾数次敦促李秉衡抓紧募勇，以应对紧张的局势。李秉衡对恩师也婉拒，对张之洞建议的于山东就地筹饷的"扰民"方案，一向以体恤百姓"名臣"自居的李秉衡，更是束之高阁。

李秉衡倒是建议张之洞派南洋水师北上增援，也被张之洞顾左右而言他。平心而论，李秉衡未必是对李鸿章落井下石，即便募兵三十营，仓促应战，其结果恐非日军对手。实践证明，在威海保卫战中，新募的勇营未经训练，毫无战斗力，往往一触即溃。本来山东军力不足，朝廷又抽调兵力保护京津，这也是李秉衡大发牢骚、消极怠工的原因之一。但李秉衡心中对保障威海并非予以倾力关注，从他当时军事部署来看，其部队的调动、驻防都以他的驻地烟台为中心，而距威海则尚远，李秉衡上奏朝廷则云是加强威海防务。所以有观点认为李秉衡将部队收缩于烟台外围，实则是保护自己。

而当时的局势确乎岌岌可危。李鸿章清楚，李秉衡也清楚。

日本在大东沟海战后，陆军大山岩统率的第二军于花园口登陆，攻占金州、大连湾、旅顺，使李鸿章苦心经营的北洋海军旅顺基地沦陷。在朝鲜的山县有朋大将指挥的第一军，攻破清朝陆军的鸭绿江防线，占领凤凰城等东北重镇。随后，日本大本营经过反复论证，最终制订登陆威海，围歼北洋舰队的作战计划，组建新的山东作战兵团，总计三万余人。

而山东省清朝陆军除威海护军外，散落于烟台、登州（今蓬莱）、青岛、青州、济南、兖州、宿州、沂州（今临沂）、藤县等地的兵力共60营不足三万人，其中18营为前任山东巡抚福润在中日战争爆发后新募的。从战斗力看，以烟台嵩武军约三千人为最强，该军先后参加过对捻军起义军和新疆阿古柏叛军的作战。属于李鸿章淮系，又因其驻防海防，尚能接受李鸿章的调动。除此之外，登州驻防淮系嵩武军1营，胶州湾一带驻防淮系嵩武军5营。其他则为八旗驻防、练营、练勇，战斗力与嵩武军相比，火力装备甚弱，不堪一战。新招募的勇营仓促成军，缺乏训练。整体军事素质和战斗力与日军相比，实在堪忧。另外，指挥系统不一，李鸿章对于大部分军队无指挥权，未有李秉衡的同意，是无法调动的。即便能调动，八旗、绿营也是朽不能战。这一点，李鸿章再清楚不过。甲午战起，朝廷调北京驻防绿营至山海关，部队开拔时，"有'爷娘妻子走相送，哭声直上干云霄'之惨"，"调绿营兵日，余见其人黛黑而瘠，马瘦而小。未出南城，人马之汗如雨。有囊洋药（鸦片烟）具于鞍，累累然；有执鸟笼于手，嚼粒饲，恰恰然；有如饥蹙额，戚戚然"。八旗就更腐朽了，清人笔记多有记载，如神机营，是禁旅八旗之主力，西太后欲调平捻，遣醇亲王检阅，孰料一士兵摔下马骨折，大发怨言："我是打磨厂卖豆腐的，哪能上马？"八旗吃空饷成风气，有事则雇人充数，这样的军队如何去与强寇上阵厮杀？即便淮军，也不复当年气概，暮气沉沉，陋习日深。朝鲜一战，除左宝贵等部尚能拼杀，其余尽皆望风而溃。

　　清朝的军制不同于明朝的卫所，士卒皆为军户而世袭。清朝始建满、蒙、汉八旗，分京营和各省驻防。因兵额仅20万人，不足以掌控各行省，又设绿营，因军旗为绿色，故也称绿旗兵。初为招募，后改世兵制。大部分驻各省，由各省总督、巡抚提调，约60万人。但逐渐惰怠，养尊处优。太平军兴，湘、淮军崛起，为募兵制，后裁撤大半，剩余称"防军"。同治初，从绿营中挑选编组"练军"，换装新式枪炮。驻守山东的陆军基本属于上述四种。驻扎山东的"防军"即淮军老底子嵩武军。但从后来的威海陆路之战来看，除嵩武军孙金彪部总兵孙万龄略有小胜，其它皆无胜绩。

就是这些部队，李秉衡也不愿拨出救援。这不得不令人怀疑他的居心。当然，若苛责他不发一兵一卒，也不符合事实。他将威海至烟台一带海防作为防止日军登陆的重点，威海基地守将戴宗骞也调兵遣将加强威海左翼防御，并构筑多处临时炮台。现在看来，当时日军多次调军舰在登州、烟台等地沿海游弋侦察，实际是一种假象。所以说李秉衡调十多营部队收缩至烟台外围，当然有其道理。但李、戴二人都被日军所蒙蔽，故12月23日，日舰"高千穗"在荣成窥测登陆地点时，戴宗骞才明白日军是准备在兵力单薄的威海右翼有所举动，他急忙调300余兵力疾驰荣成设防。但这区区数百人显然无济于事。因地域防务有严格区分，往威海外围派兵已超越职限。而且戴宗骞也分不出更多兵力赶往荣成。

▶清朝四品以上官员的朝珠
（关晓东 摄）

此时李秉衡当然也得到情报，他派出5营河防营约1500人前往荣成分别驻守，并上奏朝廷已派兵防御。但河防部队虽称之为"营"，其实职责是"河涨则集，涨平则散"的护堤民夫，虽配备武器并成建制，但并非作战部队，火器基本无配置。以此迎敌，险象当然未可预料。

1月16日，日军在大连集结，准备登陆。山东黄县转运局因储备各种军械弹药，以为临战需用，即起运输送至烟台。李秉衡大加斥责，严命停运。

1月17日，军机处将日军欲在荣成登陆的情报下发戴宗骞、李秉衡。要求"务当相机布置，督饬防营，时刻严防"。李秉衡可能并不相信，回复维持原状，亦无法加强防卫部队。

1月18日，日军"吉野"等数舰炮轰登州。第二天再度轰击，实际都是为了转移清朝守军的注意力。

1月20日，日军开始登陆荣成湾，戴宗骞派驻的300人，以四门行营炮向日军炮击，击退日军。但在日军舰炮轰击下，溃散而撤。李秉衡派驻的河防营一部闻炮声而溃。李秉衡得到消息，即令其他几营河防营增援。同时令就近的其他部队向荣成进发。同时，南帮炮台守卫部队巩军刘超佩亲率1200余人携炮向荣成支援，但此时荣成已陷敌手，荣成县城只有李秉衡布置的河防营300余人，无法抵抗蜂拥而来的日军，除阵亡不到10人外，尽皆散撤。被日军缴获子弹七万余发、枪械40余支，可见以民夫守城完全是画饼充饥。

21日至25日，日军才全部登陆完毕，总计34000余人，日军与清军的实力发生了巨大的变化，形势非常险峻。

之前，李鸿章下令丁汝昌、戴宗骞等威海将领，除阻击日军外，并令戴与李秉衡商请派兵增援保护基地。戴职务低于李秉衡，对戴的请求，李秉衡大概并不放在眼里。当然，李秉衡提出双方"合力夹击"，然而也只是派出嵩武军孙万龄所辖1200余人。驻守烟台的主力，李秉衡没有调动。同时，他还请求朝廷将原调京师的贵州、徐州、皖南等地的十多营部队留在山东，以御日军。

孙万龄部与退下来的河防营阎得胜残部及威海增援的3营绥军汇合，总计约3000人，于24日与日军骑兵接触于威海西南一带，击毙日军1人。因日军大队云集而来，兵少力单的孙部被迫撤退。李秉衡得到夸大的战报，下令嘉奖再战。同时令三营兵力与孙部会合，李秉衡对日军战斗力的了解，不仅不如戴宗骞，更远

▶李秉衡故居正门（关晓东 摄）

远逊于丁汝昌。丁汝昌根本就不相信荣成的战报，戴宗骞则半信半疑。

1月25日是甲午除夕，朝廷得到日军大部队登陆的汇报，严令李鸿章、李秉衡"坚守不退"，"如有临阵溃敌，著即军法从事"。日军则以两个师团从荣成进犯，挡在日军前面的是石家河西的清朝守军约15营，但除孙万龄部，素质参差不齐，如河防军和新募营，战斗力最差；其他各部分属不同派系，一经接触，即有溃退者。刘超佩禀告李鸿章应调兵守卫南帮炮台，李鸿章未分轻重，即将赶往增援的刘澍德三营撤回。李秉衡听说威海部队撤回，马上下令孙万龄等山东部队"稳退"。26日，两部分军队分别放弃阵地，遗给日军五万余发子弹等大量军械物资。据说日军还认为清军是布疑阵，要杀回马枪迂回兜抄日军后路，故日军放慢了进攻速度。再接触到孙万龄部后，清军尽皆奔退。至此，荣成至威海南路再无清军防守。

李秉衡下令追究擅自溃散的统领，孙万龄捏造河防营统领阎得胜临阵脱逃，竟不上奏而居然先将阎军前斩首。李秉衡也不深究，加

以认可。这件冤案直到甲午战败的第三年才被朝廷昭雪,以孙万龄革职发配了事。李秉衡则将山东部队弃战撤回烟台的罪责扣在阎得胜头上,使其成为牺牲品。

纵观荣成保卫战,李秉衡初始并非坐山观虎斗,也非怕死畏惧之辈,但当他领教了日军战斗力,彻底明白了自己所统率的部队真是不堪抵挡。加上他的派系利益和地域观念作祟,他决定彻底收缩兵力,保卫烟台。再不肯为他所厌恶的李鸿章、丁汝昌分兵。

即便只顾自己的得失自担失地责任,按兵不动于烟台,还算一条理由。但他在后来刘公岛岌岌可危时,拒不支援弹药,甚至扣下朝廷调来增援的外地部队不去救援,这就令人匪夷所思。他倒是呼吁张之洞调南洋水师以解围,但他大概心里知道,以南洋水师的实力,恐难与日本联合舰队一决高下;另外,他也非常明白,以张之洞对李鸿章的成见,决不会赔上老本前来救援的。

不知李秉衡出于何意,山东本来弹药储备充足,但他却向戴宗骞借走10万多发子弹,运送给荣成5营河防军,其实这支部队每营仅有一支老式抬枪。这批子弹后来基本被河防营丢弃,而被日军缴获。

对惨烈的威海和刘公岛保卫战,李秉衡好像视而不见,充耳不闻。南帮炮台被围攻,李鸿章万般无奈之下,将解围希望寄托于李秉衡,致函协商。上谕也由总理衙门转发,要求李秉衡调回撤走的部队增援威海。

但李秉衡回电军机处,强调烟台"愈形吃重",兵力单薄。复电李鸿章、戴宗骞只是模糊支应"可与水师夹击",复电李鸿章落款还署"旧属李秉衡谨肃",这完全不符合官场行文格式,证明李秉衡对李鸿章仍然是余怨未消。

当然,李秉衡不能抗拒圣旨。1月30日,他派孙万龄等部增援威海。孙部与山东福字军李楹部在羊亭河一带与日军激战,日军伤亡40余人。但因日军火力凶猛,孙部被迫后退,奉李秉衡命令一直退往烟台。2月1日,戴宗骞自尽;2月2日,北帮炮台被炸毁,日军第二师团随后占领威海卫城和北帮炮台。"刘公岛孤悬海中,粮草军械道绝,一军皆惊",李秉衡随即上奏朝廷,表示"即死守烟台,于大局毫无补救",径往莱州、黄县去"统筹全局"。原本驻扎烟台周围的数十营山东军,也纷纷拔寨退往莱州。只剩下登莱青道兼东海关道刘含芳坚守烟台,他是李鸿章的嫡系,对李秉衡的撤退非常不满,但亦无可奈何。

在刘公岛战事激烈时,李秉衡于2月7日发电军机处称"水师已全军覆灭"。实际上,朝廷原调淮军精锐徐州总兵陈凤楼马队8营,于2月9日已达潍县,但次日又谕旨将陈部调往天津守卫京畿。李秉衡未向朝廷加以说明:之前2月5日,贵州古州镇总兵丁槐5营官兵亦已达潍县、黄县,但被李秉衡留下宣称募兵训练之后,再援救威海。在李秉衡的所谓"计划"之下,刘公岛弹尽粮绝,剩余陆海军三千多人已于12日不战而降。

贬官避隐　殉死通州

面对全军覆灭的结局，令人奇怪的是，朝廷并未给李秉衡任何处分。有的只是舆论上对他防守失策的议论。《清史稿》载："日军浮三舰窥登州，秉衡悉萃精兵于西北，而荣成以戎备寡，为日军所诱而获，时论诟之。"但对他未出兵救援刘公岛，却未有任何劾论。

如按清代监察体制，封疆大吏失职，御史可以奏劾。但清代自顺治朝废除明代巡按御史制度，封疆大吏无地方监察系统的监督，总督、巡抚本身又各兼右都御史衔和右副都御史衔，只监察属下，无人监督总督、巡抚。加上当时掌控监察和舆论的以清流派谏官为主，李秉衡又属清流派，故皇帝、军机处、全体谏官们皆未发一词。

本来，李秉衡应该稳坐仕途，并大有升迁之望，但山东大刀会引发的"巨野教案"，使他的命运又一次发生转折。1897年，大刀会攻打冠县德国教堂，一名教民被打死。李秉衡令冠县处理，但未能使各国公使满意，他们向总理衙门施压。但一波未平，山东巨野又发生命案，两名德国籍传教士被杀于教堂内，随后德国军舰进入胶州湾。德国公使认为李秉衡办事不力，坚决要求清廷将他撤职。清廷惧怕洋人，只好发布上谕免职，但随即任命他为四川总督，这明显是官升一级。德国公使又再次施压，无奈的清廷只好再次将李秉衡免职。李秉衡成了"巨野教案"的替罪羊，只好避隐安阳，历时三年，无所事事。李秉衡体验到了官场诡谲，世态炎凉，因为从光绪皇帝到清流派集团，谁都无法为他说项。

只有一个人挺身而出——当时翰林院编修王廷相力争，认为朝廷不应屈从洋人压力罢免李秉衡，但未起作用。如果没有刚毅入主"枢廷"当上军机大臣，李秉衡也许终老乡野。其实，接替李秉衡巡抚的张汝梅没过多久也因"剿拳不力"而下台。李秉衡只不过被朝廷第一个抛出而已。

刚毅属下五旗的镶黄旗，出身并不显贵。他是典型的旗人，自幼不喜读书。清朝规定，旗人可以不经科举而入仕。刚毅的仕途是从刑部笔帖式起步，笔帖式除特别赏赐有顶戴，是不入文官品秩的，可见其卑微。但刚毅虽无文化，仕途却一路顺风。火箭般升到云南布政使、山西巡抚等要职，最后竟然升到刑部尚书、军机大臣等显赫官职。关键是他进入端王戴漪为首的权贵小圈子，成为端王集团里最激进的分子，属于后党，而一贯反对变法、主张废黜光绪，立"大阿哥"溥儁为皇帝。无疑，也受到西太后的倚重。清流派不喜欢刚毅，属清流派的翰林侍讲陈宝琛评价刚毅是"识字不多，习气甚重"，但刚毅有个优点是为官清廉。

也许是刚毅也看上了李秉衡的为官清廉。1900年，他向慈禧太后推荐重新起用李秉衡，"朝命秉衡诣奉天按事"。适逢有言官上疏请整顿长江水师。慈禧太后亲自召见，让他"巡阅长江水师"。李秉衡大概内心并不想干，几番推辞，慈禧先是责备，后大加勉励，李秉衡才不情愿地叩头答应。

刚毅为何保荐李秉衡，是久闻他的清廉和政声，还是想以其才干拉拢其成为端王集团的干将？端王集团与李鸿章等洋务派大臣在政治理念上是格格不入的。在李鸿章签订《马关条约》时，李秉衡以山东巡抚的身份，上书朝廷坚决反对，也许刚毅欣赏李秉衡与李鸿章对着干的劲头儿？

李秉衡为何对"巡阅长江水师"一职推辞，因为在清朝官场上，这只是临时差使，而非正式职务，亦即"钦差"，比不得山东巡抚。虽有一顶"钦差"的高帽，但手中无一兵一卒。但"钦差"是代表皇帝出巡，在级别上高于总督、巡抚，有弹劾上奏的权力。长江水师地域属两江总督刘坤一和湖广总督张之洞节制。长江水师是湘军水师改制而成，与李鸿章关系密切。慈禧派李秉衡去"巡阅"，当然大有深意。

李秉衡旌节迤逦，沿江而下，除有"圣母皇太后"的宠眷，还有他疾恶如仇的性格。到任的第一件事，如同他就任山东巡抚时一样，先大力整顿，第一道折子，就参劾了刘坤一的心腹、长江水师提督黄少春。刘坤一当然颇不满，马上上疏力保黄少春，使之没有丢掉顶戴。

《清史稿》李秉衡本传说他参与了刘坤一、张之洞的"东南互保"，其实是李秉衡坚决要与各国军队决战，在长江水域部署水雷，还向刘坤一申请经费，由此被刘坤一视为眼中钉，以"勤王北上"

▶李秉衡故居内景（关晓东 摄）

之高帽，请李先行北上，并送上一支部队请他统领。加上一番"名臣"建功立业的蛊惑，使一贯以"名臣"自居的李秉衡马上想到恢复"官声"的机遇。因为三年来，李秉衡蜗居乡野，一直不忘因义和拳被撤职的痛处。李秉衡并不想干无职无兵的"钦差"，正好借此北上重振官声，"请募师入卫"。

以李秉衡的精明，他当然看得出刘坤一的计谋，何况刘坤一划拨给他的北上"勤王"之师，只有区区五百人！但李秉衡认为正好借此机会，而罔顾其他了。

7月26日，李秉衡率军抵达北京，时八国联军已攻占天津，北京处于危急之中。李秉衡大受欢迎。觐见时，慷慨主战，也大受慈禧褒奖，立即下谕任命李秉衡"帮办武卫军军务"，即成为荣禄的副职担负保卫京城重任。李秉衡又发飙了，他马上上奏慈禧：战事不力，朝廷必须立威，"不诛一二统兵大臣，不足振我国之势，而外人决不能除！"杀谁呢？他未指明，但他非常明白慈禧的好恶。果然，慈禧下诏，将因反战而著名的"庚子五大臣"中的太常卿袁昶和礼部侍郎许景澄，于7月29日即行正法，这距李秉衡到北京仅三天！此二人均为张之洞的门生，慈禧首先拿此二人开刀，也更有深意，不乏向坐山观虎斗的张之洞发出警告之意。由此更可见李秉衡奏章弹劾的杀伤力！

8月11日，五大臣中的另外三位：兵部汉尚书徐用仪、内阁学士联元、户部尚书立山亦被同日斩立决。这哪里是朝廷立威，等于慈禧间接为李秉衡立威。

▶辽宁庄河李秉衡故居全景（关晓东 摄）

同时，八国联军经短暂休整后，向北京进犯。8月15日，北仓、杨村防线告急。光立威是不管用的，李秉衡手下只有500士卒，是抵抗不了八国联军的。他立即拜见荣禄，要求调拨部队和提供弹药。虽然他名义上是武卫军帮办，但无军权，调兵权在荣禄手里。但李秉衡大概忘了，荣禄表面高调，但骨子里却是"反战"派。他非常清楚慈禧对李秉衡的宠眷，是聊胜于无。他一口拒绝了李的请求，理由是手中的部队连保护北京都不够。李秉衡碰了钉子，也领教了官场的自私、险恶。荣禄的做法实际是李秉衡在威海保卫战中的做法，按编制员额荣禄的武卫中军有上万人，并非无兵可调拨。李秉衡也无可奈何，他来不及上奏朝廷，也只能率领500士卒奔赴通州前线。

朝廷委他以指挥通州防线的大任，可谓重任在肩。通州是通往北京的北仓、杨村之后的第三道防线，若失守，敌军可长驱至朝阳门。从理论上讲，朝廷连下谕旨，命令张春发、陈泽霖、夏辛酉、万本华四军屯杨村、河西坞，以抵御八国联军兵锋。包括袁世凯精锐的三千新军，整体通州防线防守兵力，包括北上调兵，总计应有15000余，但大都在观望、拖延，且士气低落。李秉衡是前线总指挥。但当他8月7日在通州召开作战会议，举目四望，那些将领们却一个也见不到。

徒唤奈何，李秉衡真正成了孤家寡人。

李秉衡只好亲往前线巡视、督战，一向体恤士卒的他发现士兵们士气极为低落。不仅领不到饷银，而且面临粮绝之险。但明明朝廷已拨付了饷银。李秉衡明白是将领们克扣，但已无暇纠劾，他马上下令到附近乡村购粮，但回报是：百姓家中的粮食均被北仓、杨村退下来的部队劫掠一光！

李秉衡愤怒，但毫无办法。8月8日，他督军抵河西坞，但兵寡不敌又退至张家湾。8月11日，联军攻通州，尽管李秉衡以"为国效命"相激励，但饥饿无力再战的士兵们四散而溃。孤守通州的李秉衡，在得知通州城门被联军炸开蜂拥进城后，给慈禧写下一道遗折："就连日目击情形，军队数万充塞途道，闻敌则溃，实未一战，所过村镇则焚掠一空，以致臣军采买无物，人马饥困，无以为立足之地"，然后向北数拜，服毒自尽，真正实践了他出征前立下的誓言："宁为国而捐躯，勿临死而缩手。"

假设李秉衡能够抛弃党派利益、私人恩怨与偏见，在威海保卫战中与丁汝昌通力合作，战局或许不致以悲剧收场。当然，他也许会在光绪帝和清流派眼中变成异类，但他会成为真正的"名臣"而青史流芳！李秉衡一生清廉，追求读书明理，坚决与李鸿章"不屑与之为伍"，痛恨李鸿章"唯利是图"，他宁死也要追求忠义名节。但他不会想到，李鸿章在他死后是怎样对他的呢？李秉衡自尽后，朝廷先是"优诏赐恤，谥忠节"，但八国联军要追究罪魁，要求"重治"包括李秉衡在内的主战大臣。李鸿章与八国联军代表谋议，由八国联军向朝廷提出惩办"战犯"的名单，李秉衡赫然在列。慈禧颁旨，将主战派王公大臣一律严惩：礼部尚书启秀、刑部左侍郎徐承煜"即行正法"，军机大臣赵舒翘、左都御史英年赐自尽。刚毅、李秉衡、徐桐斩立决，但因三人均先已自尽或身亡，仍追夺原官。李秉衡虽死于战场，"以先死免议，诏褫职，夺恤典"。集团首领端王并其弟载澜定斩监候，加恩流放新疆。

李秉衡在九泉之下，大概也未曾想到朝廷如此无情无义。

好在家乡父老没有忘记他，为他建立故居纪念地，使后人来此能驻足凭吊。

好在李秉衡还有知音，那位曾上奏朝廷反对屈从洋人将李秉衡撤职的王廷相，在李秉衡重新起用进京后，慕名拜访，相印订交。李秉衡至奉天，特别上奏朝廷要王廷相同去任职。二人风义相得，王廷相微服所探出不称职者，李秉衡均予以纠劾。李秉衡出镇通州，王廷相亦不避生死相从，患难与共。通州失守，王廷相寻觅不到李秉衡，断定其已死节，随即跳河自尽。故《清史稿》将王廷相的小传附于李秉衡传之后，大有二人忠烈依附之意。

《清史稿》对李秉衡的定评是："清忠自矢，受命危难，大节凛然。""凛然"二字，实符合他的气质。后人辑有《李秉衡集》，奏折、电稿居多，读一读他凛然慷慨、议论精当、言辞铿锵的奏稿、电报，也许不无感喟吧。

这不是梦——代后记

130年前,清朝北洋舰队以雄居亚洲第一、名列世界前十的世界知名舰队,每年都会巡阅海疆,宣威异域,最远到达过新加坡海域。

应该承认,李鸿章还是重视海防战略的。他提出过"拓远岛为藩篱,化门户为堂奥"的战略思想,这里有扩大对外海纵深防御的内涵。他还设想过具体的部署:"以铁舰御敌之铁舰,以快船御敌之快船,再以鱼雷艇数十艘,密布各岛,伺便狙击,方可制敌。"上述谋略都不能说错,但对建立海军争夺"制海权"却疏忽了。再纵深的防御如果丢掉制海权,也总会被动挨打。

整个地球有十分之七是海洋,这是一个何等可供驰骋纵横的浩瀚天地。更何况在现代战争手段信息化、电子化日新月异的今天,一个有漫长海岸线的国家决不可单纯依靠防御。制海权是性命攸关的。中日甲午海战包括后来抗日战争中中国海军的被动防御都是一个警钟。

中国的海岸线达 18000 公里，是世界上最长的海岸线之一；且拥有 6 千多个岛屿和丰富的海洋资源。如果没有一支强大和具有慑能力的深蓝海军，国家的安全和资源利益就不能得到有效的保护。

新中国成立伊始，毛泽东视察海军时就曾亲笔题词："我们要建设一个强大的海军。"20 世纪 90 年代中国海军的实际力量和中国的联合国安理会常任理事国身份太不相称，与当时世界上有 9 个国家共拥有各类航空母舰 29 艘相比，那时中国海军只有数十艘驱逐舰、护卫舰，且大多舰型陈旧、服役时间老化。当时中国海军不仅没有航空母舰，大型巡洋舰也没有，不要忘了，清朝北洋舰队还有 2 艘巡洋舰呢。莫说与美、英、俄、法等海军大国比，就连和日本、印尼、越南相比，也没有什么明显优势。尽管随着海湾战争的结束，战列舰已全部退出现役，巡洋舰面临淘汰；但海军的实力仍需进一步加强。难怪时任中国海军司令员张连忠中将说："要真正有效地保护中国不受海上方面来的袭击和进攻，必须加强海洋的防御纵深，具有拦截和消灭敌人海军兵力的能力。"纵深防御李鸿章早就有过预想，可他空有"利器"不敢用、不会用，落了个一败涂地的下场。当年中国海军优势不明显，1992 年 11 月 10 日新加坡《联合晚报》分析："若想控制南中国海夺回数百亿吨石油藏量，非航空母舰莫属。"1989 年，四川省巴中县中学全体师生盼望建造中国的第一艘航空母舰，共为之捐款 2083 元人民币。以后第一位个人捐款者是上海电视一厂退休工人周炯，他寄给了海军司令张连忠 1000 元人民币。以后，汇款不断，信件纷至沓来。一时，"建造航空母舰"成为老百姓和军队中的热门话题。

今天，强国强军的中国梦已逐渐成为现实，中国海军第一艘航母辽宁舰已服役十年，第二艘航母山东舰已入列，第三艘航母福建舰于2022年6月下水命名；中国第一个吉布提海外补给基地已落成使用。中国海军的先进战舰不断走向深海：巡航、军演、护航……笔者注意到一个细节：山东舰入列的舷号是"17"，"17"是近代史上一个难忘的日子。1888年12月17日，北洋海军正式成军；1894年9月17日，邓世昌壮烈牺牲；1895年4月17日，《马关条约》签订。勿忘历史，铭记先烈。可以期望，在不远的将来，中华民族的强军梦一定会实现。

自从"巨无霸"航空母舰诞生，至今100多年，航空母舰在世界军事、外交乃至政治上都充当了特殊的角色。据20世纪90年代初的测算，一艘轻型航空母舰所费人民币需30亿元，平均到中国人身上不到3元，巨型航空母舰估计平均到中国人身上也就10元左右。据说那时曾有人发起募捐运动。这个富国强兵的航空母舰之梦是每一个中国人爱国热情的体现。中国需要有制海权，特别是保卫自己的领海和海洋资源及资源通道。

在民国时代，中国海军军人做过航空母舰的梦。抗战爆发时，中国海军总吨位仅5.9万吨，而日本海军总吨位达159万吨，航母8艘，仅"大和"号战列舰排水量即达72000吨！江阴之战，中国海军43艘舰只又一次遭受如甲午海战一样全军覆灭的命运！

抗战后海军部长陈绍宽，大力倡议海军强国，以保卫海疆。从辽宁至南海，划分四大战区，建造航母20艘。但这个梦终未实现。

中国海军的有识之士，一直未停止建设中国强大海军的梦。1929年，中国海军飞行员陈文鳞驾机从英国升空，途经德、比、法、印度、越南抵厦门，全程15000公里。一年后，中国海军购置飞机20余架，并改装"镇海""祥利"等5艘飞机航母和"宁海"号载机巡洋舰，成为当时不亚于西方各国的中国海军舰载航空兵兵种。只不过由于当时连年军阀混战，这一新型兵种终归夭折！

当年李鸿章和北洋舰队的青年将校们做过富国强兵的梦，做过中国海军保卫海疆、崛起于世界的梦。中国历代的仁人志士们也无不做过富国强兵的梦。20世纪50年代后，中国进行过抗美援朝战争、反击战、收复战和争夺战，中国再也没有了兵败求和、受人欺辱的历史。

这不是梦。在不远的将来，这个梦一定会变成现实。

朱小平

2022年10月11日修订于北京

时值黄海大海战爆发128周年

主要参考书目

曲永衡编著：《古代军制》，吉林文史出版社2012年版。

国家清史编纂委员会、国家清史纂修领导小组办公室编：《清史镜鉴部级领导干部清史读本》（第八辑），国家图书馆出版社2015年版。

赵尔巽等撰：《清史稿》，中华书局2003年版。

佟佳江著：《清史稿订误》，中华书局2015年版。

中华书局编辑部编：《二十四史》，中华书局2003年版。

萨苏著：《血火考场：甲午原来如此》，东方出版社2014年版。

陈悦著：《北洋水师舰船志》，山东画报出版社2009年版。

姜鸣著：《龙旗飘扬的舰队：中国近代海军兴衰史》（增订本），生活·读书·新知三联书店2014年版。

（美）阿尔弗雷德·塞耶·马汉著：《海权论》，范利鸿译，陕西师范大学出版社 2007 年版。

孙建军著：《丁汝昌研究探微》，华文出版社 2006 年版。

孙建军著：《北洋水师研究探微》，山东画报出版社 2012 年版。

万国报馆编著：《甲午：120 年前的西方媒体观察》，生活·读书·新知三联书店 2014 年版。

张晞海、王翔著：《中国海军之谜》，海洋出版社 1990 年版。

尹福庭著：《李鸿章》，军事科学出版社 1992 年版

常熟市人民政府、中国史学会编：《甲午战争与翁同龢》，中国人民大学出版社 1995 年版。

姜鸣著：《天公不语对枯棋：晚清的政局和人物》，生活·读书·新知三联书店 2006 年版。

季宇著：《淮军四十年：一个人和一支军队的神话》，人民文学出版社 2015 年版。

王家俭著：《李鸿章与北洋舰队》（校订版），生活·读书·新知三联书店 2008 年版。

瀛云萍著：《八旗源流》，大连出版社 1991 年版。

柳白著：《历史上的载沣》，中国工人出版社 2007 年版。

梁二平：《败在海上：中国古代海战图解读》，生活·读书·新知三联书店 2016 年版。

陈悦著：《甲午海战》，中信出版社 2014 年版。

马勇、寇伟编著：《甲午战争简史》，中国社会科学出版社 2014 年版。

戚其章著：《甲午战争史》，上海人民出版社 2014 年版。

戚其章著：《甲午战争国际关系史》，人民出版社 1994 年版。

寇伟著：《甲午战争史话》，社会科学文献出版社 2012 年版。

陈伟芳著：《朝鲜问题与甲午战争》，生活·读书·新知三联书店 1959 年版。

石泉著：《甲午战争前后之晚清政局》，生活·读书·新知三联书店 1997 年版。

张德译著：《清代国家机关考略》，学苑出版社 2002 年版。

雷颐著：《李鸿章与晚清四十年》，山西人民出版社 2008 年版。

姜鸣著：《秋风宝剑孤臣泪：晚清的政局和人物续编》，生活·读书·新知三联书店 2015 年版。

黄磊著：《重说晚清七十年》，中国工人出版社 2013 年版。

凤凰书品编著：《他们送走了一个朝代：晚清五大名人》，现代出版社 2015 年版。

萧宇编：《日本特务在中国》，团结出版社 1995 年版。

马勇著：《百年变局：乱世晚清与民国乱象》，中国工人出版社 2015 年版。

刘江永著：《中日关系二十讲》，中国人民大学出版社 2007 年版。

朱增泉著：《战争史笔记》，人民文学出版社 2011 年版。

老枪著：《拐点——近代中日博弈的关键时刻》，中国友谊出版公司 2006 年版。

徐勇、张焯等编著：《简明中国军制史》，黑龙江人民出版社

1991年版。

沈起炜、徐光烈编著：《中国历代职官词典》，上海辞书出版社1992年版。

《清实录》，中华书局1985年版。

萧一山著：《清代通史》，中华书局1986年版。

戴逸主编：《简明清史》，人民出版社1984年版。

钱实甫编著：《清代职官年表》，中华书局1980年版。

王思治编：《清代人物传稿》，中华书局1988年版。

刘子扬著：《清代地方官制考》，紫禁城出版社1988年版。

徐珂著：《清稗类钞》，中华书局1984年版。

吕思勉著：《中国大历史》（下），新世界出版社2012年版。

史军著：《读一点世界史》，人民出版社1973年版。

杨遵道、叶凤美编著：《清政权半殖民地化研究》，高等教育出版社1993年版。

张维华主编：《中国古代对外关系史》，高等教育出版社1993年版。

《日本考》：中华书局1983年版。

汪向荣、夏应元编：《中日关系史资料汇编》，中华书局1984年版。

爱新觉罗·溥仪著：《我的前半生》，群众出版社2011年版。

连横著：《台湾通史》，台海出版社2013年版。

黄万机著：《黎庶昌评传》，贵州人民出版社1992年版。

章乃炜、王蔼人著：《清宫述闻》（初续编合编本），故宫出版社2012年版。

黎东方著：《细说清朝》（上、下），上海人民出版社2016年版。

高阳著：《清朝的皇帝》（上、中、下），海南出版社1997年版。

罗尔钢著：《湘军新志》，中华书局1984年版。

[清]李秉衡著：《李秉衡集》，戚其章辑校，齐鲁书社1993年版。

中国史学会主编：《中日战争》，上海人民出版社、上海书店出版社1957年版。

戚其章主编：《中国近代史资料丛刊续编中日战争》，中华书局1989年版。

黄波著：《晚清真相》，江苏文艺出版社2011年版。

《李鸿章全集》，上海人民出版社1987年版。

戚海莹著：《甲午战争在威海》，天津古籍出版社2004年版。

《翁同龢日记》，中华书局1997年版。

《张之洞全集》，河北人民出版社1998年版。

《丁汝昌集》，山东大学出版社1997年版。

张侠、杨志本、等合编：《清末海军史料》，海洋出版社1982年版。

（日）藤村道生著：《日清战争》，米庆余译，上海译文出版社1981年版。

姜鸣编著：《中国近代海军史事编年（1860—1911）》，生活·读书·新知三联书店2017年版。

李永采著：《世界海战史》，华夏出版社2001年版。

葛虚存著：《清代名人轶事》，山西古籍出版社1997年版。

孙孝恩、丁琪著：《光绪传》，人民出版社2015年版。

陈久金编著:《中朝日越四国历史纪年表》,群言出版社2008年版。

戚嘉林著:《台湾史》(增订版),华艺出版社2014年版。

杨渡著:《缺席的岛屿故事:从头开始说台湾》,生活·读书·新知三联书店2022年版。

郭志刚著:《冰海"红魔"伍德沃德》,东方出版社1995年版。

张逸良著:《另一种表达——西方图像中的中国记忆》,上海三联书店2016年版。

(美)斯蒂芬·豪沃思著:《驶向阳光灿烂的大海:美国海军史》,王启明译,世界知识出版社1997年版。

梁启超著:《李鸿章传》,海南出版社1994年版。

梁二平著:《风帆五千年:历史图像中的帆船世界》,生活·读书·新知三联书店2021年版。

沈克尼著:《侵华日军兵要地志揭秘:100年来日本对中国的战场调查》,生活·读书·新知三联书店2021年版。

沈弘编译:《遗失在西方的中国史:《伦敦新闻画报》记录的晚清1842～1873》(全三册),北京时代华文书局2016年版。

万国报馆编著:《甲午:120年前的西方媒体观察,生活·读书·新知三联书店,2014年8月版。

刘建新著:《灵渠》,广东人民出版社,2018年5月版。

马勇著:《甲午前中日两国的"朝鲜方略"》,《文史知识》2015年第1期。

臧运祜著:《〈马关条约〉与近代中日不平等条约的开端》,《文史知识》2015年第1期。

汪圣铎著:《为什么宋朝军费开支大》,《文史知识》2017年第1期。

李萌著:《载洵与清末海军建设》,《文史春秋》2017年第1期。